观人学的智慧

奇书　鉴人宝典

○主编

世界文化经典书系
Shijie Wenhua Jingdian Shuxi

鉴中有用，用中有鉴，鉴用如一，才可聚人。
用人者，要有用长；聚人者，要有聚心。
此用人之道，不可不常思自审，
而疏忽于缠身琐细之中，懈怠于情迷意乱之际。

一部识人、鉴人的
纵横家著作

新世界出版社

图书在版编目(CIP)数据

观人学的智慧/张文逸 主编.—北京:新世界出版社,2008.2
ISBN 978 – 7 – 5057 – 2307 – 8

Ⅰ.观… Ⅱ.张… Ⅲ.智慧 – 经典
Ⅳ.I248.6

中国版本图书馆 CIP 数据核字(2008)第 058991 号

观人学的智慧

主　　编	张文逸
责任编辑	刘春梅
装帧设计	李　林
出版发行	新世界出版社
地　　址	北京市西城区百万庄大街24号(100037)
网　　址	http://www.nwp.cn
电子邮箱	nwpcn@ public.bta.net.cn
电　　话	+86 10 6899 5424　6832 6679(总编室)
	+86 10 6899 5968　6899 8733(发行部)
经　　销	新华书店
印　　刷	北京昌平长城印刷厂印刷
版　　次	2008年2月第1版
	2008年2月第1次印刷
开　　本	710×1000mm　1/16
印　　张	20
书　　号	ISBN 978 – 7 – 5057 – 2307 – 8
定　　价	28.00元

版权所有,侵权必究。印装错误,随时调换。

前 言

本书的缘起是因为在现实生活中,有些领导抱怨人才苦短,也有些领导抱怨老上人家的当。还有领导感叹人才难留。抱怨的,是因为不懂得如何发现、鉴别人才;上当的,是因为对人的判断能力弱,而非人心不可知;而感叹人才难留是因为缺乏善意的人际关系。

"世上先有伯乐,然后才有千里马。"要想得到好人才,必须掌握识别人才的方法和技巧,众所周知,清朝的曾国藩和三国时期的刘劭都是历史上有名的识人大师。

曾国藩,"天下以其身为安危者殆三十年,功盖天下而主不疑,位及人臣而众不嫉。穷奢极欲而人不非之。"历代功臣能够做到这三点,实在是大难特难。但曾先生毕竟做到了。曾先生的为人处世、经邦济国和鉴别人才的智慧,一向是后人推崇备至的。

刘劭,三国时期的政治家,思想家,文学家。他曾在魏国担任多种官职,官拜三品,后来执经讲学,赐爵内官侯,死后追封为光禄大夫。刘劭思虑玄远,博学多才,特别擅长评品、鉴别人才。陈寿在《三国志》中说他:"该览学籍,文质周恰"。

本书在此基础上借鉴了曾国藩的《冰鉴》、刘劭的《人物志》以及其他诸多人才大师的思想精华,然后再加以现代科学的论证,以"如何鉴别人才"为中心思想,由外及里、由形及心,从性格、言语、类别、识人错误等各方面做了详尽地论述。

本书充分结合中国古代鉴别人才的经典案例。案例如此之多,是同类书籍没有的,比如孔子听哭声辨心性、彭宣识别王莽神不正、司马昭识魏舒于寒微之中、曾国藩识别江忠源和刘铭传。这样编排,是充分考虑到中国读者喜欢从具体事例中去提炼本质规律的阅读习惯。为免去凑篇幅嫌疑，尽量选择那些智慧含量高的故事，不同读者可以读出不同的思想来，充分体现中国古文博大精深、微言大义的智慧特征。

为了方便读者的阅读，我们将选取的每篇文章都译成现代文语，使其通俗易懂，适合一般人的阅读习惯。我们还根据文章内容写了解析和评述，使读者不但能一目了然地明白文章内容和论述重点，还能为读者提供一些有效的建议。为了提高读者的阅读兴趣，更为深刻理解记忆，我们在编撰时还添加了许多范例，作为补充。

书中的"相人之术"只是前人的一家之语，肯定避免不了其历史局限性，还需要读者以科学的治学态度对待。可作为识别人才参考、借鉴之用，不能作为识别人才的绝对标准。

目　录

第一章　鉴别人才的九大特征 ································ 9

第一节　见　面 ·· 11
第二节　九大特征 ··· 15
第三节　中和之才最贵 ······································· 24
第四节　聪明次之 ··· 26
第五节　人才的五个层次 ···································· 29

第二章　识别忠正与奸邪 ···································· 33

第一节　考察精神 ··· 35
第二节　识别人的邪正 ······································· 43

第三章　分析性格 ··· 53

第一节　性格识人 ··· 55
第二节　领导者理想性格分析 ······························· 58
第三节　8 种偏才性格分析 ·································· 60

第四章　分类考察 ··· 69

第一节　德行高妙的人（清节　家）······················· 71
第二节　强调制度的人（法家）···························· 73

第三节　谋略之才（术家） …………………………… 76
　　　第四节　国体栋梁之才 ………………………………… 79

第五章　观察言语 ……………………………………………… 83

　　　第一节　言语识人 ……………………………………… 85
　　　第二节　言谈鉴人优劣 ………………………………… 89
　　　第三节　七种似是而非的人 …………………………… 93
　　　第四节　在论辩中考察人 ……………………………… 97
　　　第五节　从言语中察人得失 …………………………… 100
　　　第六节　言谈中的八个优点 …………………………… 103

第六章　考察才能 ……………………………………………… 109

　　　第一节　人才特点 ……………………………………… 111
　　　第二节　八种人才的优势 ……………………………… 116
　　　第三节　各类人才的职权 ……………………………… 123
　　　第四节　主管之才与使用之才 ………………………… 126

第七章　考察外形内心 ………………………………………… 131

　　　第一节　总论外形内心 ………………………………… 133
　　　第二节　考察外形 ……………………………………… 138
　　　第三节　考察内心 ……………………………………… 143

第八章　情　态 ………………………………………………… 149

　　　第一节　总论情态 ……………………………………… 151
　　　第二节　论恒态 ………………………………………… 154
　　　第三节　论时态 ………………………………………… 161

第九章　早慧与大器晚成 ……………………………………… 167

　　　第一节　总论须眉 ……………………………………… 169

第二节　早　慧 …… 172
  第三节　大器晚成 …… 176

第十章　闻声辨人 …… 181
  第一节　总论声音 …… 183
  第二节　论　声 …… 187
  第三节　论　音 …… 192

第十一章　观察气色 …… 195
  第一节　总论气色 …… 197
  第二节　气色的类型 …… 202
  第三节　论文人气色 …… 205
  第四节　青白两色 …… 208

第十二章　从为人处世考察 …… 213
  第一节　从胸襟气度识人成就 …… 215
  第二节　如何判断一个人荣福的长久与短暂 …… 219
  第三节　谦卑含容与当仁不让 …… 222
  第四节　兢兢业业与嘻嘻哈哈 …… 224

第十三章　英才与雄才 …… 227
  第一节　英雄之分 …… 229
  第二节　三种英才 …… 231
  第三节　三种雄才 …… 234
  第四节　谁是英雄 …… 237

第十四章　七种基本方法 …… 241
  第一节　判断一个人是否表里如一 …… 243

第二节　从表情考察内心世界 …………………… 246
第三节　判断模棱两可人的方法 …………………… 250
第四节　观其敬爱，识其前程 …………………… 256
第五节　从情绪上察人心胸 …………………… 258
第六节　从缺点反观优点 …………………… 262
第七节　从聪明看成就 …………………… 267

第一章　鉴别人才的九大特征

第一节 见 面

物生有形

形有精神

能知精神

则可知人矣

【原典】

盖人物之本,出乎情性①。情性之理,微妙而玄。非圣人之察,其孰能究之哉?而阴阳刚柔之质,著乎形容,见乎声色,发乎情味,各如其象。是故五质②内充,五精③外章,包以澹泊,是以目采五晖④之光也。故曰:物生有形,形有精神,能知精神,则可穷理尽性矣。

【注释】

①情性:情感和本性。情,阴之化;性,阳之施;人禀阴阳而生,故内怀六情五性。

②五质:仁、礼、义、智、勇五种品质。

③五精:心、肺、肝、脾、肾五脏的精气,以五精合五质。

④五晖:青、黄、赤、白、黑五种颜色。

【译文】

人物的品质能力都出自于情性。情性的道理微妙而玄奥,如果没有圣人那样的洞察力,谁能够详究其中的玄机呢?凡是由血肉精气构成的生命体,无不是以元一为本质,秉阴阳两气而立心性,吸万物精华,集金、木、水、火、土五行而成形体。阴阳刚柔的特征通过形貌容姿、言语声色表现出来,发自内心的真情实感,与外部表现相对应。既然外有形体内有本质,当然可以循着外形来探究其本性。因此说:物生有形体,必有其精神,了解其精神,自然能够穷尽他的本质。

评 述

鉴别人才就像挑选木材。伐木工人在选料时,先从外形上打量,看树木是否有笔直挺拔之势;再考察质地,是缜密结实呢,还是疏泡松脆;或者从品种上考察,要么敲敲打打听一听,用这样一些方法来判断树木是否能当得大用。品鉴人物也是这样,总要先见一见面,有个初步印象后,再进一步考察品德和才能。"见面"的过程,实际上就是从外貌形相上来考察、鉴别人才。这种方法不一定准确,也没得到科学的论证,但使用频率很高,是鉴别人才的最基本的方法。这"一面之间"往往决定了一个人的命运,甚至影响一个民族、一个国家。

人生于天地之间,萃集日月的精华,钟汇万物的灵气,其聪明才智足以使人类永无止境地去创造,去掠夺,并主宰整个生命世界,而其他生命体的智慧则仅够帮助它们找到食物。人融合天地万物的华宝,将精、气、神、血蓄蕴在体内,喜、怒、哀、乐发藏在心间,虽然外部形貌上有种种不同的表现,但内心的活动却是其他人看不见的,凭什么说可以从外貌形相上发现人内在的心性品质和能力呢?

人的差别主要体现在思想和性格上。鉴别人才,实质上就是区别一个人思想和性格的优劣。优秀的人才大体上可以这样分:一种是天生聪颖、悟性奇高的人,他们的成功显得迅捷轻松,挥洒自如;一种是刻苦勤奋、脚踏实地的人,他们往往要历经许多磨难、付出艰苦的努力才能成功,但也持久,稳固,坚实。这两种人有一个共同的特点——善于思考。前一种人是思维敏捷,聪明,因而目光神情上显得聪慧机敏,伶俐巧思,多谋善变;后一种人是勤于思考,因而显得执著坚强,沉雄稳重,不折不挠,不轻易言败。这些良好品质是他们成功的重要保证。这些神情特征都是可以从外貌形相上观察到的。比如神态威猛的人勇敢,详和平静的人豁达,忠正豪迈的人一身正气,心怀奸诈的人满脸邪气等……我们知道,运动之后气血贯通进的脸色(肤色)与先前不一样,这种差别长年累月持续下去,面部色泽必然有明显的变化。大脑思维也是一种剧烈的运动,它不通过空间距离的位移来体现,而是精、气、血在大脑里的融汇贯通(心理学上的解释是:思维活动是神经节、神经元、神经窦之间的联接碰撞,就像导体传电一样,在这个传导过程中,有的神经窦能被打开,有的神经元之间能联接贯通,有的却不能,这种现象由量变积累到质变,就是人各自不同的天赋特长)。长期动脑的人,由于头部精、气、血的运动多于其他人,面部气色神态会不一样。这种区别就可能作为从外貌形相上来鉴别人物的一个依据。

古代养生学认为,形能养血,血能养气,气能养神,因此形全则血全,血全则气全,气全则神全。这个"神",就是器宇目光中表现出来的,能体现一个人心性才情特质的气质性的东西。中医学认为,通则不痛,痛则不通,形体完备是有助于气血通畅的(血液微循环系统研究的结果是:微循环系统被破坏,直接影响到身体相应部位的健康,由此而及整个机体的健康),因此形体完备(或奇特)也能使"神"圆润贯通,生机勃发。形全,有助于神全,因此可以通过形来察神,从而测知一个人的心性才情等品质。当然,这种方法不是绝对正确,但可以作为鉴别人才的一个重要参考。

这可以在太极拳上找到印证。太极拳讲究姿式的标准,一招一式对手足位置都有比较明确的尺寸要求(有的拳师也不尽然)。这不是用科学实验方法反复演算论证得出来的,而是源于千百年来无数的拳师们集其毕生精力的练习和思考。练拳时,气血在体内奔流不息,绵绵滔滔如长江大河,前后相继,要求不能有丝毫间断。如果在某一式某一处气血不能圆润自如地流转运行,练习者会觉得该处极不舒服,自觉不自觉中,由于肢体位置、姿势的调整,气血贯通了,人也舒服了,练起拳来更得心应手,体内气息也更奔流自如。一代又一代拳师在这样的努力和思考中总结,流传下太极拳现今的架式。这也可以解释,为什么同是杨氏太极拳,而各支传人手下的拳架总不完全一样。

太极拳讲究姿式的标准,目的在于达到"以意行气,以气催形"的要求,从而增强功力,因为它首先是一门武术,而武术的首要目的是用来打击敌人、保卫自己的。"以意行气,以气催形"的结果是,长期坚持练拳的人的血色气质的确与其他人不一样。

人的思考也是一种运动,伴随着相关的气血运行和更为复杂的生理原理。长期思考、勤动脑筋的人自然也会有与他人不同的头面特征。古人也早就认为,潜心读书本来就是一种气功态,因而文化人与其他人的面部气质确实不一样。这犹如冰河洗石,天长日久,河流中的石头与其他石头有明显的外形差异;水流情况不一样,石头外形差异也不一样,乎缓水区与激流险浪处的石头就有区别。石头的差异来自于外力的作用,人头面上的特征则源于内部思维力量的冲刷和熏陶,外显出来就是气质、神态、精光等区别。由此可以从外及内地来考察人物的心性才情。

鉴别人物绝不像伐木工人的活动那么简单。但人才毕竟是可以鉴别的,其心性品质终会被人发现,即使是那些深藏不露、修身养德的高人也不例外。

从外表谈吐上着手,发现人物的才能比识别心性品质要容易些。能够在一面之间就准确判断出一个人的能力和品质,实在是品鉴人物的惯手。品质、能力俱佳的人物少,能识别其高下真伪的人也许更少。

从本质上来看,香兰和臭草不会是同一种气味,雄鹰和家鸡也不会有一样的翅膀。同理,忠臣就是忠臣,奸贼就是奸贼,不会因为都长着人貌,都穿着人衣,就混为一谈。尽管在言行举止上有交错混杂的现象,但由于本性不一样,差别终究会显现。披着羊皮的狼仍然是狼,生了病、不咬人的狮子终究还是狮子。比如王莽,在大权没有巩固之前,始终做温良恭顺态,深得叔伯等皇室人的赏识,许多善良大臣和老百姓也把他作忠臣看。如果他在未篡位之前就因故死去,该如何评鉴他的本性呢?是否他就成为周公吐哺,天下归心式的忠臣了呢?不是!当时一个叫彭宣的人,见到王莽后,察觉了他的奸邪之心,但又不敢说,又自知无力干涉,就辞官还乡避祸去了(详见本章第二节)。

从外表上考察人物虽然不全面,但很直观,"人不可以貌相"说得也对,但只讲到了人物的另一个方面。俗话说"相由心生,"这又体现了人物的一个方面。对于这个问题,古希腊哲学家柏拉图这样说:"我们每个人都从个体上表现着我们的思想(we each embody our own idea)。"亚里士多德这样说:"形象导致个性的差异(Individuality resides in a formal cause)。"亚里士多德的话与中国"相由心生"的思想已是非常接近了。生活经验丰富的人,的确是能够从形相神态上来推断人的心性才能。远的不说,100多年前的曾国藩就是鉴别人物的高手。他创建的湘军是击败太平天国的主要军事力量。曾国藩为人威重,三角眼且有棱,在接见客人时,注视客人而不说话,往往看得人汗脊汗背、竦然难持;由此断人才情,百不爽一。实可称为鉴别人物的高手。连太平天国领袖之一,翼王石达开都称赞曾国藩的识人之能。

由于人的复杂性,从外貌形相上来判断人物的心性才情,实在不是一件容易的事,稍有不慎,就会犯"以貌取人"的错误。除了丰富的人生经验和天生悟性之外,别无其他捷径。而且特别应注意的是,随着时间和境遇的变迁,人的外表形相会发生若干变化,这也给从外表上品鉴人物带来困难。因此,如果只凭外表形相来识别人物,往往会犯错误。前面讲的曾国藩也在这上面栽了大跟头(详见第十六章第二节)。因此,一般在考察人物时,除非有十足的把握外,万万不可妄然以外表看人,而不察实质。而且人物往往各有所长,如果能扬长避短,发挥优势,用人以四两拨千斤的手法,再施以恰当的教育和培训,用科学的组织策略来推动,团体的力量无疑会猛增。

这里顺便讨论一下人才团结的力量问题。组织管理的力量和重要性可以用一个精典的军事理论来说明。甲、乙两国都有自己的骑兵。甲国的骑兵特点在于技艺精良,凶猛彪悍,个人战斗素质比乙国骑兵高,个人战斗能力比乙国骑兵强。乙国骑兵的特点在于部队训练有素,虽个人力量比甲国骑兵弱,但由于有组织有号令,团队战斗力反而比甲国强,10个有组织的乙国骑兵能打败15个甲国骑兵,1000个乙国骑兵组织起来能打败1500个甲国骑兵。由此可以知道,人才固然重要,但如果缺乏组织和管理,各自为战,人才本身的力量就会大打折扣。因此,用人单位在强调识别人才、使用人才时,一定不要忽略了团体协作配合的作用。一等人才一流的协作,会产生惊人的力量,二等人才一流的配合会超过一等人才的力量或与之相当。在现有的人员素质条件下,前者往往难以实现,后者能够实现,却往往被用人者忽略。用人者应根据具体情况,确定正确的人才策略。

第二节 九大特征

凡有血气者

莫不含元一以为质

体五行而著形

苟有形质(九征)

犹可即而求之

【原典】

性之所尽,九质之征①也。然则早陂②之质在于神,明暗之实在于精,勇怯之势在于筋,强弱之植在于骨,躁静之决在于气,惨怿③之情在于色,衰正之形在于仪,态度之动在于容,缓急之状在于言。

【注释】

①九质之征:九大品质的特征。

②平陂(bēi):平正偏邪。

③惨怿(yì):惨,悲伤;怿,喜悦。

【译文】

人物心性才情的变化呈现出九种征象。忠直奸邪的在于神正直明朗与否,智明愚暗的在于精清爽明快与否,勇敢怯懦的在于筋劲健与否,坚强柔弱的在于骨强硬与否,沉浮静躁的在于气沉定与否,欢喜悲伤的在于色悦与否,端庄大方、邪顽卑下的在于仪整与否,心怀奸诈、端庄严肃的在于容严与否,性情平和、急进鲁莽的在于言急与否。

评 述

1. 观神识人

神平则质平,神邪则质邪

观察一个人的"神",可以辨别他的忠奸贤肖。"神"正其人正,"神"邪其人奸。平常所说的"人逢喜事精神爽",是不分品质好坏而人所共有的精神状态。这里谈及的"神"与"精神"一词不完全一样,神发自于人的心性品质,集中体现在面部,尤其是两只眼睛里,即曾国藩所说的"一身精神,具乎两目"。

如果一个人的"神"平和端庄,"神"定,表明他道德高尚,对人忠心耿耿,不会肆意叛主,也不会因周遭事物的变化而随意改变节操和信仰,敢于坚持正确的东西,意志很坚定。

如果一个人的"神"侵邪偏狭,"神"挫,其品格卑下,心怀邪念,容易见异思迁,随便放弃自己的道德情操而趋利。这种人平常善于掩饰自己,往往在准备充分、形势成熟后才显出本性,而不会轻易发难,不打无准备的仗,是大奸大贼一类的人。对这类人物的鉴别方法详见第二章第二、第三两节。

　　需要说明的是,神固然与遗传有关,但更主要的是在后天环境中磨炼出来的。

　　王莽这个人在历史上的名声并不太好,但就他本人的才能胆识而言,在当时也算得上是一个极其难得的人才。如果他不篡取王位,不显露本性,仍像未夺得朝政大权之前那样勤奋忠心地工作、俭朴地生活,说不定会成为一个流芳百世的周公式人物。

　　王莽的姑姑是皇后娘娘,几个叔伯也都贵为将军公侯,但他的老爸王曼死得太早,孤儿寡母的,虽然生活不成问题,但在族人中受到的冷落和排斥,给王莽造成了极大的心理压力,这也许是他日后篡夺王位的叛逆性格的最初原因。王莽稍稍懂事以后,就开始勤奋学习。王安石讲,贫者因书而富,富者因书而贵,贵者因书而守成。王莽渐渐以一个谦让恭俭、不侍享乐的进步青年形象出现在族人面前,穿戴得像一个克己修身的儒生,不仅对母亲和亲长极其孝顺(那个时候孝敬父母师长是最大的美德,许多人因此而做官),而且气度豪迈,与朝野的光明俊伟人士交往结纳,深得时人的赞誉。

　　他的叔叔、大将军王凤生了病,王莽朝夕不离床头,殷勤地服侍,汤药都由王莽尝过以后再给王凤喝,以防有人下毒。几个月下来,王凤的病好了,王莽却是蓬头垢面,满脸憔悴,感动得王凤唏嘘而叹:有子不如有王莽。王凤临死前,托姐姐(时已为太后)和皇上提拔提拔王莽,大司空王商和当世的一些名人也盛赞王莽的品德才行,王莽因此被封为新都侯。

　　封侯以后,王莽仍然保持着廉敬恭让的作风,在人前不敢有丝毫马虎和得意,但暗地里开始有享乐的意思了。他曾经私下买了一个漂亮的奴婢,却被堂弟无意中撞见,王莽就对他说:"后将军朱子元没有儿子。看相的人说这个女子宜产佳儿,因此就主动帮朱将军买了回来。"当时就把那个奴婢送到了朱子元府上。

　　他的族叔王根辅佐朝政数年后,因身体不好,向皇太后申请退休。另一个大臣淳于长,先与许皇后的姐姐私通,又娶为妾,与许皇后内外勾结,逐渐得到皇上汉成帝刘骜的宠信。王莽对王根说:"淳于长想取代您,正在跟手下人商量办法。"王根怒气陡生,叫王莽向皇太后举报淳于长的阴谋。由于太后本对许皇后不满,乘机把淳于长搞了下去。

因为这次告发大奸，王莽代替王根成为大司马，时年38岁。他更加注意自己的形象和声誉。母亲生了病，其他大臣派夫人来探视。一个穿着粗布衣服，妆饰与一般仆妇无多大区别的妇人出来迎接她们。那些夫人们以前都听说过王莽家居生活比较简朴，还不以为然，当那妇人自称是王莽妻子时，众夫人惊得眼睛似铜铃大。

后人读历史，都知道这是王莽隐瞒自己真实目的的举动，但当时的许多人都被王莽的忠诚耿洁迷惑住了，赞誉之辞盛若花海。

新升任司空的彭宣看到王莽之后，悄悄对大儿子说："王莽神清而朗，气很足，但是神中带有邪狭的味道，专权后可能要坏事。我又不肯附庸他，这官不做也罢。"于是上书，称自己"昏乱遗忘，乞骸骨归乡里"。用鉴别人才的"神"来分析，"神清而朗"，指人聪明秀出，不会是一般的人；神有邪狭之色，说明为人不正，心中藏着奸诈意图。王莽可能也感觉到了彭宣看出一些什么，但抓不到把柄，同意了，却又不肯赏赐养老金。彭宣回乡后数年就死了。

王莽专权、篡位后，奸诈虚伪终于袒露于天下。如果王莽得势之前，有当权的人能发现他的心怀险诈，也许历史会是另一个样子。

当初，汉武帝以公孙弘为御史大夫，公孙弘生活俭朴，盖的是布被，也不多吃肉食。以耿介忠直著称的老臣汲黯（时为丞相）说："公孙弘位在三公，奉禄甚多，却盖布被，这是伪诈。"汉武帝以此言问公孙弘。公孙弘说："是实话。公卿王侯中与臣关系最好的莫过于汲黯。他今天当面责难我的过错，确实说到我的毛病上去了。位列三公而穿戴与小官吏一样，确实是虚伪，为钓名沽誉耳，确如汲黯所言。如果没有汲黯的忠直耿介，陛下如何能听到这样正直的话呢？"公孙弘既掩己过，又捧汲黯的公直，再捧汉武帝英明，汉武帝深以为是，对公孙弘的谦让越发敬重。后公孙弘升为丞相，恃权耍奸，因牵连而被诛，开西汉诛杀丞厢之始。

关于王莽，还有一个补缀。据说刘邦在斩白蛇时，蛇对刘邦说："你将因斩杀我而名扬天下，贵为天子。又因为你杀我，所以，你砍我头，我闹你头，你砍我尾，我闹你尾。"刘邦想了想，很有意思地将蛇拦腰斩断了。结果，汉朝的江山一头一尾都比较平安，虽有七国之乱，但都没成气候，惟独西、东汉中间出了个王莽，而传说王莽本是一条大蟒化身（传说实不可信，聊备于此，以增文字的乐趣）。

王莽专权时,巴郡有个任文公,知道天下将乱,就督促家人背负百十斤重的物品,绕着房舍跑,每天锻炼不止,没有人知道为什么。后来各地发生战争,任文公一家大小背着粮食财物,在祸乱中生存下来,而其他人遗亡的甚多。看来,这个任文公也不是一般的人,远在巴郡,知道天下将乱,高人也。知天机不可泄,只好保家人,也算一种明智。

　　神的偏邪与形有一定的联系,比如生活中"鼠眉贼眼,一看就不是好东西"的一类人,事实上不尽是这样,长相丑恶的人往往有善良、仁爱、忠诚的心。因此说"以形观人"就容易犯下错误。而神则来自于心灵本性,实难做假,以它来断人品性,确实可靠,简便易行(详见本书第二章)。

2. 观精识人

精惠则智明,精浊则智暗

　　观察一个人的"精",可以识别他的智明愚暗。聪明敏慧的,其"精"条达明畅;愚钝鲁笨的,其"精"粗疏暗昧。这个"精",与"精明强干"的"精"字在意义上有些联系,但识别起来,并不容易。

　　古谓人有"精、气、神"三性,"精"指一个人才智能力在气质上的外部显露。花气袭人是芳香,人的才情心力也会像花香一样有质无形地、悠扬淡远地传播出来,以"精"的感觉形式存在。

　　由于人性情品质的复杂,加上个人修养和环境、营养等因素的影响,有些人的"精"和"神"表露不十分明显,特别是处于落魄颓丧时期,普通人难对此一目了然、一洞澄明。这需要识人者运用经验和感觉去进行综合判断。许多人都有这种体验,一看某人,就知道他聪不聪明,道理即在于此。

3. 观筋识人

筋劲则势勇,筋弱则势怯

　　观察一个人的"筋",能识别他的胆量。"筋"劲,其人勇猛有力,"筋"松,其人怯懦乏劲，像弱柔无缚鸡之力的酸腐书生。一个人手足如受到伤害，医生要专门察看一下手足能否自由地活动，如伸展自如，表明筋健完好无损，医治起来不甚麻烦。

"筋"是一个人力量的基础。"筋"强劲，其人势勇，行事大胆洒脱，"筋"软弱，其人势怯，行事唯唯诺诺，无甚主见。这一个特征很难在鉴别人才时单独使用，往往与"骨"等特征合并运用。

4. 观骨识人

骨刚则质刚，骨柔则质弱

观察一个人的"骨"，能识辨他的强弱。"骨"健，其人强壮，"骨"弱，其人柔弱。曾国藩在鉴识人才时认为"神"和"骨"是识别一个人的门户和纲领，有开门见山的作用，他在《冰鉴》中说："一身骨相，具乎面部。""筋"和"骨"则经常联在一起来考察一个人的力量勇怯。

喋血庄氏《明史》案，是清初最大的一起文字狱，被凌迟、斩决的达70多人，震惊华夏。事源于浙江湖州府南浔镇上的庄廷钺＊＊＊。其家有钱财，庄廷龙＊＊＊也很有抱负，不料一场大病导致双目失明。之后，意外地得到明朝相国朱国桢修撰的《明史》的最后几十卷手稿。庄廷钺立志学左丘明盲目著《国语》的事迹，聘请江浙文人吴之铭等十多人，对该稿进行整理和润色，更名为《明史辑略》，署上庄廷钺并江浙十八名士的名字刻印刊行，其中有江南名士查继佐（即查伊璜）。可惜庄廷钺未见到《明史辑略》正式出版就去世了。

虽然修史诸人已将文中不利于清廷的文字一一删去，但字里行间仍读得出怀念前朝、扬明贬清的意味。更大的遗漏是，文中历年仍按明代年号编排，称清先祖和清兵为"贼"，称清为"后金"等等。湖州人士吴之荣抓住这个漏洞，想藉此升官发财，将"反书"告了上去，一直告到刑部。参加修订工作的十多人自然脱不了干系，因牵连入狱的达2000多人，处死的有70多人。列名参订的18人除查继佐外，无一幸免（时庄廷钺已死，被开棺戮尸）。

而查继佐能得以幸免，则是数年前的一段奇缘救了他的性命。

那年岁末,天降大雪。查继佐独自饮酒,颇觉无聊,到户外观赏雪景,见一乞丐在屋檐避雪。那个乞丐虽只穿一件破旧单衣衫,在寒风雪冻中却丝毫不以为然。走近,查继佐见他生得身形魁梧,骨骼雄奇,心中非常奇怪,便对那位乞丐说:"雪一时不会停,去喝杯酒如何?"乞丐爽快地答应了,无丝毫忸怩受宠之态。乞丐喝了20多碗仍无酒意,查继佐却已趴在了桌子上。

第二天醒来,查继佐忙去瞧那位乞丐,见他正在园里负手赏雪。寒风吹过,查继佐只觉冰气人骨,那乞丐却泰然自若。送客时,查继佐给了他十两银子,那乞丐接过银子,道声"好说",也不言谢,扬长而去。

原来这位乞丐身负绝世武功,名叫吴六奇,一时落魄江湖,受阻于风雪中,后因军功累官至广东省提督,在《明史》一案牵连到查继佐时,出面救助了他。查继佐虽为一时之兴,未必真识出吴六奇的才干气运,但仍有"那乞丐非一般可比"的见识意气,因此在《明史》一案中逃脱性命。

5. 观气识人

气盛决于躁,气冲决于静

观察一个人的"气",可以发现他的沉浮静躁,这是做得大事的必备素质。

沉得住气,临危不乱,这样的人可担当大任;浮躁不安,毛手毛脚,难以集中全部力量去攻坚,做事往往"知难而退"、半途而废。活泼好动与文静安详不是沉浮静躁的区别。底气足,干劲足,做事易集中精力,且能持久;底气虚,精神容易涣散,多半途而废。文静的人也能动若脱兔,活泼的人也能静若处子,而神浮气躁的人,做什么事都精力涣散,半途而废,小事精明,大事糊涂,该粗心时粗心,该细心时也粗心,不能真正静下心来思考问题。遇事慌张,稍有风吹草动,就气浮神惊起来。

魏明帝曹叡(曹操的孙子)临死前,欲将大事托付与他人。当时曹爽(曹真之子)正在床边,对曹叡耳语道:"臣以死奉社稷。"曹叡嫌曹爽能力不够,不肯为手诏,曹爽即命手下人执曹叡手强行做了一份诏书。曹叡无奈,又下诏让司马懿与曹爽共辅朝政。

当初,何晏、丁谧、邓扬、李胜皆有才名,但急于富贵,趋时附势,魏明帝曹叡很讨厌他们,四人因而不得权位。曹爽平时与四人关系不错,辅政后,就提拔四人为心腹左右手。四人替曹爽策划,剥夺了司马懿的实权,并因此升为尚书、校尉等职。

黄门侍郎傅嘏对曹爽的弟弟曹羲说:"何晏外静而内躁,机巧好利,不务根本,我担心他误你兄弟大事,恐怕会仁者离心、朝政荒废啊。"何晏四人因此寻小事罢了傅黄门的官。

四人欲令曹爽立威名于天下,劝曹爽派兵伐蜀,司马懿劝阻无效。后被蜀兵堵截,曹爽大败而回,伤亡甚众。又专擅朝政,乱改制度,司马懿无奈,只好托疾不出。

何晏问前程于精通术数的管辂。管辂劝他说:"如今你位尊势重,却离德背心,不是求福之道。如能扶贫益寡,以德行政,才能位至三公,否则位高而颠,豪重而亡。"管辂回家后又对其舅说了此事,舅责他说得太直白,管辂说:"与死人语,何所畏也!"

后曹爽被司马懿剥权杀死,何晏四人被夷三族。管辂的舅舅问他:"先前你如何知道何、邓之败呢?"管辂说:"邓行步如鬼躁,何如魂不守舍,血不华色,精气烟浮,容若槁木,此为鬼幽。故知其败也。"何晏平常颇自负,认为《六经》是圣人孔子的糟粕,并以神的"不疾而速、不行而到"的仙姿美态自誉,实际上属于气浮华不沉一类人。

陈寿《三国志》记载,说何晏、夏侯玄、邓扬三人想与傅嘏结交,傅嘏却不买帐。别人问为什么,傅嘏说:"夏侯玄志大才疏,有虚名而无实才;那个小何呢,喜欢谈古论今,但为人虚利而无诚意,是口舌是非乱国政之人;小邓呢,有始无终,好虚名虚利,吹捧同类,排斥异己,妒忌心也重。我看这三个人都是乱德败姓之人,躲避还来不及,哪会与他们亲近呢?"后果然如此。

6. 观色识人

诚仁,必有温柔之色

诚勇,必有激奋之色

诚智,必有明达之色

"色"是一个人情绪的表现,"色"愉者其情欢,"色"沮者其情悲,也有不动声色之人,需从其他角度来鉴别他们的情绪状态。

"色"的含义比较广泛,它是一个人的气质、个性、品格、学识、修养、阅历、生活等因素的综合表现,与肤色黑白无直接联系。

一般来讲,仁善厚道之人,有温和柔顺之色;勇敢顽强之人,有激奋亢厉刚毅之色;睿智慧哲之人,有明朗豁达之色。

齐桓公上朝与管仲商讨伐卫的事,退朝后回后宫。卫姬一望见国君,立刻走下堂一再跪拜,替卫君请罪。桓公问她什么缘故,她说:"妾看见君王进来时,步伐高迈,神气豪强,有讨伐他国的心志。看见妾后,脸色改变,一定是要讨伐卫国。"

第二天桓公上朝,谦让地引进管仲。管仲说:"君王取消伐卫的计划了吗?"桓公说:"仲公怎么知道的?"管仲说:"君王上朝时,态度谦让,语气缓慢,看见微臣时面露惭愧,微臣因此知道。"

齐桓公与管仲商讨伐莒,计划尚未发布却已举国皆知。桓公觉得奇怪,就问管仲。管仲说:"国内必定有圣人。"桓公叹息说:"哎!白天工作的役夫中,有位拿着木杵而向上看的,想必就是此人。"于是命令役夫再回来工作,而且不可找人顶替。

不久,东郭垂到来,管仲说:"一定是这个人了。"就命令傧者请他来晋见,分级站立。管仲说:"是你说我国要伐莒的吗?"他回答:"是的。"管仲说:"我不曾说要伐莒,你为什么说我国要伐莒呢?"他回答:"君子善于策谋,小人善于臆测,所以小民私自猜测。"管仲说:"我不曾说要伐莒,你从哪里猜测的?"

他回答:"小民听说君子有三种脸色:悠然喜乐,是享受音乐的脸色;忧愁清静,是有丧事的脸色;生气充沛,是将用兵的脸色。前些日子臣下望见君王站在台上,生气充沛,这就是将用兵的脸色。君王叹息而下吟,所说的都与莒有关,所指的也是莒国的方位。小民猜测,尚未归顺的小诸侯惟有莒国,所以说这种话。"

第三节　中和之才最贵

凡人之质量

中和最贵矣

观人察质

先察其平淡

后求其聪明

【原典】

从之质量,中和最贵矣。中和之质必平淡无味,故能调成五材,变化应节①。其为人也,质素平淡,中睿外朗,筋劲植固,声清色怿②,仪正容直。是故观人察质,必先察其平淡,而后求其聪明。聪明者,阻阳之精,阴阳清和,则中睿外明。圣人淳耀③;能兼二美。知微知章④,自非圣人莫能两遂。

【注释】

①调成五材,变化应节:五材,指五行,也指勇、智、仁、信、忠五德;应节,顺应客观规律。这八字的意思连起来讲,才能史五才协调,循着事物的客观规律来变化、

②怿(yì):喜悦。

③淳耀:内怀淳朴,外现聪明,

④章:同"彰",明显的意思。

【译文】

大凡人的素质,以中正平和最为可贵。中正平和就是平淡无味,这样才能使五才协调,循着事物的客观规律来变化。中正平和的人,质素平淡冲和,内智外明,筋劲骨强,声清色悦,仪正容直。因此考察人物的心性品质,必须先考察他平淡冲和的修养素质,再考察他的聪明才智。聪明是阴阳两气协调结合的精华之气,阴阳清纯中和,其人就内心睿智,外表明达。圣人内怀淳朴,外现聪明,兼有中和与聪明两种美德。既能细致人微,又能达观显扬,如果不是圣人,就难以两得其

美。

评 述

　　喜怒哀乐存在心里不表现出来,叫做"中";表现出来分寸适度,叫做"和"。"中和"的表现就是平淡无味。中和是万物的至理,天下的大道,在物为水,在味为平淡,在思为空空,在德为博大纯厚。白水平淡无味,因此能调合包含百味。头脑清醒若空空无物,因此能容纳新的观点,听取正确的意见。具有"中和"品质的人,心性平和冲淡,为人处事稳重沉雄,不声不响,又让人信赖,有王者风范而无霸气。具备这样品质的就是圣人帝王之才。

　　这种人具有纯厚正大的中和之性,胸怀宽广博大,心性和平冲淡,能够协调、团结各种人才为我所用。那种个性很强的人,尽管才能也许不小,但因有形有味,有棱有角,肚量胸襟不如"中和"之人,就少了容忍,易与其他有才有性的人冲突,这不利于团结各类人员去完成大业。

　　生活中,聪明有才的人很多,中和平淡的人却很少。"中和"之人并非没有个性,而是因为能充分把握一个度——什么时候顺情理,什么时候顺事理,该理智时理智,该动情时动情,而且发自真情,不像伪饰因而显得随和淡远,能为众人所接受,也因此能得众人之助,众人也乐意为他效命。这种人也很厉害,平常不声不响,却能处理好四面八方的关系,如草原上跑马,如平波里行船,有王者之气,少霸厉之气。从风波恶浪里冲战出来的勇士固然叫人佩服,但那种避开风浪、无惊无险、平平淡淡地引导大家走向胜利的风格更能保证天人的利益,这才是不战而屈人之兵的最高思想。

　　上等人,有本事没脾气;中等人,有本事有脾气;下等人,没本事脾气却不小。具中和之性的人,其实就是大智若愚、大巧若拙、大辩若讷。他们有本事、有涵养、有智慧,却不卖弄、不炫耀、不张扬,清静元为,空灵若虚,如水一样平淡,有说不尽的美德,但力量也很强大。他们乘天下浩然之气,有圣人帝王相,可以领袖天下群伦。

　　清静为天下正。圣人帝王有这样德行的人似乎没有几个。而一些文武大臣们倒或多或少有"中和淡远"的味道。

《论语》记载:孔子在本乡的同僚间,实实在在,特别的诚实,而且谦恭逊顺,就像一个不善言谈的人。在宗庙、朝廷上,却明白善辩;同下大夫说话时,刚毅而朴直;同上大夫说时,和颜悦色,直言不讳。

第四节 聪明次之

明白之士,达动之机

而暗于玄虑

玄虑之人,识静之原

而困于速捷

【原典】

故明白之士,达动之机,而暗于玄虑。玄虑之人,识静之原①,而困于速捷。犹火日外照,不能内见;金水内映,不能外光。二者之义,盖阴阳之别也。汉之李广、程不识是也。广与不识俱以边太守将兵,有名当时。广行无部伍、行阵,就善水草舍止,人人自便,不击刁斗以自卫,然未尝遇害。程不识正部曲、行伍、营陈,击刁斗,士治军薄至明,军不得休息,然亦采尝遇害。不识曰:"李广军极简易,然虏卒犯之,无以禁也。而其士卒亦佚乐,咸乐为之死。我军虽烦扰,然虏亦不得犯我。"然匈奴畏李广之略,士卒亦多乐从李广而苦程不识。

【注释】

①原:根本,道理。

【译文】

因此精明强干的人,长于随机应变,短在缺乏深思熟虑。深思熟虑的人,深谙静默安处的道理,短在行动迟缓,缺乏机变。就像太阳能生辉,光焰外射,却不能内照;金水能内映成像,却不能外照。这两种情况正是阴阳两性的区别,汉代李广和程不识就是这两种类型的人。李广和程不识都是以边郡太守领兵,在当时很有名气。李广行军没有部伍、行阵,就近水草扎营歇宿,人人自寻方便,不设置刁斗来进行自卫,然而从没有遇到袭击。程不识领兵严正部曲、行伍、营陈,设置刁斗,军兵吏卒治军到天亮,而不得休息,然而也没有遇到袭击。程不识说:"李广治军极其简易,但匈奴虏卒不敢进犯,士卒也安然逸乐,都乐意为他效命,我治军虽然烦扰,然而匈奴也不得侵犯我。"

但是匈奴畏惧李广的谋略,士卒也多乐意跟从李广,而苦于跟从程不识作战。

评　述

聪明的人大致可分为两种:聪明外向和沉思内秀。

聪明外向的人说了就做,办事干脆利落,迅速果断,手段娴熟老辣,绝不拖泥带水。缺点是较少进行深入细致周密的思考,凭直觉、经验和性情办事的成分稍重。因本人有力量,也聪明,算得上是有勇有谋,但总的来说勇多于谋,深思熟虑较少。这样办事,难免有顾及不到之处,也有可能忽略了某些轻微细节而埋下隐患。

沉思内秀的人长于思考,出谋划策兼顾方方面面,给人行事细密周全的感觉,做事虽不像聪明外向的人那样轰轰烈烈,但能按部就班地把事情推到胜利的台面上。缺点是机敏果断不足,缺乏雷厉风行的作风,身手不够敏捷。可能因过于求稳而会丧失机会。事无巨细,都会留心,但又知道轻重缓急,虽比较小心,大事情上不糊涂,能把握方向。

两种人都有开疆拓土、勇于进取的能力,前者以勇敢闻名,后者以稳重著称,做事风格虽不尽相同,都是独当一面、办事稳妥的将才。因气度终不如"中和"之人博大,因此是辅佐之才,而难成帝王圣人之功德。

识人者不能因为不喜欢他的直爽或谨慎,而随便否定他们的才能。这种现象在实际生活中带有一定的普遍性,领导者不可掉以轻心而流失掉聪明俊秀的人才。

李广与程不识都是西汉名将。李广的祖上李信是秦国大将,曾率数千人攻逐燕太子丹(荆轲刺秦王的故事就是他一手策划的),并生擒之,后因夸口用20万人可灭楚国,失败而归。李广生得一手猿臂,精于骑射。一次率百骑突击于大漠之中,追杀三个匈奴射手。大漠沙盛雪,溯风凛冽,旷野驰骋,李广一马当先,独弓射杀二人,生擒一人,返回途中与数千匈奴兵不期而遇。汉兵一时大惊,立时想在大敌广漠前逃奔。李广急忙拦住说："大漠旷野，如何逃脱得了性命？不如留在这里，他们反而会起疑，不敢贸然进攻。"

李广率百骑大模大样地进到离匈奴兵二里处，命兵士下马休息。匈奴兵素闻李广勇名，疑惧未定，不敢出击。有白马将走出匈奴阵列，李广飞身上马射杀之，归队后命兵士们歇马解鞍，卧地而息。

由日暮相持到半夜，燕山月似钩，旷野静默，匈奴兵终不敢击，又怕中埋伏，竟悄悄撤退了，李广将士全身而还。

李广勇猛善战，又会用兵，而且体爱下属，所得赏赐全部分赠部下，将兵40余年，家无余资。行军打仗没有严格的命令约束，宿营时人人自便，不设哨岗，但从未遭到袭击。兵士部属们都愿意为他效死命。

与李广同时的程不识，也是边关名将，以治军严厉著称。行军打仗纪律严明，号令整齐，宿营时多设岗哨，兵士不得乱走，因而也不曾遭到袭击。程不识说："李广治军很简单，但如果敌兵突然发难，恐难以自保。但军士却能因其宽松仁爱而死命以效。我军虽然严肃紧张，少了活泼气，兵士也不自由，但能团结凝聚，从不懈怠，听令而动，因此敌人也不敢侵。"相比之下，匈奴兵更怕李广，兵士们也以随李广为乐，而苦从程不识。

司马光在《资治通鉴》里评论道：

治军以严为首，如无制度约束，就太凶险。李广让士兵自由活动，以他的才能胆识，可以这样，但其他人则不可这样。效法程不识，虽然无功，但不会失败；效法李广，又无李广之才，则祸患暗生，不被敌人击败，就会因内讧而败。

从他们的行动风格可以判断，李广称得上聪明外向的人才，程不识属于沉思内秀之人。他们都是当时名将，都能建功杀敌。但二人结局并不一样。士卒苦于程不识，但程不识因严谨自律，最后官至太中大夫。李广骁勇善战，立功无数，名震天下，因不服老，随大将军卫青出战匈奴，迷失道路，没能按预定计划与卫青合围匈奴，致使单于夜遁逃。按军法，失期当斩。回京途中，李广喟然长叹："广年60余岁矣，终不能复对刀笔吏。"于是拔刀自刎而死。士卒百姓皆为之涕泪。到李广的孙子李陵投降匈奴，李氏一族名败声没。

李广曾问时人王朔，为什么他才力功绩过人，却始终不能封侯。王朔问他有无遗恨怨忿之事。李广说:"任陇西太守时,羌人作乱,诱使他们投降后,又把降者800余人杀了。"王朔说:"祸莫大于杀投降缴械之人,这就是你不得封侯的原因。"这让人联想到坑卒40万的秦将白起的命运。

第五节　人才的五个层次

偏才,以才自名

兼才,德才皆备

兼德,圣人之目也

【原典】

九征皆至,则纯粹之德也。九征有违,则偏杂之材也。三度①不同,其德异称。故偏至之材②,以材自名;兼材之人③,以德为目;兼德之人④,更为美号。是故兼德而至,谓之中庸,中庸也者,圣人之目也。具体而微⑤,谓之德行,德行也者,大雅⑥之称也。一至⑦谓之偏材。偏材,小雅⑧之质也。

一征谓之依似⑨。依似,乱德之类也。一至一违,谓之间杂⑩。间杂,无恒之人也。无恒、依似,皆风人⑪末流。末流之质,不可胜论,是以略而不概也。

【注释】

①三度:指偏才、兼才、兼德三等,与人、地、天三度相对应。

②偏至之材:九征中一二方面突出的人才,即偏才。

③兼材之人:德才皆备之人,但德与才都没达到完美境界。

④兼德之人:五德俱全,九征完备的至圣至关的完人。

⑤具体而微:九征初具,但不完备。

⑥大雅:《诗经》中分风、雅、颂三部分,其中雅又分大雅、小雅,这里指德才高尚的人才。

⑦一至:九征中某一方面突出。

⑧小雅:这里指相对大雅之才而言的偏才。

⑨依似:似是而非。

⑩间杂:才德相违,又相互混杂。

⑪风人:疑为"凡人"之误,即指平凡普通的人。

【译文】

九大特征都具备,就属纯粹正德的人。如果偏失了一部分,就是偏杂之才。偏才、兼才、兼德三等不同,其才能德行也是一样。偏才之人,以才为立身之本;兼才之人,以德行为立身之本;兼德之人,则是才名显于当世,能获得美好称誉。兼德又叫合于中庸之道,中庸是圣人的最高标准。九征初具但不明显完备,称作德行,德行是大雅之才的素质。九征有一项突出,是偏才,偏才是小雅之才的素质。有一征,但不明显的叫似是而非。这种人是乱德之辈。有一征相似,但又混杂,叫间杂。间杂是没有恒守的人。似是而非与无恒之人都是凡人末流,不足为论,因此略过不提了。

评 述

以德行、才能和性情为依据,可将人才分为五个层次:兼德,兼才,偏才,依似,间杂。

兼德,德性纯粹,器识宏深,是德才兼备的完人,集中了"九征"的全部优点,具备仁、义、礼、智、信五种品德,素质平静恬淡,合于"中和"之理,神俊、精睿、筋劲、骨植、声清、色怿、仪正、容直、言平,有光明俊伟圣人帝王之象。这种人德行才能两相辉映,德性的光芒普照天下,是圣人领袖之才。

兼才。像兼德那样完美的理想型人才是罕见的,绝大多数人难免有这样那样的缺点。具备"九征"中的部分优点,仁义礼智信五德有其二三,这样的人属兼才。兼才在德行才能上都不如兼德那么光明崇高,位次于圣人领袖,是国家器宇的栋梁之才。他们能够辅佐君主,可以安邦定国,经物济世。

与兼德相比,兼才更具备现实性,不是理想化的人物。历代圣人帝王更多具备兼才之性,孔子德行学识隆于天下,但经邦济国的才能稍嫌不足,理论颇丰,实务不足;秦始皇武功才气胸略有余,仁义不足;唐太宗谈不上仁,赵匡胤谈不上义。由此来看,兼德之人更多的意义上是为评判各等人才而定的一个高高在上的标准。

偏才，"九征"得其一二，但很纯粹，某一方面的能力很突出，以才闻名，不以德闻名，可称为小雅之才，胸襟气度都有限，适合做局部性的工作，虽不能治理一个国家，但可以独当一面，管理一个局域，一个部门。

依似，有一征相似，实际上是似是而非，似能非能，有打肿脸充胖子之嫌。好像具备一德一能，实是乱德之辈，难以有所成就。依似之人有很大的欺骗性，甚至有可能伪作"为官，以不能为能"的势态，造成上级用人不当的错误。赵括长平之战的惨败，诸葛亮挥？目斩马谡，都是惨痛教训。本书后面有专节记述"七似"之人。鉴别依似之人，应特别小心，稍不注意就可能引进了依似而错过了人才。

陈蕃是东汉名臣（唐代年青诗人王勃在著名的《滕王阁序》中称赞"徐孺下陈蕃之榻"）在任乐安太守时，有一个叫赵宣的人，父母去世已20多年，他不封墓道，住在墓里为父母守孝，成远近闻名的大孝子。有人把他推荐给陈蕃。二人见面，谈话间陈蕃问到他的个人情况，发现他在为父母守孝期间生有5个孩子，完全违背了子女在守丧服孝中不得同房的礼俗。陈蕃大怒："你住在墓里为父母守孝，却在里面生儿育女，欺骗舆论，迷惑百姓，污辱鬼神。"于是将这个假孝子治罪。赵宣就是那种"乱德"的依似之人。

间杂，心无定性、随风倒的人。这类人反复无常，左右摇摆，胸无定见，动如风中之草，没有恒常的情操，排不进人才的行列。

君子之德像风，小人随风而倒，无恒守之气。后面只讨论三度之才，即兼德、兼才，偏才，而不论依似、间杂两类。

五种人才的分类：

兼德　中庸之质，圣人帝王

兼才　德才兼备，栋梁之才

偏才　一至之能，局部之才

依似　一征形似，乱德之类

间杂　反复无常，无恒小人

第二章　识别忠正与奸邪

第一节 考察精神

　　一身精神,具乎两目
　　一身骨相,具乎面部
　　他家兼论形骸
　　文人先观神骨

【原典】

语云:"脱谷为糠,其髓斯①存。"神②之谓也。"山骞③不崩,惟石为镇④。"骨之谓也。一身精神,具乎⑤两目;一身骨相;一身骨相,具乎面部。他家兼论形骸⑥,文人先观神骨。开门见山,此为第一。

【注释】

①斯:语气助词,无实义,这里理解为"仍然,还"。

②神:与"精神"不是对等的概念,除了有精力旺盛充沛的含义外,更多的还包括一个人经由学识、经历、意志、气质中体现出来的智慧性光芒,是生命力、行动力、意志力和创造力的合成体现。主要从眼神中流露出来。

③骞(qiān):拔去,引中为损、亏,这里可理解为土石的脱剥流失。

④镇:用力量压以维持稳定,这里指依靠岩石的支撑而保持稳固。

⑤具乎:集中于,体现于。

⑥形骸:身形体态。晋代大书法家王羲之《兰亭集序》:"或因寄所托,放浪形骸之外。"

【译文】

俗话说:"去掉稻谷的外壳,就是没有精髓的谷糠,但稻谷的精华——米,仍然存在着,不因外壳磨损而丢失。"这个精华,就是人内在的精神状态。

俗话又说:"山岳表面的泥土虽然经常脱落流失,但山岳却不会倒塌破碎,因为它的主体部分是硬如钢铁的岩石,不会被风吹雨打去。"这里所说的"镇石",相当于支撑人的身体构架的坚硬部分——骨骼。

一个人的"神",主要集中在两只眼睛里,一个人的骨骼丰俊与否,主要体现在一张面孔上。像工、农、兵、商等类人士,既要考察他们的精神状态,也要考察他们的体势情态;读书人则主要是考察他们的"神"和"骨"。神和骨就像两扇大门,命运就像巍巍立于门外的大山。考察"神""骨",犹如打开两扇大门,山势的起伏昂藏自然尽收眼底。两扇大门——"神"和"骨"——是从外表考察人物的第一要诀。

评 述

从外表考察人物,首先的——也是最主要的——是观察精神,精神主要集中在眼睛里。

精神贯穿着一个人生命的始终,是生命力的表征。生命力强旺,精、气、神、血就充足丰沛,脉相也沉稳有力。如果血枯气散,精神恍惚,就是生命力衰竭或受损之象。"大伤元气"就是精、气、神、血受损伤。

但精、气、神三者却是看不见的。质藏于形内,又决定形的神韵风姿。中医理论认为:形有助于养血,血有助于养气,气有助于养神。如果形体完备无损,血液就能够流通(中医有"通则不痛,痛则不通"的说法);血液流通无阻,气就能顺畅;气一顺畅,神就明清爽朗。因此说,形能养气,气能安神,气不沉稳,思想就浮躁,不能静下心来。在这种状态下,人去办事是收不到良好效果的。

精、气、神、血的稳定性是一个较长时期的过程。如果四者长时间浮躁不定,精力不能集中,做事效率低,才能得不到充分发挥,事业兴衰可想而知,长此以往,命运的通达蹇滞不言自明。反之,精、气、神、血四者旺足,生命状态奇佳,精力高度集中,处于亢奋状态,可以激发体内潜能,超水平发挥,平常有五分能力,突然间会暴涨至七分、八分,事业自然会顺利发达。成绩平平的学生在关键考试时会考出高分,精神亢奋的运动员会做出惊人神技,原因就在于此。精神足与不足,影响到才能发挥,从而决定事业和命运。

精神状态良好,能调节激发体内潜能,灵感与超水平发挥就有实现的可能。这种说法当然不足以解释精神与一个人事业、命运好坏的关系,聊备一说,仅供参考。

气沉不下来，就做不好事情。"神"与"精神"还不是一码子事。神是一个人生命力、行动力、意志力和思考力的综合体现，是有质无形的东西，主要集中在人的面部，尤其是两只眼睛里。人们看不到它的实体，却能够感觉到它的存在。经由各种磨炼，神会发生变化，智慧、阅历、才能和信心增长了，神也会更加明清精湛，丰厚纯熟。

神是一种气质性的东西，能在后天的环境中发生变化。可能来自于磨炼，也可能来自于阴阳的调合。老中医给某些年轻病人开的药方是提早结婚，有的人结婚后面貌神态判若两人，都是阳阴调合平衡的缘故。

后天的磨炼更为重要，也是才能、信心、智慧增长的源泉。生命力可以通过锻炼和加强营养来增强，行动力是在处理事务中增长的，意志力是需要不断磨炼而更加坚强的，思考力在学习和应用中会一点一点成熟完善。四者是统一协调发展、相互促进的。意志力能把生命力提高到极限，在生命力脆弱时顽强地拼搏，也能克服恐惧和无助感，提高行动力，帮助思考力找到正确的答案。思考力则能改善、提高行动力的准确性，而经由行动力的不断实践又有助于思考力的正确性。

总之，生命力是基础，行动力是武器，意志力是动因，思考力是统帅。

在它们的协调发展中，神就更加圆润纯熟。由于修养深浅的变化，有的人神光内敛（大才），有的人锋芒毕露（中才），如果无神无光，则不足论了。

在考察人物的过程中，有一种普遍现象，人们比较容易识别与自己同类、同级或比自己低的人才，而不同类型、比自己才高的人则判断不准了。加上受个人好恶的干扰，情人眼里出西施，就造成众多的识人错误（详见本书第十六章第二节）。

读书到相当程度，他头面上的气质与其他人有不同，仿佛若有光，这是神的一种表现。在经纶事务中成长，历经风雨事变的考验，气质神态又有不同，这也是神的一种表现。神是藏于形之内的，形也就是容貌，尤其是眼睛。神与眼睛的关系就像光与太阳。神通过眼睛外现出来，犹如光从太阳里放射出来普照外物，但神是藏于目之中的，犹如光本身就存在于太阳内部一样。因此曾国藩用8个字来讲："一身精神，具乎两目。"

在古代，读书人是为数不多的一部分，他们的思想很复杂，心眼也多。比如说水泊梁山那108个草莽英雄，真正的读书人只有军师吴用等几个，其他英雄是大块吃肉、大碗喝酒的,怎么想就怎么说,怎么想就怎么做。但吴用就不一样。当卢俊义为晁盖报仇以后,宋江要推卢俊义坐头把交椅,吴用是反对的,但他不说,使个眼神,秋波一递,黑旋风李逵就跳出来了。吴用也许考虑自己的身份,带头反对,不给卢俊义面子;但从另一方面来讲,他不出面,至少不会得罪卢俊义。万一宋江要死命坚持晁盖临死前的诺言——谁为他报仇,谁就坐头把交椅——那卢俊义还是要坐的,吴用自己不出面,两人都不会得罪,何乐而不为呢?李逵、武松等血性汉子就不会有这么多心眼了(这仅是一种"以小人之心度君子志腺"的看法,不足当真)。

读书人长期在读书,气质与常人也有不同。但他们中也有心怀邪念的小人,也有落井下石、拐骗别人妻女财物声名的不义之士,在文儒雅士、谦谦君子的文明面纱掩盖下,该如何识别呢?

主要察神。这一点大家都知道:心有所动,眼睛会流露出变化。这其实就是在由眼睛察神。不论神光内敛,锋芒外显,神所传递的心性正邪、智慧愚笨都是掩盖不了的,一如云层厚积中的阳光,区别仅在于会不会鉴别。

这就是曾国藩讲的"文人先观神骨,开门见山,此为第一",犹如大门与门外的大山,门一打开,山势的幽深伏藏、奇伟雄姿自然一目了然。察神,相当于推开大门,门一开,事业与才能就能预测出来了。

曾国藩是科举出身,行军打仗也多从文人中选拔将领,因而一生结识的读书人无数。"文人先观神骨"六字简简单单平平实实,却是他一生经历的结晶。后世文人推崇曾国藩,仅此六字,就足以理解一些文人的敬佩之心了。

曾国藩本人在60岁时,已深感神不足,气血亏损过度。除年龄因素外,与他常年不敢怠惰公务和学习有关。临死前第三天,他在日记中写道:

余精神散漫已久(知大限将至),凡遇应了结文件,久不能完,应收拾文件,久不能检,如败叶满山,全无归宿。通籍三十余年,官至极品,而学业一无所成(太过谦虚),德行一无所成,老大徒伤,不胜悚惶惭赧。

神有余与神不足

精神状态有不足与有余之分。要区分人的能力和前程,相貌外形是靠不住的。比如王安石与文天祥。文天祥是一个很俊美的人,身材魁梧,厚背圆腰,秀目长眉，与今天带着粉脂气的男模特不一样，他身上至少多了一种英雄气概，而且蕴含着书卷气。王安石却是一个不修边幅的人，衣服一月不洗，身上还有虱子，眼睛里白多黑少，至少算不上英俊。但他们的历史贡献和楷模榜样同样流传万世。

因此，从外表上察人，主要察精神状态。神的表现为洒然而清，或者为凝然而重，这都是好的，皆来自于心内的清明厚重，形与质的关系就是由神知心的理论根据。内心清明厚重，决定着他思维正确，大脑清醒，判断正确，以这样的条件去领导他人和处理问题，自然凯旋而回。神清，是内心聪明智慧的表现，如果一清到底，光明而彻，那这样人的命运、事功也就是好的。如果神昏浊不明，内心的聪明智慧也没有多少，或许可以制造一点无聊的笑料，却不足以当用。这样的人就不足为论了。

神有余的表现是，眼光清莹流转，目不斜视，眉毛清秀尾长，容色澄澈如冰泉，清如一泓秋水。极目远眺时，如秋日长空里太阳照霜天，收目近观时，如春回大地和风拂过鲜花。处理事务时，果断刚毅，镇定沉稳，临危不乱，如猛虎踏步深山中；与众人相处时，和和融融，却又不为众人所淹没，像凤凰飞翔在雪原上，始终不失去骄美和艺彩，成为众人瞩目的焦点。坐，稳如磐石；卧，静如栖风；行，洋洋洒洒，缓缓如江水徐流；立，敦敦昂昂，气势如孤峰树于平原。沉默静养，气定神闲，言不妄发，性不妄躁，喜怒不动心，荣辱不变节。世事纠纷错于眼前，利色诱惑纷纭身畔，而守贞如玉，心静如水。这样的人动如脱兔、静若处子，不为外物所动，既能得众人的喜爱和钦佩，又有做大事的才力风范，自然前程远大。

神不足的表现是，似醉非醉，头脑昏浊不清。不愁似愁，经常忧心戚苦；似睡非睡，一睡便又惊醒。不哭似哭，经常哭丧着一张脸。不嗔似嗔，不喜似喜，不惊似惊，不疑似疑，不畏似畏。神色昏乱不定，容仪浊杂不清，惊惶恍惚的神情状态就像出现重大失误，凄惨悲壮而又痛苦不堪，甚至带着恐怖感。言语瑟缩寒滞，闪烁隐藏不定，卑躬自怜，有如女子遭人凌辱。面色初时花艳，继而暗淡无光，语言初时迅捷，继而吞吐木讷。这样人做事往往虎头蛇尾，有始无终，其事功前程自然可以预见。

熟知了神有余与神不足的区别，就很容易判断一个人的生命力、行动力、意志力和思考力的强弱。前面所列举的各种表现犹如病状，由病状来判断病情，再佐以验血、照相等手段,病情就十拿九稳。由神察人心性才能也大抵如此。

察神也不是一个静态的过程,除了观察眼光清莹昏浊外,还要结合他的举止、言语,才不会有偏失。精神是贯穿人生命始终、身体各部位的,包裹在身体中。有一种小女子,身材不高,却浑身透着青春的活力,精力旺盛,思维敏捷,这是神有余的一种表现。有许多矮个子伟人,也多是身小声雄,神有余的。神有余,就有足够充沛的精力来从事比他人多得多的工作和学习,因此,能做出超过常人的成就来。

曾国藩识别江忠源

江忠源(1812~l854),字常孺,号岷樵,湖南新宁人。本是读书人,后成为湘军中很有代表性的文人勇将。1848年开始办团练,比洪秀全领导的太平天国金田起义(1851年)还早3年,而曾国藩本人是1853年才开始办团练的。江忠源办团练,是为镇压新宁县的青莲教起义。青莲教首领雷再浩率众起事,江忠源率乡里团练(不算正规军队),一役即将雷再浩剿灭。由此授七品知县,往浙江任职。

江忠源本在湖南偏僻山中读书,因参加科举考试到了北京,以同乡晚辈的身份去拜见曾国藩。见面后,两人谈得很投机,曾国藩也赏识江忠源的才华。江忠源告辞时,曾国藩目不转睛地看着他离去,直到他出到门外(当时曾国藩已是二品官员,而江忠源只是一个普通的待进科举的读书人)。

曾国藩对左右人说:"这个人将来会立名天下,可惜会悲壮惨节而死。"

太平军在广西起义后,1852年,江忠源带兵进驻广西,奔赴广西副都统乌兰泰帐下,准备狙击节节胜利的太平军。曾国藩知道后,从北京给江忠源写信,坚决反对他投笔从戎,认为他"读书山中",投笔从戎,"则非所宜"。他还动员朋友劝阻江忠源,认为"团练防守"即为文人本分,他率兵去广西,就是"大节已亏"。曾国藩为什么要坚决反对江忠源投笔从戎,旁人以为是他"爱人以德",不愿江忠源文员夺武弁之制,但是否与他认为江忠源"当会悲壮惨节而死"有关呢?可惜曾国藩未在书信、日记中提及此事。

江忠源与太平军的第一次作战,即大告成功。他率军在广西蓑衣渡设伏,重创太平军,太平军早期领袖南王冯云山即牺牲于此役。江忠源因此以善带兵而名闻朝廷。江忠源所率部众也是第一支出省作战的湘军。

后来江忠源追击太平军,军功累积,由七品知县迅速升迁至安徽巡抚(官级从二品）。

　　1854年，太平天国勇将、翼王石达开率兵迎战曾国藩湘军。江忠源防守庐州，被太平军围困，城破，江忠源苦战力竭后，溺水而死。

　　曾国藩是根据什么来判断江忠源会"立名天下，当悲壮惨节而死"，现在已无从考证；但可以肯定的是，注视良久，肯定与察神有关，"文人先观神骨"意义非常。

　　任何一位领导人，在考察人物方面都有其独特的秉赋。不如此，不足以成就事业。一个人的力量毕竟有限，领导人必须会鉴别人才，然后才能组建强有力的核心首脑智慧，带领社团沿着正确方向前进。

　　综观古今人物，身为团体领导人，惟有曾国藩留下了一套鉴别人才的非常系统的学问——《冰鉴》。唐代的袁天罡，宋代的陈抟，都是鉴别人物的高手，但他们都不是世俗中人，偏僧偏道，游于山水之间，过着神仙似的生活。而曾国藩秉承"兼善天下"的思想，却从未打算要归隐山林。他祖父也是鼓励他要竭尽血诚效忠朝廷的。

　　曾国藩这套鉴别人才的学问，影响不小，与民间流传的相学也区别甚大。相学是静态考察，易流于机械主义，而且宣扬命运天授思想，看不到个人努力的作用，还从面相中定人一生富贵。人的富贵荣华，受家庭、历史条件、个人奋斗等多种因素影响，仅凭相貌来定，少掉了许多依据，正确性是不足为论的。曾国藩鉴别人才，一个核心思想是从他的相貌、言语、行动特征来考察其思维和做事的方法，从而判断他才能的大小，以此确定他适合担任什么工作。

　　这样的思想才是考察人物、鉴别人才的正道。

【参考资料】

论　神

神居内形不可见，气以养神为命根；
气壮血和则安固，血枯气散神光奔。
莫标清秀心神爽，气血和调神不昏；
神之清浊为形表，智愚贤肖最堪论。

神与形、气、血

夫形以养血，血以养气，气以养神，故形全则血全，血全则气全，气全则神全。是知形能养神，托气而安也，气不安则神暴而不安。……是形出处于神，而为神之表，犹日月之光，外照万物，其神固在日月之内也。

眼与神的关系

眼明则神清，眼昏则神浊。

清则贵，浊则贱。

清则寤多而寐少，浊则寤少而寐多。

神与形

夫望其形，或洒然而清，或朗然而明，或凝然而重。然由神发于内而见于表也。神清而和澈，光明而彻者，富贵之相也；昏而柔弱，浊而结者，短薄之相也。……凡相，宁神有余而形不足，不可形有余而神不足也。神有余者贵，形有余者富。

论神有余

神之有余者，眼光清莹，顾盼不斜，眉秀而长，精神耸动，容色澄澈，举止汪洋。俨然远视，若秋日之照霜天；巍然近瞩，似和风之动春花。临事刚毅，如猛兽之步深山；处众迢遥，似丹凤而翔云路。其坐也，如界石不动；其卧也，如栖鸦不摇；其行也，洋洋然如平水之流；其立也，昂昂然如孤峰之耸。言不妄发，性不妄躁，喜怒不动其心，荣辱不易其操，万态纷错于前，而心常一；可谓神有余也。

论神不足

神不足者，不醉似醉，常如病酒，不愁似愁，常如忧戚；不睡似睡，才睡便觉；不哭似哭，忽如惊忻，不嗔似嗔，不喜似喜，不惊似惊，不痴似痴，不畏似畏。容止昏乱，色浊似染癫痫。神色凄怆，常如大失，恍惚张惶，常如恐怖。言论瑟缩，似羞隐藏，体貌低摧，如遭凌辱。色初鲜而后暗，语初快而后讷。此皆谓之神不足也。

第二节　识别人的邪正

> 古者论神,有清浊之辨
>
> 清浊易辨,邪正难辨
>
> 欲辨邪正,先观动静

【原典】

古者论神,有清浊①之辨②。清浊易辨,邪正③难辨。欲辨邪正,先观动静。静若含珠④,动若水发⑤;静若无人,动若赴的⑥;此为澄清到底。静若萤光⑦,动若流水⑧,尖巧⑨喜淫⑩;静若半睡,动若鹿骇⑪别才⑫而深思⑬;一为败器⑭,一为隐流⑮,均之托迹二清,不可不辨。

【注释】

①清浊:目光的两种状态,一种是清亮晶莹,顾盼端庄,另一种是昏浊灰黯,顾盼惊疑不定。

②辨:区别。

③邪正:从精神状态中反映出来的正直与奸邪两种心性。

④含珠:目光清纯如晶莹的明珠,含而不露。

⑤水发:目光安祥而又敏锐,沉稳又不失犀利,宛如春水动清波一般。

⑥赴的:直飞箭靶的中心。的,箭靶的中心。

⑦萤光:夏夜中萤火虫的闪灭不定的光。

⑧流水:目光像流动的水一样游移不定。

⑨尖巧:指人善于机巧和伪饰。

⑩淫:奸邪。高诱注《吕氏春秋·知度》"不学正道为淫"。

⑪鹿骇:像鹿一样惊恐不安。

⑫别才:聪明而不行正道的人。

⑬深思:心思暗藏,担心他人窥破。

⑭败器:本指有缺损、有瑕疵的器物,引申为品德不高尚、行为不端正的人。

⑮隐流:奸心暗藏不发的人。

【译文】

古人通过不断的研究和观察,把神区别为清与浊两种。清与浊是比较容易区别的,但邪与正却不容易区分,因为邪与正都是托身于清之中的。考察一个人神的邪正,要从动静两种状态入手。

眼睛处于安静状态时,目光安详沉稳而有光,宛如晶莹玉亮的明珠,含而不露;处于运动观物状态时,眼中光华生辉,精气闪动,犹如春水之荡清波。或者眼睛处于安静状态时,目光清莹明澄,静若无人;处于运动状态时,锋芒内蕴,精光闪射,犹如飞射而出的箭,直中靶心。以上两种表现,澄澈明亮,一清到底,属神正的状态。

眼睛处于安静状态时,目光像萤火虫的光,一点柔弱却又闪烁不定;处于运动状态时,目光又像流动的水,虽然清澈,但游移不定,没有归宿。以上两种目光,一种属于尖巧和伪善的神情,一种属于奸心内萌的神情。处于安静状态时,眼睛似睡非睡,似醒非醒;处于运动状态时,又像受惊吓的鹿,总是惶恐不安的样子。以上两种神态,一是聪明而不行正道的表现,一是深谋内藏、又怕别人窥探的表现。前一组神情多是品德欠高尚、行为欠端正的表现,后一组神情多是奸心内萌、深藏不露的表现。这两种状态都属于奸邪神情,由于二者都混迹在清莹之中,因此必须仔细、正确地区分。

评 述

观神识人,辨别神的清浊,考察人的邪正。神清,主人聪明;神浊,主人鲁笨;神正,主人忠正;神邪,主人奸邪。

神的清浊比较容易区别。举例来讲,少年人的眼睛是明亮清澈的,老年人的目光则显得较混浊昏暗。这不表明少年人比老年人聪明,但少年人的机敏伶俐老年人是没有的。而且年长者比起自己年轻时,思维、记忆力、办事效率大大不足。神的清浊变化一定跟大脑思维相关。

神的邪正却不那么好辨别,因为大忠大奸之人的智慧都是好的,人也聪明,神的邪正都托迹于清当中,形的相似性会蒙蔽许多人的眼睛,因此鉴别起来就不那么容易了。

辨别神的清浊

神清气爽，体清人妙，这是好的。如果能从一个人身上感觉到如此气氛，这个人一定很聪明，而且能得到大家的喜欢与亲近。这是神清的表现。

神清而朗的，就像清澈澄明的水，这样的水是好的，这样的人也是聪明的。神集中表现在眼睛里，童年时代相差不大，都是明亮清纯的。受到社会各种污染之后，思想发生了变化，智慧成为聪明的发展方向（或是停止不前）。眼睛是大脑猎取信息的主要工具，占大脑信息量的80%，思维变化了，也必然在眼光中有所反应，比如恐惧的目光，哀伤的目光……

神昏而浊，犹如昏浊的水，其人也难说是聪明机智的。大脑在昏沌状态中，会连犯错误，连日常简单至极的事也会失手。这样的状态长期不能改变，人就显得鲁笨，不会办事了。

神清而朗，实际上是天分高的表现，神昏而浊，恰好相反。神浊的人，这里不做讨论。有一技之长的人，也应归于神清之中去，他的聪明才智足以够他精通一技。

神清也有若干层次。有神清而足的，有神清而不足的。神清而足，是有大智慧的人。在表现上如深潭蓄碧水一般，无大风不会起大浪，平常表现得平平淡淡，不疾不徐。有大智慧的人是很谦虚的人，而且深藏不露，不为一失一得计较。他们的生命力也很旺盛，精力充沛，有足够的思想力和行动力去处理问题。属静如处子，动若脱兔的一类人。

神清而不足，是智慧中等的人。神清，人聪明；神不足，精力不充沛，行动力和意志力较弱，不能持之以恒，最终难成大智慧、大气候。

有无恒心毅力，也就是后天的努力，会使神发生变化。神浊而鲁笨的人，在不断的学习中，会积累起智慧，由不聪明变得聪明，智慧由浅而深，神也由浊而清了，从此也有了敏锐的判断力和决断力。神清而不足的人，在后天的学习中，不断受到别人的影响和外界的刺激，不断添加信心，磨炼意志和恒心，坚忍不拔地努力，也会由不足到充沛。

反之，神清的人不坚持学习，大脑会生"锈"，人也由聪明变得与普通人一样；

神清而足的,也会由于自己的懒惰,渐渐失去进取心和钩力,而只能做出一般的成就来,而实现不了远大抱负。

先清后浊

神清,是天资聪颖的表现。因此小孩子们的神一般是清澈的。但由于后天教化和环境的影响,天分得不到锻炼和运用,得不到进一步的开发,会逐渐生"锈",神逐渐失去光泽而转为浊。就像一潭清明的秋水,如果没有交流和补充,成一潭死水,一定会浑浊腐臭。流水不腐,就是这个道理。

大文学家王安石的《伤仲永》一文讲的那个小孩,本是很聪明的,天分极高,神应是清朗而爽的,因此不学而才,咏诗作赋,随口成章。但他的作农民的父亲却是个昏浊之人,竟把儿子作为摇钱树,到处去招摇获利,不让儿子进一步学习,天分得不到锻炼和启发,人也不再聪明,神也不再清,到长大成人后,与普通农民没有什么两样了。

先浊后清

猩猩经过训练,可以做到一些简单的智慧性技巧,与动物杂技的习惯技巧是不一样的。比如,猩猩可以把立柜的抽屉一个一个拉出,成楼梯状,再把凳子拿到柜顶上,最后取到挂在屋顶上的香蕉。而其他动物是很难完成这个技巧的。

人的天分也能在开发中得到提高。弱智儿童经过专门训练,大脑会开发到如正常人一样生活的状态。天分不高的人,经过刻苦训练,也能做出惊人的成就来。

笨鸟先飞,是因为它首先能识辨明白自己的"笨",因此以勤补拙,获得成功。谁能否定认清自己的"笨"不是一种聪明呢?也许更是一种大智慧。相应的,在不断的训练中,大脑升悟了,人也聪明起来,神也由浊而清。

也许曾国藩本人就是一个由浊到清的人。

曾国藩7岁时,他父亲因多次童试未果,愤而设立私塾,起名叫"利见斋",曾国藩就开始随他读书,前后共8年。他父亲自信心连遭重创,因此自卑,自认天分有限,教书的秘诀就是不厌其烦,重复是记忆之母。父子俩同睡一床,同行一路,时时不忘考问曾国藩功课。他常自我解嘲地说:"因为我自己笨,所以教起你们这些笨弟子来,一点也不感到厌烦。"

曾国藩并不聪明（至少在童年时没有表现出聪明），才思也欠敏捷。一天，他与妹妹随父亲外出，一路上学习作对联。父亲随景出上联"狗尾草"，妹妹立刻接口说出"凤冠花"，父亲点头说："也还工整。"曾国藩却答不上来。过一座桥时，父亲又命上联："观风桥。"兄妹俩都未对出佳联。直到第三天，曾国藩跑去对父亲说："对'听月楼'。"父亲一时间竟没想过来，继而点头赞许他的倔强。据说他的这种性格深受母亲的影响。他自己也讲道："吾兄弟皆秉母德居多，其好处亦正在倔强。""故男儿自立，必须有倔强之气。"

19岁时，他与弟弟曾国潢去衡阳，师从汪觉庵。弟弟聪明伶俐，深得汪觉庵的欢心，常受夸奖，而曾国藩却默不好言，老师对他的功课只用"也好"二字敷衍了事。

一次，他背书不畅，老师训斥他说："你将来要是会有点出息，我给你背伞！"好，曾国藩就记下了这一句话。

金子的闪光总会被人发现。24岁他去长沙参加童试。父亲的朋友欧阳凝祉出题面试。写成后，欧阳称赞道："这是金华殿中人语气！"并表示愿为他说媒。不料长沙的"名门闺秀"都看不上这个乡下人。欧阳便学刘邦的丈人，将自己的女儿许配给了曾国藩。由此看来，曾国藩的天分，要么是乡下众人不能识别，要么他是大器晚成。

1838年，27岁，曾国藩中进士。后还乡，按理当去拜谢老师汪觉庵。临去时他带了一把雨伞，进门便放在汪家的神龛旁。告辞时，他起身便走，刚到槽门口，突然对汪觉庵说："我忘了带伞。"汪老师连忙去把伞取了过来。曾国藩接过伞，话没多说，就走了。

汪老师回到屋里，突然间忆起当年那句话，一时间哭笑不得，半天的兴奋劲霎时间就没了。

对曾国藩的鲁钝倔强，梁启超评议如下：

文正固非有超群绝伦之天才，在并时诸贤杰中，称最钝拙；其所遭值事会，亦终身在拂逆之中。然立德、立功、立言并三不朽，所成就震古铄今而莫与京者，其一生得力在立志自拔于流俗，而困而知，而勉而行，历百千艰阻而不挫屈，不求近效，铢积寸累，受之以虚，将之以勤，植之以刚，贞之以恒，帅之以诚，勇猛精进，艰苦卓绝,如斯而已,如斯而已!吾以为使曾文正今而犹壮年,则中国必,由其手而获救矣!

曾国藩在文、武、经学方面的成就足以震古烁今,梁启超送给他的挽联中讲道:

武乡可拟,汾阳可拟,姚江亦可以,潇湘衡岳,闲气独钟,四十年中外倾心,如此完人空想象;

相业无双,将略无双,经术又无双,蒋阜秦淮,巨星无陨,廿六载门墙回首,代陈遗疏剧悲哀。

联中把他的相才比作诸葛亮,将略比作唐代郭子仪,经术比作明朝王阳明,又称他"相业""将略""经术"在中国历史上无双。这种誉词虽过夸大,但也足见曾国藩对当时和后世的影响。

彭玉麟送给他的挽联,没有把他看作神话了的圣人,比较质朴、亲切:

为国家整顿乾坤,耗完心血,只手挽狂澜;经师人师,我待希文廿载

痛郯城睽违函文,永诀温颜,鞠躬真尽瘁,将业相业,公是武乡一流。

由此可见,天分不高,才思鲁钝的人,只要坚持不懈地努力,一定能取得成就。而且,鉴人者应注意的是,天分高不高,才思是否敏捷,不可随意妄断。比如曾国藩,也许他属天分奇高、大智若愚的人,只是未在日常中表现出来。他的老师也不大会鉴别人才,至少没有看到学生的长处。庸医可误人,庸师亦会误人,识别人才是任何一位老师、与人打交道的人的必备课程。鉴人者应学习曾国藩的丈人,不依他人的评判为标准。言不妄发,性不妄躁,既是做人的标准,也是鉴人的标准。

邪正

神的清浊是比较容易区分的,但邪正却要难得多,因为邪正都托迹于清之中。

端庄厚重、品格高尚的人,神不仅清而正,而且是一清到底,略无杂质。如果不是清澄到底,那在心性品格上多少有些不足,至少也会动摇不定。

邪难识正,还因为人的主观能动性,奸邪的人可以用行动、言语来掩饰自己本真的面目和企图。如果不依神的邪正来鉴别人才,反而为言语、行动等表面现象所迷惑,这就是对人的判断力太弱,不会识别人。

孟子讲的那个"吾善养吾浩然之气",可不是随随便便就修得到的,首先要修

德行,心怀奸诈,为人不忠,用这种心态,无论如何到不了浩然正气的境界。

　　神的邪正要从动态中来考察,因为事物的本质最容易在运动中表现出来,人的本质也如此。文中讲道,"欲辨邪正,先观动静"就是这个道理。

　　"静若含珠",眼睛安静,没有观物的时候,就像镶嵌在眼帘中的明珠,灿烂光亮,晶莹生辉,美丽的光华深蕴在睛内,如一泓秋水,却又暗蓄着溢光流彩的动向,含而不露,这是神安祥沉稳时的端庄状态,心底无私。

　　"动若水发",眼睛在观物的时候,犹如春水荡动初波,精光闪射,秀气横溢,闪发着美仑美奂的光彩;又如一湾盈盈流动的秋波,水面光芒闪耀,清气勃发,美不胜收。这是神敏锐犀利而纯正的状态。(有的本子本句作"动若木发",意指春木勃蓬生长、秀木吐春、新芽初生、清纯爽朗的样子,本义一样)

　　"静若无人",眼睛没有观物的时候,安祥自然,文静如处子,心中没有纤尘杂念,又像身边没有他人存在、独处一样的自然平静。就像幽谷清泉,空谷悠兰,虽寂然无声,却有高洁的志向和恬然的乐趣。让人想起唐代韦应物的一句诗:"野渡无人舟自横。"本句更深一层的境界是,安静时如老僧人定,丝毫不为外物所动。

　　"动若赴的",眼睛中"静若无人"转为观看外物时,精光湛湛,敏锐犀利,其势厉裂迅捷,如劲箭脱弦,飞射靶心。但又锋芒暗收,不存霸气,但不怒而威,隐隐暗藏王者之气。

　　"此为清纯到底",以上两组动静状态是神澄清到底,纯正无私的表现。这样的人不论在人前人后,困境逆境,都表里如一,保持着堂堂正正的纯洁品格,高风亮节显于天下。

　　第一组动静状态比较平缓,如轻盈流水,与日常的行为表现相对应;第二组动静状态变化反差较大,是较激烈的状态,与紧要关头相对应。大敌当前,不能出奇的冷静,就难以清醒、正确地判断形势;决定做出,不能迅速地行动,又会失去机会,时不再来。

　　更深一层的理解,"静若含珠,动若水发"的境界高于"静若无人,动若赴的"的境界。前者静柔温和,有盛德中庸之态,属于大哲大慧的圣贤境界,是王者之气;后者属智勇双全的豪杰境界,有旁若无人、盛气凌人的状态,是霸者之气。鉴别栋梁之才,似应从此处发现人才的细微差别。毛泽东在青年时代就认为:"帝王一代帝王,圣贤百代帝王。""圣人,既得大本者也;贤人,略得大本者也;愚人,不得大本者也。"

以上是神清到底、端庄厚重的状态。

邪

邪也托迹于清之中,因而不易辨别。曾国藩列举了邪的几种表现。

"静若萤光",眼睛没有观物时,眸子中闪烁着夏夜中萤火虫一样的光。萤火虫的光微弱而明灭不定,萤火虫的活动环境又多是树木草丛等阴气之地,这种感觉带有隐隐的邪气。如果一个人眼中闪烁着这样的目光,往往心有别思。

"动若流水",眼睛在观物的时候,虽然神清,但又游移不定,像漂流无居的水一样。这种人是聪明的,但缺少恒守。孔子讲"仁者乐山,智者乐水",水的特性与智者是有联系的。但正与邪的差别是一个"动若水发",一个"动若流水",区别在于正气凛然、胸怀坦荡的人,目光清亮而又源渊深厚,心怀邪念的人目光虽清却游移不定,东西飘忽。

"静若半睡",安静的时候,两眼半开半闭,似睡非睡。这种状态有一举两得的功用,既可以窥视周遭的动静,又可以静心默守,既养神又做事。这种人有野心,什么好事都想抓在手中,不能专一,本质上是心怀奸诈,即"尖巧而喜淫"的人。

"动若骇鹿",眼睛运动时,像惊鹿那样惶惶不安。与"静若半睡"联起来思考就明白了:本来正在半睡半醒中养神,却有深思图巧,怕被他人看破真心,也怕错过外面的好东西,因而一有风吹草动,就睁想眼看个究竟,其状就像一边想吃草、一边又警惕着猛兽,不时抬头四面张望的骇鹿一样。

"别才而深思",才智颇高,但不知不觉偏离了正道,而且心怀别念,不能始终如一,喜欢见异思迁,缺少忠诚秉性。

对比以上两组动静状态,大致可以区别为,"静若萤光,动若流水,尖巧而喜淫"属小智小奸之人,奸心内萌而伪饰,总还有漂流不定的踪迹可寻,不至于有大碍;"静若半睡,动若骇鹿,别才而深思",容易与端庄厚重混淆,"动若骇鹿"又可能与雷厉风行、办事干练同形,这与刻意掩饰就不一样了,差不多成羚羊挂角,无迹可寻。这种大智大奸的人沉得住气,不到时机成熟不会发难,平常显得是端庄厚重、一身正气的样子(而且勿需掩饰),有很大的欺骗性。比如历史上的王莽、秦桧。他们的才智能力是不用说的,如果在名声事功赞播于四海,未显露本性之前就中止了生命,也许他们真的要流芳百世了。

"一为败器,一为隐流",第一种属"败器",有才能而心术不正,称其为"器",就意味着有形可察;第二种属"隐流",是大智大奸的人,奸心深藏心底,不丝毫外扬,因而称其为"隐",表示无迹可寻。如此看来,器为下,因为有迹可寻;隐为上,因为无迹可依,更难以识别。

"均之托迹二清,不可不辨"。两种邪奸之状都托身在清清中。败器托身在"静若莹光,动若流水"之中,隐流托身在"静若半睡,动若骇鹿"之中,不能不仔细区分。

大贤大忠的人,平常不显丝毫锋芒,精气内敛,普通如常人,一旦行动起来,却是动若脱兔,迅捷快速,一举而功成。大智大奸的人,奸心深藏,但锋芒也不显于外,共得声名,但总有怕人窥破内心的担忧,因此终有踪迹可寻(例见王莽,第一章第二节)。

一正一邪的对比在于,神清而定,神清而浮。

　　　　静若含珠←→静若莹光
　　　　动若水发←→动若流水

　　　　静若无人←→静若半睡
　　　　动若赴的←→动若骇鹿

两组正邪情况对比,人才的类别高下就有定局,在进行鉴别人才的实践时,也不再是迷惑不解的难事。

第三章　分析性格

第一节　性格识人

偏才之性不可转矣

虽教之以学

才成而随之以失

虽训之以恕

推情各从其心

【原典】

夫学,所以成才也。恕①,所以推还必须也。偏材之性不可移转矣。虽教之以学,材成而随之以失。虽训之以恕,推情各从其心。信者逆②信,诈者逆诈,故学不入道,恕不周物,此偏材之益失也。

【注释】

①恕:宽宥,原谅。

②逆:猜测。

【译文】

通过学习,可以使人成才;推己及人,可以了解人之常情。性格成型之后就难以转移,虽然传授给他知识和技能,但是随着学习成才,其偏才的秉性也发展成缺点;虽然教诲以宽恕的道理,推情于人还是根据各人的心性。诚实的人推想别人也诚实,诡诈的人猜测别人也诡诈。因此学习不能掌握通常的方法道理,推己及人的自我内省仍不能宽容一切事物,偏才的缺点也就更加显著。

评　述

性格是指人对现实中客观事物经常的稳定的态度,以及与之相应的习惯化了的行为方式。比如说,有的人小心谨慎,有的人敢拼敢闯,小心谨慎与敢拼敢闯就是两种截然不同的习惯化了的行为方式,人们根据他们外现出来的习惯化了的特征来判别这两种人的性格差别。

性格的形成固然会受到遗传因素的影响,但主要是在后天环境中磨炼出来的,而且定型之后,有很强的稳定性。一夜之间判若两人的情况多半属短期行为,是因为受到莫大刺激突变的结果;一段时间以后,固有性格又会重现,这就是因为习惯化了的行为方式的缘故。性格成形稳定后,既不容易改变,对人的行为也会产生极大的支配作用。逆来顺受惯了的人,如果不经历大波折、大痛苦,很难迅速转变成一个坚决果断、有气敢往的人。即便由于这样那样的历史机缘,坐上了第一把交椅,时间一长,他多半还是会下来,多年来的逆来顺受已使他对权力没有多大的欲望,而且他也习惯了受人支配(或自己动手)、不用支配别人的行为方式。像金庸笔下的张无忌(《倚天屠龙记》男主人公),身上就带有一点这种特征。他的武功智慧是超过一流的,却没有强烈的权力欲望,学成盖世神功纯属巧遇,当上明教教主是因为形势所迫,到后头,他终于是携了美佳人归隐山林快活去了。

在需要做出大决大断的关头,最能体现一个人性格的优劣。决断之间,几乎已经裁定了成功与失败两条道路。性格优良的,在错综复杂的危机时刻,沉得住气,全神贯注于问题之中,心无旁骛,不为他事所扰,像钉子一样专攻一点,因此能够获得成功。排除巧合、运气因素外,这中间是习惯化了的行为方式发挥关键性作用。

赌博虽有许多社会负面影响,比如说在牌桌上注意鉴人察性,不同的个性在其中得到充分表现,实质是在利益争夺面前体现人的内心本质。性格与个性在心理学上不是同一个词,但在判断一个人的优劣长短时,常常是合在一块儿使用的。准确判断一个人的性格特征,对于事情的成功失败有非常重要的作用。

但性格并不是一成不变的。经历过许多事后,鲁莽的人可能学会了适当的谨慎,勇而无谋的人可能学会了相时而动,这都是习惯化了的行为方式发生若干变化的结果。"已非昔日吴下阿蒙"这句俗洒讲的是三国鼎立时期,东吴孙权麾下的大将吕蒙。吕蒙年轻时勇敢舍命,但做事不动脑筋,往往一味蛮干。后来孙权督促他读书,鲁莽习性逐渐收敛,智谋成分逐渐丰富,成为东吴著名的军事将领,后来设计攻破荆州,逼使威震华夏的关羽演上一出"败走麦城"的历史悲剧。

从性格上来识别人才,应充分把握其恒定不变的特征和后天环境造成的变化。由于篇幅和中国传统文化整体合一体系的原因,本章不能对性格做出深刻、细致、系统而深入的理论分析,如果读者有兴趣,可详细参阅西方精神分析学派的一些相关著作,对性格决定行动,性格与成败的关系会有更深刻的理解,并可以上升到理念的高度。准确把握人才的个性,是事情成败的重要前提。

陶朱公原名范蠡,他帮助越王勾践打败吴王夫差以后,功成身退,转而经商。后来辗转来到陶地,自称朱公,人们都称他为陶朱公。他谋划治国治军的功夫厉害,经商赚钱的本事也不差,后来他的二儿子因杀人被囚禁在楚国。陶朱公想用金钱赎回二儿子的性命,于是决定派小儿子带着许多钱财去楚国办理这件事。长子听说后,坚决要求父亲派他去,他说:"我是长子,现在二弟有难,父亲不派我去反而派弟弟去,这不是说明我不孝顺吗?"并声称要自杀。陶朱公的老伴也说:"现在你派小儿子去,还不知道能不能救活老二,却先丧了长子,可如何是好?"陶朱公不得已就派长子去办这件事,并写了一封信让他带给以前的好友庄生,交代说:"你一到之后,就把钱给庄生,一切听从他的安排,不要管他怎么处理此事。"

长子到楚国后,发现庄生家徒四壁,院内杂草丛生,按照父亲的嘱咐,他把钱和信交给了庄生。庄生说:"你就此离开吧,即使你弟弟出来了,也不要问其中的原委。"但长子告别后并未回家,而是想:这多钱给他,如果二弟不能出来,那不是大亏?欲留下来听候消息。庄生虽然穷困,但却非常廉直,楚国上下都很尊敬他。陶朱公的贿赂,他并不想接受,只准备在事成之后再还给他,所以那些钱财他分毫未动。陶朱公长子不知原委,以为庄生无足轻重。

庄生向楚王进谏,说某某星宿相犯,这对楚国不利,只有广施恩德才能消灾。楚王听了庄生的建议,命人封存府库,实行大赦。陶朱公长子听说马上要大赦,弟弟一定会出狱,而给庄生的金银就浪费了,于是又去见庄生,向庄生要回了钱财,并暗自庆幸。庄生觉得被一个小孩子欺骗,很是恼怒,又进宫见楚王说:"我以前说过星宿相犯之事,大王准备修德回报。现在我听说富翁陶朱公的儿子在楚杀人被囚,他家里拿了很多钱财贿赂大王左右的人,所以大王并不是为体恤社稷而大赦,而是由于陶朱公儿子的缘故才大赦啊。"楚王于是下令先杀掉陶朱公的次子,然后再实行大赦。结果陶朱公的长子只好取了弟弟的尸骨回家。

长子回家后,陶朱公大哭说:"我早就知道他一定会杀死他弟弟的!他并非不爱弟弟,只是因为他年少时就与我一起谋生,手头不宽绰,所以吝惜钱财,而小儿子一出生就看见我十分富有,所以轻视钱财,挥金如土。以前我要派小儿子去办这件事,就是因为他舍得花钱啊。"

第二节 领导者理想性格分析

> 夫中庸之德,其质无名
> 阴阳清和,中睿外明
> 能威能怀,能辨能讷
> 变化无方,以达为节

【原典】

夫中庸之德,其质无名①。故咸而不碱,淡而不醋②,质而不缦,文而不缋③。能威能怀,能辨能讷④,变化无方,以达为节⑤。

【注释】

①无名:不可名。《庄子·逍遥游》:"至人无己,神人无功,圣人无名。"

②咸而不碱:即咸而没有碱味的苦涩。碱,含氢氧根的化合物的统称。此指碱味。醋:无味。

③缦(màn):一种无花纹图案的丝织品。缋:同"绘",绘画。

④讷:言语迟钝。《论语·里仁》:"君子欲讷于言而敏于行。"

⑤达:通达。

【译文】

中庸的品德,它的实质不可名状,正像含盐的水虽咸却没有苦涩,虽淡却非索然无味;质地朴素的丝织品并非了无文饰,而是色彩斐然又不炫耀过度。具有中庸品德的人,望之俨然,即之而温,既能辩说无碍,也能缄默不语,变化无穷,惟以通达为标准。

评 述

具备中庸之德的理想人才,现实生活中是没有的,这里首标中庸之德,是为品鉴人才提供一个标准,使品人论性有章可循,不做目无边际的漫评。

"中庸",道德高尚,品行端正,不偏不倚。合于"中庸"之德的人,性情柔和而刚,如水为天下至柔之物,但又有滴水穿石之功,破坏力强大,无坚不摧;德行崇高而厚,扣天地一样广远辽阔,又不脱于众人的目光。这样的人,配天地之德,怀人和之功,是天下纯德纯美的人,可做圣人明君。

人生为万物的灵长,秉天地阴阳之气,性情寓刚寓柔,阳刚为亢,阴柔为拘,演化成现代词,就是外向和内向——亢者属阳,为外向型;拘者属阴,为内向型。

中庸至德之人,阴阳调和,水火既济,柔中带刚,刚而不脆,脆中含韧,韧而有力,是天下最没脾气;又最为厉害的角色。平时的行为举止无声无息、无形无色;一旦动事,疾如江堤决口,迅若长空奔雷,无往不利,无坚不摧;一旦事成,又静若处子,举若虚空,精精华妙,几不着物。在生活中,能威严,能温和,能强辩,能沉默;能开疆拓土奋力进取,又能四平八稳坐守功业。

这种人礼、信、仁、智、勇五德齐备,可谓德能品质完美无缺。但遍观宇内明主圣人,能合于此德的,没有。尧帝杀死自己的儿子丹朱,不仁;舜帝得不到父亲的喜爱,不孝;秦始皇实在太残暴;汉武帝过于杀伐喜功;唐太宗玄武门杀害手足兄弟,晚年又贪慕武则天的美貌,害得皇权倾覆,唐氏江山几易他手;宋太祖陈桥兵变,有叛主之虞,杯酒释兵权,有对部属兄弟不义之嫌。武有抗击金兵的民族英雄岳飞,但又过于愚忠,置三千里江山、五百万中原遗民的民族仇恨于不顾,自行引颈到奸贼秦桧的铡刀之下,恨哉!文有大成至圣文宣先师孔子,率着弟子周游列国,大官没做成,行困于陈蔡之间;至于宣扬君君、臣臣、父父、子子,更是不以事理曲直为标准,混淆天下是非。孔子的谬误大哉!

三国时期,有一个叫管宁的人,人们盛赞他有中庸之德,称他是九德纯粹,冰洁渊清,玄虚淡泊,遥道乎道仙,娱心乎黄老。他主要活动在东汉乱末、三国鼎立之初。东汉末年,黄巾大起义,各地军阀相互混战,中原大地白骨茫茫,荒草劲劲,人烟难见,他却隐居辽东30多年,过自己的清闲日子,而有高名。曹操的儿子曹丕、孙子曹叡派人征召他入朝做官,坚辞不就。时人备赞他"德行卓绝,海内无偶"。但与当时的英雄人物相比,则济怀苍生的大义不足。倒是赤裸上身、拍马舞刀斗马超的许褚,舍命护主、身被数箭大叫三声而亡的典韦,更叫人肃然起敬;长江之上、横槊赋诗的曹操,更能激起人们的国家责任感。

有性情、有脾气、有勇力、有智慧的人物才是活生生、有现实意义的人才。在识别人才时,应细细区分性格中的优劣成分,方才能够鉴人真才情。

第三节 8种偏才性格分析

亢者过之

拘者不逮

故善有所章

而理有所失

【原典】

是以亢者过之,而拘者不逮。夫拘亢违中①,故善有所章,而理有所失。是故强毅之人,狠刚不和。不戒其强之搪突②,而以顺为挠③,厉④其亢。是故可以立法,难与人微。柔顺之人,缓心宽断。不戒其事之不摄⑤,而以亢为刿⑥,安其舒⑦。是故可与循常,难以权疑。其余类推矣。

【注释】

①中:中和。

②搪突:冒犯,抵触。

③挠:屈服。

④厉:鼓励,激发。

⑤摄:治理。

⑥刿:伤害。

⑦舒:无为。

【译文】

因此高亢进趋的,刚气太过,拘谨保守的,亢厉与拘束有违中和之道,其擅长的一面会突现出来,张扬得很饱满,而义理中和的标准就会失去。强毅的人,刚狠不和,不收敛自己的强霸,反以为柔顺是软弱而更强刚狠。这种人可设立法制使人遵行,而不能细察人情。柔顺之人,心慈手软,迟缓宽容,不喜欢办事的刚毅果断,反以刚果为忧,安于无所进取。这种人可循章办事,而不能权变应难。其他性格以此类推。

评　述

外向型性格(亢者)

1. 强毅之人

> 强毅之人,刚狠不和
> 材在矫正,失在激讦

这种人性情硬朗,意志坚定,刚决果断,勇猛顽强,敢于冒险,善于在抗争性的工作中顽强拼搏,阻力越大,个人力量和智慧越能得到淋漓尽致的发挥,属于枭雄豪杰一类的人才。缺点是易失于冒进,骄傲于个人的能力,服人不服法,权欲重,有野心,喜欢争功而不能忍。他们有独当一面的才能,也能灵活机动地完成使命,是难得的将才。但要注意把握他们的思想和情绪变化,这可能是他们有所变化的信号。

三国时的魏延就属这类人才。

2. 雄悍之人

> 雄悍之人,气奋勇决
> 任在胆烈,失在多忌

这种人有勇力,又暴躁,两个拳头就是天下的道理,恃强鲁莽,为人很讲义气,敢为朋友两肋插刀,属性情中人。他们的优点是为人单纯,没有多少回肠弯曲的心机,敢说敢做敢当,有临危不惧的勇气,对自己衷心佩服的人言听计从,忠心耿耿，赤胆忠诚，绝不出卖朋友。缺点是对人不对事，服人不服法，任凭性情做事，只要是自己的朋友，于己有恩，不管他犯了什么错误，都盲目地给予帮助。也因其鲁莽，往往会突如其来地坏事情。唐朝人皇甫嵩，是个名传后世的急躁人。他命儿子抄诗，儿子抄错了一个字，他边骂边喊边叫人取棍子来打儿子，棍子还未送到，他就急不可待地狠咬儿子的胳膊，以致咬出了血。

随着社会的进步和文明教化作用的增长，这类人的性情正在变化，理智的成分增强了，演变成敢拼敢撞的开拓型人才。又由于义气成分的减少，个人意识的增强，加上社会提供给个人创业条件的丰富，现在忠心耿耿、死心塌地的人正在减少。为朋友两肋插刀的表现也有许多变化，少了义薄云天、慷慨激昂的刀剑血影气。

春秋时期，齐国有田开疆、古冶子、公孙捷三勇士，很得国王齐景公宠爱。三人结义为兄弟，自诩"齐国三杰"。他们挟功恃宠，横行霸道，目中无人，甚至在齐王面前也"你我"相称。乱臣陈无宇、梁邱据等乘机收买他们，阴谋夺取政权。

相国晏婴眼见这种恶势力逐渐扩大，危害国政，暗暗担忧。他明白奸党的主力在于武力，三勇士就是王牌，屡次想把三人干掉，但他们正得宠，如果直接行动齐王不依从，反而弄巧成拙。

有一天，邻邦的国王鲁昭公带了司礼的臣子叔孙来访问，谒见齐景公。景公立即设宴款待，也叫相国晏婴司礼；文武官员全体列席，以壮威仪；三勇士也奉陪左右，威武十足，摆出不可一世的骄态。

酒过三巡，晏婴上前奏请，说："眼下御园里的金桃熟了，难得有此盛会，可否摘来宴客？"

景公即派掌园官去摘取，晏婴却说："金桃是难得的仙果，必要我亲自去监摘，这才显得庄重。"

金桃摘回，装在盘子里，每个有碗口般大，香浓红艳，清芳可人。景公问："只有这么几个吗？"

晏婴答："树上还有三四个未成熟，只可摘6个！"

两位大王各拿一个吃，佳美可口，互相赞赏。景公乘兴对叔孙说："这仙桃是难得之物，叔孙大夫贤名远播，有功于邦交，赏你一个吧！"

叔孙跪下答:"我哪里及得上贵国晏相国呢,仙桃应该赐给他才对!"

景公便说:"既然你们相让,就各赏一个!"

盘里只剩下两个金桃,晏婴复请示景公,传谕两旁文武官员,让各人自报功绩,功高者得食此桃。

勇士公孙捷挺身而出,说:"从前我跟主公在桐山打猎,亲手打死一只吊睛白额虎解主公的围,这功劳大不大呢?"

晏婴说:"擎天保驾之功,应该受赐!"

公孙捷很快把金桃咽下肚里去,傲眼左右横扫。古冶子不服,站起来说:"虎有什么了不起,我在黄河的惊涛骇浪中,浮沉九里,斩骄龟之头,救主上性命,你看这功劳怎样?"

景公说:"真是难能,若非将军,一船人都要溺死!"把金桃和酒赐给他。可是,另一位勇士田开疆却说:"本人曾奉命去攻打徐国,俘虏500多人,逼徐国纳款投降,威震邻邦,使他们上表朝贡,为国家奠定盟主地位。这算不算功劳?该不该受赐?"

晏婴立刻回奏景公说:"田将军的功劳,确比公孙捷和古冶子两位将军大10倍,但可惜金桃已赐完了,可否先赐一杯酒,待金桃熟时再补?"

景公安慰田开疆说:"田将军!你的功劳最大,可惜你说得太迟。"

田开疆再也听不下去,按剑大嚷:"斩龟打虎,有什么了不起?我为国家跋涉千里,血战功成,反受冷落,在两国君臣受辱,为人耻笑,还有什么颜面立于朝廷上?"拔剑自刎而死。

公孙捷大吃一惊,亦拔剑而出,说:"我们功小而得到赏赐,田将军功大,反而吃不着金桃,于情于理,绝对说不过去!"手起剑落,也自杀了。古冶子跳出来,激动得几乎发狂地说:"我们三人是结拜兄弟,誓同生死,今两人已亡,我又岂可独生?"

话刚说完,人头已经落地,景公想制止也来不及了。齐国三位武夫,无论打虎斩龟,还是攻城掠地,确实称得上勇敢,但只是匹夫之勇。两个桃杀了三个武士。他们不能忍耐自己的骄悍之勇,才被晏婴利用。

这就是历史上有名的"二桃杀三士"的故事。

3. 固执之人

> 强楷坚劲，失在专固
> 可以持正，难以附众

这种人立场坚定，直言敢说，也有智谋，可以信赖，行得端，走得正，为人非常正统，不论在思想、道德、饮食、衣着上都落后于社会潮流，有保守的倾向，也比较谨慎，该冒险时不敢冒险，过于固执，死抱住自己认为正确的东西，不肯向对方低头，不擅长权变之术。

这种人是绝好的内当家，敢于死谏的忠直大臣。

当初，小霸王孙策把内部诸事都托付给长史张昭，临死之前（才26岁），对弟弟孙权说，外事可问周瑜，内事可问张昭。张昭是吴国名士，为人清廉耿介，直言敢说，颇得吴国人士敬重。

公孙渊被曹操打败后，派人向孙权俯首称臣。孙权大悦，封公孙渊为燕王，并派万名将士乘船循大海绕过中原（时为曹操控制中原和北方）去向公孙渊庆贺。群臣都反对，张昭说：公孙渊反复无常，本不可信；他现在归降只因为受曹操攻击而已；如果公孙渊变卦，反投曹操，我们的使臣兵马怎么生还？

孙权反复责难张昭，张昭执意不让，弄得孙权很没面子，拔刀击案说："东吴人士入宫就拜我，出宫就拜你，我敬重你也够深了。但你经常当着众人的面反对斥责我，我就担心自己什么时候忍不住下令惩罚你了。"

张昭直眼盯着孙权说："我虽知谏言不被采纳，但只愿竭尽忠诚，报太后临崩前，呼老臣到床边遗诏老臣顾命之恩。"孙权掷刀于地，与张昭对泣，但终没采用张昭的建议，派人到公孙渊处。

一气之下，张昭托病不出，孙权也因此恨他，叫人用土封了张昭家的大门。张昭又叫人从里边把门封上。

后来公孙渊果然杀了孙权使臣，降于曹操。孙权自知失策，多次派人向张昭谢罪，请张昭重持朝政，张昭坚辞不出。孙权又亲自到门前去请张昭，张昭仍称病不出。孙权用火烧张昭的大门，想逼张昭出来，张昭还是不出来。孙权又叫人灭火,守候在大门外良久,张昭的几个儿子才把张昭扶出来。孙权用车载张昭回宫,深自内责,张昭面子上却不过,重上朝会。

张昭治理政事细致周密,直言耿介,秉性忠诚,但在胆略勇气上,却不是一位好将领、好军师。

甘宁投奔孙权后,向孙权献策:汉室日渐衰微,曹操盗国家之权,当率兵向西进;刘表占据荆江一带,但昏庸无能,儿子又不争气,不如早图之,否则被曹操先下手;要取刘表,先须攻黄祖,黄祖一破,乘势而上,可以渐渐夺取巴蜀之地,这样就可成霸王之业。

孙权很赞成甘宁的建议,张昭反对说:"现在东吴四处都还没安定,如果远征黄祖、刘表,恐怕国内会有叛乱。"甘宁对张昭说:国家把你当萧何一样的信任,你却安守着怕叛乱,何以仰慕古人呢?

当曹操率83万大军攻赤壁之时,东吴将士都惊恐不已。张昭对孙权说:曹操虽是狼子野心,但挟天子以令诸侯,动不动就是朝廷的圣旨,天子的口谕,与他抗争本属不顺;东吴可以抗拒曹操大军的只是长江天险,但曹操现在已占据了荆州,收编了刘表的水军,顺江而下,水陆并进,长江天险已不存在,如何与他争斗呢?不如暂时归降曹操。

后来孙权用鲁肃、周瑜,与刘备合力打败兵力强大的曹操,这就是历史上有名的以少胜多战例——赤壁之战。

张昭死时81岁。史书评张昭"容貌矜严,有威风,吴王以下,举邦惮之"。

4. 宏阔之人

意爱周洽,交往浊杂
可以抚众,难与厉俗

这种人交游广阔,待人热情,出手阔绰大方,处世圆滑周到,能赢得各方面朋友的好感和信任。他们善于揣摩人的心思而投其所好,长于与各方面的人打交道,混迹于各种场合而左右逢源。适合于做业务工作和公关,能打通各方面的关节。但因所交之人龙蛇混杂,又有点讲义气,往往原则性不强,受朋友牵连而身不

由己地做错事,很难站在公正的立场上论事情的是非曲直,不适宜矫正社会风气。

邓某是做食油生意的,资财丰厚,也喜欢结交各种朋友,有江湖豪迈气,与黑白两道人物关系都不错。当时的蜀州刺史叫安重霸,贪财受贿无数。一次,邓某被刺史叫去陪他下围棋。按规矩,邓某应该站着与刺史下棋。安重霸落子很慢,总是进行长思,一天不过下几十着棋。邓某累得不行,而且又饥又渴。好不容易挨到天黑,松一口气回家了。

不想第二天一大早,刺史又叫他去,接着下。邓某简直吓怕了。出门时,突然醒悟刺史如此殷情相邀的根本目的,立刻叫人暗藏金银献给刺史。刺史就不再叫邓某去下棋了。

评　述

内向型性格(拘者)

1. 柔顺之人

<blockquote>
美在宽恕,失在少决

故可与循常,难与权疑
</blockquote>

这种人性情温和,慈忍善良,亲切和蔼,不摆架子,处事平和稳重,能够照顾到各个方面,待人仁厚忠恕,有宽容之德。如柔顺太过,则会逆来顺受,随波逐流,缺乏主见,犹豫观望,不能果决,也不能断大事,常因优柔寡断而痛失良机。因与人为善又可能丧失原则,包容袒护不该纵容的人,许多情况下连正确的意见也不能坚持,对上司有随意/顷从的可能。如能果决刚断一些极力坚持或争取,大事上把握住方向和原则,以仁为主又不失策略机变,则能团结天下人才共成大事。这就是曾国藩说到的"谦卑含容是贵相"。否则,只是幕僚参谋的人选。

东汉时刘宽,字文饶,华阴人,汉桓帝时,由一个小小的内史迁升为东海太守,后来又升为太尉。他性情柔和,能宽容他人。夫人想试试他的忍耐性。有一次正赶着要上朝,时间很紧,刘宽衣服已经穿好,夫人让丫环端着肉汤给他,故意把肉汤打翻,弄脏了刘宽的衣服。丫环赶紧收拾盘子,刘宽表情一点不变,还慢慢地问:"烫伤了你的手没有?"他的性格气度就是这样。其实汤已经洒在了身上,时间也确实很紧,即使是把失手洒汤的人骂一顿,打一顿,时间也不会夺回来\急又有什么用处呢?倒不如像刘宽那样,以自己的容人雅量,从容对事,再换件朝服,更为现实和有用。

2. 拘谨之人

善在恭谨,失在多疑
故可与保全,难与立节

这种人办事精细,小心谨慎,很谦虚,但疑心重顾虑多,往往多谋少成,不敢承担责任,心胸不够宽广。他们善于驾轻就熟,在力所能及的范围内很圆满地完成任务。一旦局面混乱复杂,就可能头昏脑胀而做不出果断、正确的抉择,难以在竞争严酷的环境中生存。他们生活比较有规律,习惯于井井有条而不愿随便打破安静平稳的节奏。适合于做办公室和后勤等按部就班、突变性少的工作。刚果侠气不足。

北魏节闵帝时期,丞相贺欢执政。行台郎中杜弼认为文武百官贪污的多,建议贺欢严肃法律,以清国政。但贺欢不同意,因为正值乱世,朝廷用人之际,如果打击贪污,惩治腐败,许多人才会流失到对手尔朱荣那边去。他让杜弼耐心等待,一旦天下安定,就严肃律制。

但杜弼作为读书人,有耿直死谏的愿望,在贺欢一次出兵前,他再次申请先除内贼,清正朝纲。贺欢问内贼是谁,杜弼告诉他就是那些贪污百姓的人。贺欢也不作答,叫军士拔刀出鞘,矢引在弦,夹道罗列,命杜弼穿行其间。杜弼两股战战,汗生脊背,面如土色。贺欢慢慢对杜弼说:"矢没有射,刀没有击,你却亡魂失胆。诸将冲锋陷阵,九死一生,虽有贪污,但有大小轻重缓急之别,岂可与常时而论!"

杜弼本是好心,但对时势轻重判断不清,不知缓急;不能强争,胆气不足也贪生怕死,故而属拘谨之人中的下者。

3. 辩博之人

论辨理绎,能在释难
故可与创新,难与规矩

这种人勤于独立思考,所知甚博,脑子转得快,主意多,是出谋划策的好手。但因博而不精,专一性不够,很难在某一方面做出惊人的成就。不愿循着前人的路子,因此多有标新立异的见解。口辩才能往往也很好,加上懂得多,交谈演讲时往往旁征博引,让一般人大开眼界。如能再深钻一些,有望成为百科全书式的人物,为人一般比较豁达,因此也能得到上下人士的尊敬。

4. 狷介之人

清介廉洁,激浊扬清
故可与守节,难以变通

这种人清廉端正,洁身自爱,从本性上讲不愿贪小民之财,富于同情心和正义感,因此看不惯各种腐败而不愿为官,即使为官也是两袖清风,不阿谀奉承,偏激的就此辞官不做,去过心清神静的神仙日子。由于他们原则性极强,一善一恶界线分明,有可能导致拘谨保守,又因耿直而遭奸人忌恨陷害,难以在政治上取得卓越成就。有狂傲不羁个性的反而在文学艺术上会有惊人的成就,可以尽情自由地实现他的理想和抱负。

第四章　分类考察

第一节 德行高妙的人(清节家)

德行高妙
容止可法
是谓清节之象
延陵、晏婴是也

【原典】

盖人业之流,各有利害。夫节清之业著于仪容,发予德行,未用而章①,其道顺而有化。故其未达也,为众人之所进,既达也,为上下之所敬。其功足以激浊扬清,师范僚友。其为业也无弊而常显②。故为世之所贵。

【注释】

①章:同"彰",显现,显扬。
②显:显达,显赫。

【译文】

各种类别的人才,各有利弊。节清之人德行厚重,仪容端著,未被使用就已引人注目,他的道顺畅而有教化,因此在未显达之时,众人乐意举荐他。显达之后,上下之人都尊敬他。功足以激浊扬清,德足以师表风范。这种情况没有祸害又能长久显达,因此为世人所尊重。

评 述

这类人以道德高尚,品行端正著称。他们举止进退端庄肃敬,合于礼法,是国家礼节德行的象征,也是国人学习的榜样,传统美德的化身。他们一身正气,隐隐然有大国高人之风。其高风亮节足以感化缺德疏礼的人,能起到"其身正,不令而行"的教化社会、矫正世风的楷模作用。

他们的本事也不小,处理各种事务井井有条,政绩与德行齐飞,声名共形象一色,让其他人肃然起敬。由于成就不像其他人那么显著,因此人们更多颂扬的是他高妙的德行，而把成就放在其次，还因当人在高位时，旁人更希望他有高尚的品德。

春秋时期，吴国公子季札品德高尚，谦虚恭让，礼贤下士，举国上下都很敬佩他，诸侯国中名声也很响亮。

有一次，季札代表吴国出使齐、鲁等国，顺道去拜访当地的名士徐君。徐君非常喜欢季札的佩剑，表现出特别的兴趣。季札本想把佩剑立即送给徐君，但因为出使别国佩剑是不可缺少的一种礼节，就暗暗决定回来时再送给他。

当他再回来，徐君已经去世。季札很悲痛，到徐君墓前叩拜，解下佩剑挂在墓前树上而去。随从问他："徐君已去，何故如此？"季札说："我既然已打算送给他，怎么能随便改变自己的诺言呢？如果只因为他已不在人世我就不履行诺言，与出尔反尔的小人有什么区别呢？"

除品德高尚、信守诺言外，季札的政治、外交才能也很高，连齐国晏婴、郑国子产等历史上有名的政治家都很欣赏他的才干。只因身在高位，保持优秀品德更难，人们更关注他们的德行，而将他们的才能放在其次。生活中，品德高尚的人也很多，只因为位不高，权不重，声名不显于当时，更无从流芳百世，而默默无闻终其一生。

晏婴，也就是出使楚国的那个晏子，虽然长得丑，个子也矮，但是能力很强，连任齐灵公、庄公、景公三朝宰相，而且德行端正、清廉节俭，备受时人尊敬。他官居宰相，饮食服饰都很朴素，家人也不穿绸带彩。在行政能力方面，国君的命令正确，他遵从，不正确，他就坚决反对，绝不妥协。在这些上，值得一提的是他的一个马车夫。

马车夫本是很普通的一个驾车人。一次，马车夫的妻子隐在门内偷看丈夫驾车随晏婴上街的情形，却看见丈夫在车上扬扬自得，心中非常难过。车夫一回来，她就请求马车夫把她休了，允许她回娘家。车夫很奇怪，问为什么。她说：晏子身高不满六尺，身为相国，名闻诸侯，他在车上貌敛神恭，没有一点儿骄傲的神气；你身长八尺有余，只不过是一个车夫，却得意扬扬，忘乎所以。我请求回娘家，是害怕因为你受到牵连。车夫听了非常惭愧，主动向晏婴请求处罚，并奋发图强，最后成为齐国的大夫。

晏婴的老婆是原配,但年纪大了,又长得丑。齐王一时高兴,准备赏赐几个美女给他,但晏婴却拒绝了。在古代男子三妻四妾伦常来讲,他对原配的感情和忠贞则是可圈可点的。

孔子讲:"其身正,不令而行。"如一个国家,一个地区多有几个像晏婴那样才能品行卓绝的人,何愁不能富强呢?

第二节　强调制度的人(法家)

建法立制

强国富人

是谓法家

管仲、商鞅是也

【原典】

法家之业,本于制度,待乎成功而效。其道前苦而后治,严而为众①。故其未达也,为众人之所忌。已试也,为上下之所惮。其功足以立法成治,其弊也,为群枉②之所仇。其为业也,有敝而不常用,故功大而不终③。

【注释】

①严而为众:严厉,却是为了多数人的利益。

②群枉:奸邪之众。

③不终:不善终,结局悲惨。

【译文】

法家之才,以制度为根本,待成功之后才显出效果。这种方法先苦后甜,严厉是为了大多数人的利益。因此在未显达时,他被众人猜忌。施行之后,上下之人又畏惧他。功绩在于能建立法制,安邦定国,弊害在于易被奸邪小人仇视。作为治国之才,因有弊端而不经常使用,并且功劳大却不得善终。

评　述

他们主张制度先行,以法规制度治理天下,用法律来约束和规范人们的行为,并达到富国强兵的目的。他们不像儒家人士,强调以仁为本。法能杀人,不能使人孝悌;能刑盗者,不能使人知廉耻。有刑法而无仁义则人怨;有仁义而无刑法则人慢,慢则奸起也。

　　法令是治理国家的工具。由于人有向恶的一面和懒惰特点,如果不建立法制来约束人们的行为,社会就会混乱不堪。但是,如果过于看重法令的作用,忽略掉历史原因和人的生物属性,把人当作循规蹈矩的机器,会搞得大家很紧张,也可能压抑人才或吓跑人才,因为人是趋利的,但不是惟利的,高工资并不是吸引人才的惟一手段。制度过于严酷,甚至可能会逼得人们反抗。

　　当然,法制的作用也是不可替代的,它有助于人们克服自身缺点,抑制犯罪念头,更是社会有序发展的保证。法令强调堵塞禁绝,道德教化重在疏引开导。法家之才如能情理、制度并重,把握好"情有可原,法不可恕"与"法不可恕,情有可原"的分寸,以富国强民为根本,同时兼顾风俗教化的引导作用,懂得水至清则无鱼的特点,严厉与宽容兼顾,则可以成为一名卓越的政治家。

　　如果一味强调法规的禁绝堵塞作用,视一般百姓如草芥,忽视客观因素,急功近利,不仅达不到富国强兵的目的,反而会把工作做得一团糟;又因为得罪人,遭人忌恨,一旦形势变化,灾祸随之而来,刀剑架在身上了。因为变革带来的陡然变化,打破人们的惯性心理和生活,民日不便,必然会引起震动和反对。利益受到冲击的权贵们,则会耐心等待机会,利用手中权力到时反戈一击。如能循序渐进,一点一点积累变革的成功效果和经验,老百姓逐渐受益了,可得民心;民心所向,变革就会如顺水行船,大步幅前进。这么做,于公于私,都是利多于弊。

　　历史上倡导法制的人,都因为想急于做出成就,遭到保守派的反对或其他力量的阻挡,要么事功未成,要么结局悲惨。而管仲认为,治国有三种武器:一是号令,二是刑罚,三是俸禄和赏赐,因此齐桓公有他而成霸业,管仲也成为卓有成效的政治家。

　　晁错在汉景帝时任御史大夫,强调法令治国。由于刘邦当时分封的诸侯国权势太大,不利于中央集权,晁错建议修改法令三十章以减诸侯国的权势地域,诸侯国共皆哗然。

　　晁错的父亲知道后,从颍川到长安来劝戒他说:"皇上刚刚即位,你却侵逼诸侯各王，拆散人家骨肉，搞得诸侯怨声载道。你究竟想干什么呢？"晁错说："不这样，皇上坐不安稳。"他父亲叹一口气说："皇上一家是平安了，但我们晁家却会有灭族之灾！"就喝药自杀了，临死时痛心地说："我不忍看到灾难降临到全族啊。"

十多天后，吴楚七国打着诛灭晁错的旗号造反，说要清理皇上身边的奸臣。

大臣袁盎本与晁错有旧怨，为汉景帝策划消灭叛乱事。袁盎请求汉景帝屏退左右，连晁错也在内，晁错恨恨而去。袁盎说，七国本是汉高祖子弟的分地，现在因为晁错无故侵凌才叛乱。目前只要杀掉晁错，把封地还给吴楚七国，天下自然就安定了。汉景帝沉默了很久，说一声"我不能因爱惜一个人而得罪天下"，下令斩杀晁错，族人全部废为庶人。

汉景帝后来才想明白，吴楚七国叛乱并非是因为晁错侵削他们，其实早有反意，刘邦在世就说过吴王刘濞有反状，只不过是托"诛杀晁错"的名而已。校尉邓公说："晁错削诸侯本是为皇上好，害怕七国势力太强了，到时尾大不掉，无法管制。这是安定基业、万世平稳的良策，误杀功臣，臣为陛下深感可惜。"汉景帝喟然长叹："你说得对呀，我也恨恨不已。"

晁错因急功近利，操之过急而功未成，反遭祸。商鞅变法使秦国富强，功名垂后世，但也因为急功近利，得罪权贵，招致悲惨的结局。

商鞅完成学业以后，先到魏国，因不见用而去秦国。先劝秦孝公行帝道，不听；再劝行王道，又不听；为了自身前途，商鞅劝秦孝公行霸道强术，秦孝公大悦，听着听着，身体都向前倾斜到商鞅面前了，说："帝道王道要数十百年，我等不及，我要的是迅速名扬天下。"商鞅开始变法，在秦国做了10年丞相，秦国也日渐强大起来，但秦国的宗室权贵多怨恨商鞅。

赵良趁机劝商鞅说："您做到丞相这么大的官，是靠德行呢，还是强力和法制？《尚书》上讲：'恃德者昌，恃力者亡。'您靠的就是'力'啊。没有兵车甲士前护后拥，您不敢出门。这是危若朝露之相，还想延年益寿吗？如能知时而退，并请秦王告知天下行仁道，尊老爱幼，崇尚德行，还仁政于百姓，您则隐居起来，这样才能安身太平。如仍贪慕富贵，一旦有变，天下有您立足之地吗？"商鞅不听。

当初刚定新法时，太子犯法，因不能责罚太子，商鞅就处罚了太傅与太师。秦孝公死后，太子即位，太傅与太师等告商鞅要造反，商鞅连夜逃命到关下。寻找住

处时,房东告诉他,商鞅令,留宿客人必须验身,否则主人连同遭罪。商鞅长叹一声:"我定的法律原来有这么多弊病!"

商鞅后来被处以车裂之刑,全族被灭。

司马迁评论说:商鞅本是天资刻薄之人,为求成功,劝秦孝公行霸道强术,这不是治理天下的根本,终于受到恶果。

第三节 谋略之才(术家)

思想通化

策谋奇伟

是谓术家

范蠡、张良是也

【原典】

术家之业,出于聪思,待于谋得而章。其道微而后著,精而且玄。其未达也,为众人之所不识。其用也,为明主之所珍。其功足以运筹通变。其退也,藏于隐微。其为业也,奇而希①用,故或沈②微而不章。

【注释】

①希:同稀。

②沈:同沉。

【译文】

术家之才,出于聪明多思,等到计谋成功才显现他的本领。一般在开始时深藏不露,然后逐渐显现才华,达到精深玄妙的地步。在未显扬本领之前,许多人发现不了他的才能。他的才能,会得到明主的珍视。功业足以运筹帷幄,决胜千里,通古之变。当他引退时,隐藏在不为人知的地方。作为一种事功,神奇而不经常被用,因而有时会沉没无闻而不显扬。

评 述

术家之才以智慧丰富、多谋善变、精于出谋划策为特点。他们大致可以分为两类,一类是才略奇伟、胸怀天下、气势昂扬的谋略家,一类是权谋多变,才力心胸稍有不及的智意之士,他们也活动在君王的左右,但功力声名均不如谋略家那么响亮宏阔(见本章第六节)。

范蠡、张良、陈平、刘伯温等是杰出的谋略家。

他们帮助君王平定天下,谋略奇伟,胸中丘壑可抵百万雄兵,不仅能从战略高度出谋划策,也能辅佐君主治理天下。他们都是学富五车的人,懂得奇谋之术,也知进退安身之道,要么功成身退,游戏山水;要么深谙官场之术,平稳地在高位厚禄之上全老终身。范蠡及时抽身与文仲被诛,陈平荣贵一生而韩信被缚,就是杰出谋略家与其他类人才的区别。

谋略家也有行动的勇气和力量,非常有气魄。这一点是智意之士所不及的。张良是韩国大臣的后人,为替韩国报仇,他花尽全部家财寻找力士去刺杀秦始皇。秦始皇东游,张良与一位持120斤重大铁椎的力士在博浪沙狙击秦始皇,误中副车。秦始皇大怒,下令立刻搜索全国,抓贼甚急,就是因为张良的缘故。这是张良年轻时的事,此后就隐名埋姓到下邳,在那里遇到了改变他一生命运的圯上老人。

陈平小时候家里很穷,但喜欢读书,虽吃着粗粮杂食,却生得容色俊美,邻里乡亲对此都很奇怪。长大该成家时,富人不想把女儿嫁给他,穷人家又嫌他不爱劳动,也不肯嫁女儿给他。后来一个叫张负的有钱人,见陈平生得奇伟,就去了一趟他家,但见陈平家以破席为门,而门前却有许多长者的车轮印,遂决定把孙女嫁给陈平。张负的儿子反对,张负说:"你见过贫穷人家中有长得像陈平那样俊美的人吗?这是奇人之相啊。"陈平因此解决了婚姻之事。

过社节时,陈平为乡亲们分肉,分得非常均匀,乡亲们称赞他说:"你是一个优秀的分肉人。"陈平说:"如果叫我分宰天下,也会如分肉一样。"

陈平先投奔到魏王咎帐下,见魏王咎不识贤才,又转到项羽麾下,有功被拜为都尉。后来项羽因司马印叛变而迁怒于陈平等人,陈平只好单身独剑抄小路跑了。在过黄河时,船公等人见陈平仪表与常人不同,又单身独行,怀疑他是逃亡的权贵将领,身上一定有金银宝贝,邪念陡生。陈平见势不妙,立刻把全身脱得赤条条的,去帮他们划船。船公等人见他身无一物,才又安心做船公。

投奔刘邦后,他的言谈筹划深得刘邦心意,被拜为都尉,又拔为亚将,监督各部将领。

后来,陈平献离间计,刘邦给他4万两黄金,任凭他支用而不过问。再后来,项羽手下的得力人物范增、钟离眛、周殷等都因离间而离开或背叛项羽,为楚汉相争的胜利打下一个基础。

陈平先后六出奇计,为刘邦的军事胜利起到举足轻重的作用,功绩可与张良媲美。

天下平定后,张良激流勇退,陈平仍留在朝中做官。刘邦临死前生病,有人诽谤大将军樊哙,说他希望刘邦早死。刘邦大怒,令陈平去斩樊哙的头。樊哙是吕后的小舅子,陈平怕刘邦事后反悔,又得罪吕后,只囚禁了樊哙而没杀他。

陈平就在官场上这样机敏灵活地混着,并不动声色地得到吕太后的信任。吕后想立诸吕为王,问右丞相王陵,王陵死不同意;问陈平,陈平说行;由是王陵罢没,陈平升为右丞相。

到吕后去世后,陈平又与周勃合谋诛杀诸吕,立孝文帝,开始历史上有名的"文景之治"。孝文帝要立陈平为右丞相,周勃其次。周勃功大,陈平担心他不服,会弄得自己很被动,就采取欲取之、先与之的策略,说周勃功劳最大,推周勃为右丞相,自己当左丞相。

后来,孝文帝问周勃:天下每年的狱案有多少? 一年钱粮收支是多少? 周勃都不知道。又问陈平,陈平说:"这些都该问主事的官员,狱案问廷尉,钱粮问治粟内史。""那你干什么的呢?"孝文帝反问。陈平说:我主管他们,丞相的职责就是上辅天子,下任百官。孝文帝很高兴。

事后,周勃问陈平:你为什么不早教我这样回答呢 y 陈平说:你身为丞相,难道不知道自己的职责? 周勃遂明自己不如陈平会做官,就托病回家,让陈平做了右丞相。

陈平逢乱时能出奇谋,和平时期又会四平八稳地做官,懂得如何保护自己、排挤对手,是杰出的谋略人才,德虽不如张良之流那么高远,但历史影响与作用却不逊于他们。

优秀的军事人才韩信,既有勇力,也有韬略,但在如'何做官和处世方面却显得很幼稚。当初韩信拥兵自重之时,力量强过项羽与刘邦;谋士蒯通几次劝韩信自立，韩信却因"汉王遇我甚厚"而不忍叛刘邦，又以为自己功高，刘邦不会将他怎么样，放弃了大好机会，最后折于刘邦之手，死在吕后之时。与陈平、张良相比，他们的高下优劣就很明显了。

第四节　国体栋梁之才

兼有三才

三才皆备

是谓国体

伊尹、吕望是也

【原典】

兼有三才①，三才皆备，其德足以厉风俗，其法足以正天下，其术足以谋庙胜②，是谓国体，伊尹、吕望是也。伊尹名阿衡，以滋味说汤，汤举任以国政，后太甲③乱德，摄行政当国。西伯渭之阳遇太公，与语大悦，载之俱归，立为师，周得天下，太公之谋计居多。

【注释】

①三才：德家、法家、术家三才。

②庙胜：《孙子兵法》中有"未战而庙算胜"句。庙，指宗庙，古代君王兴师命将时，必先在宗庙里举行仪式，并召开军事会议，讨论作战计划，然后出师，称为庙算。

③太甲：帝太甲，成汤的孙子，当位三年，暴虐残忍，败德乱法，伊尹放逐他到桐，并代摄国政。后悔过三年，自新为善，伊尹迎他回朝，把国政交还。

【译文】

兼有德、法、术三才，三才皆备，德行足以整肃社会风气，法制足以匡正天下，权术足以制定国策，这是国家栋梁一类的人才，伊尹、姜太公就是这类人才。伊尹本名叫阿衡，用烧菜的滋味劝说成汤治理天下的道理，汤由此知道他的治国之才，委以国政。后帝太甲乱国纪，败风俗，伊尹行摄国政。周文王西伯在渭河边遇到姜太公,与之交谈后狂喜,与他共乘一车回朝,立为国师。周取得天下,姜太公的功劳居多。

评 述

国体就是社稷大臣,国家的栋梁,才能德行足以代替君王全权管理国家。在今天的公司企业里,就相当于代替董事会管理全公司的总经理。

他们的道德高尚,有清节家一样的高名,足以做国家道德的表率,人民的榜样。他们也倡导依法治国,而且严肃律法,但不以严酷的法令为本,而把让老百姓富足放在治国的首位。他们也足智多谋,果敢善断,武能行兵打仗,统率三军平定天下,文能做皇上的老师,修撰国史,吟诗作赋。他们对国家极其忠诚,尽心竭力为国家事务操劳,具备了各类人才的优点,是历史上的"肱股大臣"。伊尹、吕尚是国体之才的代表。

伊尹是商汤的开国大臣,他帮助商汤打败暴君夏桀,为建立商朝立下汗马功劳。他原名叫阿衡,是有莘氏家的奴隶,虽然思谋精奇,才学宏深,却不为人知。

有莘氏把女儿嫁给商汤时,阿衡作为陪嫁的奴隶到了商汤府中做厨子。一次上菜时,商汤偶然问起他有关烹调的事。阿衡恭恭敬敬、不卑不亢地谈起烹调的道理技艺。商汤见一个厨子把烹调之事讲得绘声绘色、有条有理就没有打断他。阿衡循循以进,口锋一转,不知不觉把话题滑向治理国家的道理,商汤越听越奇。到阿衡讲到王道与霸道同文火与爆炒的异同时,商汤肃然而起,喟然长叹:治理国家的人才,我却让他烧菜做饭!毅然决定把国家政事交给阿衡(伊尹)管理。

商汤死后,伊尹又辅佐帝外丙、帝太壬、帝太甲。太甲是商汤的孙子,当了三年皇帝后,开始胡作非为,乱成汤德政,失民心于天下。伊尹就把太甲放逐到桐宫悔过,自己行摄王政,让成汤德政重布于挽下。三年后,太甲悔过自新,向天下承认自己的错,伊尹又把政权还给太甲。

太甲死后,伊尹又立其子沃丁为帝。这样,伊尹就成为成汤的五朝老臣。他死后,葬在了亳这个地方。

伊尹如托孤老臣,忠心耿耿佐成汤治理天下。有这样的人才,国家何愁不富强,帝王何愁不成明君呢?摆在各单位的问题是,如何去发现这种人才?现在的厨房中是否也隐藏着杰出之士呢？

吕尚就是在渭河边上直钩垂钓的姜太公。他的祖先曾帮助大禹治水。史传吕尚在河边钓鱼，碰上周文王，一谈，周文王大悦，知道遇上了高人，请吕尚回到周，做了他的国师。

周文王死后，周武王立，吕尚辅佐他打败暴君商纣王，建立了周朝。吕尚因军功显赫，封地在齐，就是春秋战国时期的齐国。他到齐后，勤理国政，发展工商渔盐业，齐国迅速富强起来。武王死后，周成王立，年幼，由周公摄政，管、蔡两国不服，发动叛乱。吕尚又重操兵戈，率师讨伐叛军。平定叛乱后返回齐国时，齐的领地又因此扩大数倍，成为一个大国。

吕尚的军事权谋都写在《六韬》一书中，成为古代兵家必备之书，宋朝时编入《武经七书》，成为武举人士的教科书。

第五章　观察言语

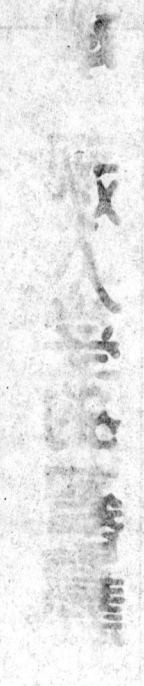

第一节　言语识人

天地气化,盈虚损益,道之理

法制正事,事之理也

礼教宜适,义之理也

人情枢机,情之理也

【原典】

夫建事立义,莫不须①理而定。及其论难②,鲜③能定之。夫何故哉?盖理多品④而人材异也。

若夫天地气化⑤,盈虚⑥损益,道之理也。法制正事,事之理也。礼教宜适,义之理也⑦。人情枢机⑧,情之理也。

四理不同,其于才也,须明而章,明待⑨质而行。是故质于理合,合而有明,明足见理,理一足成家。是故质性平淡,思心⑩玄微,能通自然,道理之家也质性警彻⑪,权略机捷⑫,能理烦速⑬,事理之家也。质性和平,能论礼教,辩其得失,义礼之家也。质性机解⑭,推情原意,能适其变,情理之家也。

【注释】

①须:依,根据。

②论难:争论诘难。

③鲜:少。

④理多品:事理有许多种类。

⑤天地气化:古人认为阴阳二气生化成万物。

⑥盈虚:月圆叫盈,月亏叫虚。

⑦义之理:思想礼仪标准。

⑧枢机:比喻事物运行的关键。

⑨待:等待,依赖。

⑩思心:思想。

⑪质性警彻：心性警悟聪慧。

⑫权略机捷：智谋权变机警敏捷。

⑬能理烦速：能迅速处理突出其事的事件。

⑭机解：机巧明达。

【译文】

成就事业功名，无不是根据一定的道理来进行的，但在议论这件事时，又很难下一个确切的定义。为什么会这样呢？因为事理多端而人才多样。事理变化多，就难以完全沟通，人才不一样，性情就不相同。性情不相同，事理又多，往往就理不存而相违。世间万物之理有4种，明通四理的，有四家。性情有9种偏失，似是而非有7种，论辩有3种失误，责难会造成6种不良后果，聪明通达应具备8种才能。

天地万物生息变化，日月盈亏损益，是大道运行的理，叫道理。建立法制，规范社会事务照制度进行，叫事理。礼仪教化适度，让人的行为有规可行，叫义理。人的性情变化规律，叫情理。

四理不同，体现在人身上很明显，这依从人的本性而显现。因此人的心性与理吻合，就产生智慧，智慧足以表现理，理充分完备就可以成为名家。因此心性平淡、思虑玄妙深微，能通自然的规律，就是讲道理的人。谈话机敏，权谋智变迅捷，应变能力强，这就是讲事理的人。心性冲淡平和，注重礼仪教化，言谈举止合乎礼仪，属于讲义理的人士。心性机巧，推崇人情本意，能因应人情变化行事，属讲情理的人。

评 述

观察一个人说话，能发现他的思想、性格等多种特征。

赤壁之战前，面对曹操强大的军事力量，孙权集团内部产生了两种意见：投降？抗战？为什么会有这种差别呢？盖因为人的思想和看问题的立场不一样，可归纳为5种情况：

（一）有的人从感情上讲，不愿意投降，比如孙权。

（二）有的人经分析后，认为打败曹操还是有可能的，也不投降，比如周瑜。

(三)有的人经分析后,知道打不过曹操,但由于投降也是死,不投降也是死,不如死马当活马医,打了再说,因而也不投降,比如孙权的父母妻儿。

(四)还有许多人,经分析后,认为打不过曹操,为保个人性命和一家老小的安全,就准备投降,比如张昭。

(五)也许还有一种人,既不说打(也可能说),也不说不打,抱的主意是打一打再看,打胜了会成为主战派中的一员,打不过时投降也不迟。

为什么周瑜分析对了,而张昭等人却分析错了呢?这就是人在思想和认识上的差别造成的。由于生活环境、个人遭遇和学习内容的不同(尤其是在青少年时期),人们会形成不同的思想体系和思维定势,进而影响到人的信仰、爱好、认识、生活、性格等各个方面,从而造成各种差异:有的重情感,有的重理智,有的重理念,有的重实证,再加上智力不足、经验不足、外界干扰等因素,人就会得出不同的分析结果。

思想决定行动,不同的认识会产生不同的行动。儒家以民为本,认为民似水,君似舟,水能载舟,也能覆舟,因此主张以"仁"治理天下。法家则以法为本,认为"民只可与享成而不可与虑始"(意为普通百姓只可坐享其成,而不能一道艰苦创业),因此主张以"法"治理天下。

人的思想来源于对事物的认识,再加上主观因素的影响,就产生了许许多多的理。在这里把"理"归结为4种:道理,事理,义理,情理。

道理,指天地万物自然生化之理,也就是自然界的规律。

事理,指社会事务运作的理,比如政治、军事、交通等方面的法则和规律。

义理,人伦道理、礼仪教化之理,相当于道德礼仪学说。

情理,人的性情之理。

孙权集团中的人,从这四理出发,做出了各自不同的选择。孙权从感情上讲不愿投降,是情理;能分析到有战胜曹操的可能,周瑜不投降,属事理;张昭等人从自身性命角度出发,先求生死,属于道理;为感激孙权,不愿做二姓之臣,属于义理。第5种人似乎没有投降,实际上是兼蓄道理、事理、义理、情理4种而又似是而非,模棱两可,这种人既不可信任,也不可重用,仿佛懂得变通进退,往往在关键时刻会坏事或背叛。

一般来讲,自然科学工作者重"道理",社会活动者(如政治、法律界人士)重"事理",教育工作者重"义理",艺术型人才重"情理"。四理之间虽彼此不同,但在人身上总是兼容的。任何有成就的人,即使在日常生活中是一个偏执狂,在所赖以成功的那件(些)事情上,绝对能把上述四理结合得比较完美。一个政治家,如果只重事理,不顾情理,人们不会敬仰他,也难成其伟大。优秀的艺术家,可能生活中是个古怪的人,但他的作品中必然是充分包含了天地万物的各种理而为世人称道,也才能最终被大家接受和理解。

在处理事情时,特别是意见对立时,如能充分考虑对方看问题的出发点属哪一种"理",这会有助于交流和沟通,避免时间和精力的浪费,减少许多麻烦。

质性平淡,思心玄微,能通自然,道理之家也

重道理的人(科学家),看问题冷静、客观、精确,任何事情都要问个来龙去脉,井井有条(也有例外),层次分明,为人平淡中和,有锲而不舍的精神,思路清晰严谨,逻辑性强,重实证,做事踏实认真,一板一眼,不饰虚假。但生活自理能力不强,社会活动力不强。

质性警彻,权略机捷,能理烦速,事理之家也

重事理的人(政治家),善于处理纷繁复杂的麻烦事,机谋权变,应变力强,敢于承担责任,野心勃勃,权力欲和控制欲强烈,希望通过个人努力来改变环境和历史,为谋求社会进步,不惜以破坏自然规律为代价。

质性和平,能论礼教,辨其得失,义理之家也

重义理的人(教育家或德者),讲求社会伦理道德,注重自我修养和社会形象,爱护名誉胜过生命,讲信用,守承诺,是道德规范的楷模和表率,对伤风败俗的人事深恶痛绝,主张德政,但对新生事物反应慢,偏于保守和传统。

质性机解,推情原意,能适其变,情理之家也

重情理的人(艺术家),为人行事往往从个人性情出发,较少顾忌社会规范和伦理道德,感情重于理智,情绪变化快而丰富,愤世疾俗,情怀浪漫又无限热爱生活。与外界交往少,多生活在内心世界里,不大为他人理解,对一般人情世故所知甚少。可有会成为生活的失败者。

第一、第四两种人(典型代表是科学家与艺术家)不会是生活的高手,日常生

活起居往往一团糟,但对人类往往能做出实质性的伟大贡献,对改变人们的物质生活和精神生活起到极其重要的作用。

第二、第三两种人(典型代表是政治家与德者)也许会有很高的社会地位,受时人尊敬与羡慕,也易对社会和令人进步产生负面影响。

而这一切,往往可以从人的言语谈吐中表现出来。语言是思维的工具,因此语言是鉴别人的重要依据,但语言有间接性,因此往往带有掩饰性和欺骗性,又给识人造成障碍。因此,在鉴别人才时,既要看他怎么说,更要看他怎么做,而不宜只凭言语断人。

第二节　言谈鉴人优劣

> 理有四家之明
>
> 情有九偏之性
>
> 以性犯明
>
> 则各有得失

【原典】

四家之明既异,而有九偏之情。以性犯明,各有得失。刚略之人,不能理微。故其论大体,则弘博而高远,历纤理①,则宕往而疏越②。抗厉之人,不能回挠③。论法直④,则括处⑤而公正,说变通,则否戾而不入⑥。坚劲之人,好攻其事实。指机理,则颖灼⑦而彻尽,涉大道,则径露而单持⑧。辩给⑨之人,辞烦⑩而意锐。推人事,则精识而穷理,即大义,则恢愕⑪而不周。浮沉之人,不能沉思。序疏数⑫,则豁达而傲博,立事要,则槛⑬而不定。浅解之人,不能深难⑭。听辩说,则拟锷⑮而愉悦,审精理,则掉转而无根。宽恕之人,不能速捷。论仁义,则弘详而长雅,趋时务,则迟缓而不及。温柔之人,力不休强⑯。味道理,则顺适而和畅,拟疑难,则濡⑰而不尽。好奇之人,横逸而求异。造权谲,则倜傥而环壮⑱,案清道⑲,则诡常而恢迂。此所谓性有九偏,各从其心之所可以为理。

【注释】

①历纤理:分析细节问题。

②宕往而疏越：因性情粗放而忽略细节。

③回挠：屈从退让。

④法直：法令职守。"直"同"职"。

⑤括处：约束。

⑥否戾而不入：固执而不变通。

⑦颖灼：中肯而鲜明。

⑧径露而单持：直露而单薄。

⑨辩给：能言善辩。

⑩辞烦：言辞丰富。

⑪恢愕：恢弘直白。

⑫序疏数：排列亲疏远近。

⑬燀炎：火势炎炎，这里意为闪烁不定。

⑭深难：深究。

⑮拟锷：理解力有限。

⑯休强：强大。

⑰濡慢：柔顺懦弱。

⑱环壮：壮美。

⑲案清道：案同按，依照清静无为的道理。

【译文】

以上4种道理有差异，就又产生9种偏狭性情。它们以性情妨碍对道理的理解，各有得失。刚强粗犷的人，谈论问题不能细致周密，头头是道。他们在论述整体时，显得宏博高远，谈论细节时，往往粗枝大叶。亢厉刚直的人，不肯屈从退让。在法令职守方面，公直刚正不徇私情；但固执而不变通，乖张而保守。坚劲的人，喜欢重事实，揭示细节道理时，鲜明而透彻；谈论大理论时，显得直露而单薄。能说会道的人，言语丰富辞意尖锐，推理人情世故，精当深刻，谈论大义要旨，则浅阔而不周密。随波逐流的人，不能深思，排列亲疏关系，豁达而厚博，排列事物的主次，则闪烁不定。见解浅薄的人，不能深究事物的道理。听人谈论，因不用动脑筋而容易满足，审察精深道理时，就颠倒混乱而不清。宽容平缓的人，反应不敏捷，论仁义,则弘博详备而高雅,论时尚潮流,则迟缓而保守。温柔和顺的人,气势不强盛,品会道理,顺平而和畅,处理疑难问题,则软弱犹豫而不干脆。温柔和顺的人,洒脱而又追求新奇。论权谋机变,奇伟而壮丽,论清静无为之道,则诡奇而怪诞。这就是性情上的9种偏失,它们以各自不同的心性而自成为道理。

评 述

1. 夸夸其谈的人

刚略之人,不能理微。故其论大体,则弘博而高远,历纤微,则宕往而疏越。

这种人侃侃而谈,宏阔高远却又粗枝大叶,不大理会细节问题,琐屑小事从不挂在心上。优点是考虑问题宏博广远,善从宏观、整体上把握事物,大观局良好,往往在侃侃而谈中产生奇思妙想,发前人之所未发,富于创见和启迪性。缺点是理论缺乏系统性和条理性,论述问题不能细致深入,由于不拘小节而可能会错过重要的细节,给后来的灾祸埋下隐患。这种人也不太谦虚,知识、阅历、经验都广博,但都不深厚,属博而不精一类的人。

2. 义正言直的人

抗厉之人,不能回挠。论法直,则括处而公正,说变通,则否戾而不入。

这种人言辞之间表现出义正颜直、不屈不挠的精神,公正无私,原则性强,是非分明,立场坚定。缺点是处理问题不善变通,为原则所驱而显得非常固执。但能主持公道,往往得人尊崇,不苟言笑而让人敬畏。

3. 抓住弱点攻击对方的人

坚劲之人,好攻其事实。指机理,则颖灼而彻尽,涉大道,则径露而单持。

这种人言辞锋锐,抓住对方弱点就严厉反击,不给对方回旋的机会。他们分析问题透彻,看问题往往一针见血。甚至有些类刻。由于致力于寻找、攻击对方弱点,有可能忽略了从总体、宏观上把握问题的实质与关键,甚至舍本逐末,陷入偏执的死胡同中而不自拔。在用人时,应考虑他在"大事不糊涂"方面有几成火候,如大局观良好,就是难得的粗中有细的优秀人才种子。

4. 速度快、辞令丰富的人

辩给之人,辞烦而意锐,推人事则精识而穷理,即大义,则恢愕而不周。

这种人知识丰富,言辞激烈而尖锐,对人情事理理解得深刻而精当,但由于人情事理的复杂性,又可能形成条理层次模糊混沌的思想。这种人做力所能及的工作,完全可以让人放心,一旦超出能力范围,就显得慌乱,无所适从。接受新生事物的能力强,反应也快。

5. 似乎什么都懂的人

浮沉之人,不能沉思。序疏数,则豁达而傲博,立事要,则熛炎而不定

这种人知识面宽,随意漫谈也能旁征博引,各门各类都可指点一二,显得知识渊博,学问高深。缺点是脑子里装的东西太多,系统性差,思想性不够,一旦面对问题可能抓不住要领。这种人做事,往往能生出几十条主意,但都打不到点子上去。如能增强分析问题的深刻性,做到驳杂而精深,直接把握实质,会成为优秀的、博而且精的全才。

6. 满口新名词、新理论的人

浅解之人,不能深难。听辩说,则拟锷而愉悦,审精理,则掉转而无根。

他们接受新生事物很快,捡到新鲜言辞就能在日常生活中运用,而且有跃跃欲试、不吐不快的冲动。缺点是没有主见,不能独立面对困难并解决之,易反复不定,左右徘徊,比较软弱。如能沉下心来认真研究问题,磨炼意志,无疑会成为业务高手。

7. 说话平缓宽恕的人

宽恕之人,不能速捷。论仁义,则弘详而长雅,趋时务,则迟缓而不及。

这种人性格宏度优雅,为人宽厚仁慈。缺点是反应不够敏捷果断,转念不快,属于细心思考、长思型人才,有恪守传统、思想保守的倾向。如能加强果敢之气,

对新生事物持公正而非排斥态度,会变得从容平和,有长者风范。

第三节　七种似是而非的人

　　性不精畅

　　则流有七似

　　七似貌合神异

　　众人之所惑也

【原典】

　　若乃性不精畅,则流有七似①。有漫谈陈说,似有流行②者。有理少多端,似若博意③者。有回说合意④,似若赞解⑤者。有处后持长,从众所安,似能听断⑥者。有避难不应,似若有馀,而实不知者。有慕通口解⑦,似悦而不怿⑧者。有因胜情失,穷而称妙,跌则掎蹠⑨,实求两解,似理不可屈者。凡此七似,众人之所惑也。

【注释】

①七似:七种似是而非的情况。

②流行:流行、时髦的理论。

③博意:知识渊博。

④回说合意:曲解原意以自圆其说。

⑤赞解:自己独特的见解。

⑥听断:判断优劣好坏。

⑦慕通口解:仰慕大智者而学其口吻。

⑧似悦而不怿:似乎通晓,实际一无所知。

⑨跌则掎蹠:跌到牵强附会、强辞夺理的程度。

【译文】

　　如果性情不能专一,就会造成7种似是而非的表现。第1种是对陈词滥调夸夸其谈,好像这种论调正流行一样;第2种是道理少而言辞繁多,听起来似乎意义深远;第3种是曲意,迎合别人的意见,好像已经领悟;第4种是跟在人后,人云亦云,好像是听了别人的讲述后才作的判断;第5种是回避疑难问题不去回答,好像知道很多,实际上一无所知;第6种是仰慕通晓道理的人,但只学到别人的皮毛,看上去好像心领神会,其实并未理解;第7种是争强好胜而不顾常理,理屈词穷了还自以为尚有妙语,以至于牵强附会,强词夺理,看上去好像是自己有理而不愿屈服。以上7种似是而非的表现,一般人往往被其迷惑。

评 述

1. 华而不实者

漫谈陈说,似有流行者

这种人口齿伶俐,能说会道,口若悬河,滔滔不绝,乍一接触,很容易给人留下良好印象,并当做一个知识丰富、又善表达的人才看待。但是,须要分辨他是不是华而不实。华而不实的,善于说谈,而且能将许多时髦理论挂在嘴上,迷惑许多识辨力差、知识不丰富的人。

三国鼎立之时,北方青州一个叫隐蕃的人,逃到东吴,对孙权讲了一大堆漂亮的话,对时局政事也做了分析,辞色严谨正然。孙权为他的才华有点动心,问陪坐的胡综:"如何?"胡综(也是一个了不起的人才)说:"他的话,大处有东方朔的滑稽,巧捷诡辩有点像祢衡,但才不如二人。"孙权又问:"当什么职务呢?""不能治民,派小官试试。"考虑到隐蕃大讲刑狱之道,孙权派他到刑部任职。左将军朱据等人都说隐蕃有王佐之才,为他的大才小用叫屈,并亲为接纳宣扬。因此,隐蕃门前车马如云,宾客云集。在关羽败走麦城时擒住关羽的大将潘濬,其子也与臆蕃往来密切,不料潘濬把儿子大骂一顿,说:"我家深受国恩,你却与降房往来,打100鞭子。"当时人都奇怪这种有人说隐蕃好,有人说隐蕃坏的情况。到后来,隐蕃作乱于东吴,事发逃走,被搜回而诛。对似是而非人的辨识的确不易。与隐蕃交往密切的朱据等人大悔。

2. 貌似博学者

理少多端，似若博意者

这一类人多少有一些才华，也能旁及到其他各门各类的知识，泛泛而谈，也还有些道理，似乎是博学多才的人。但是，如果是博而不精、博杂不纯，未免有欺人耳目之嫌。貌似博学者根源在于青少年时读了一些书，兴趣爱好都还广泛，但是因为小聪明，或者是未得明师指点，或者是学习条件与环境的限制，终未能更上一层楼，去学习更精专、更广博的东西。待学习的黄金年龄一过，虽有精专的愿望，但是已力不从心，最终学识停留在少年时代的高峰水平上，不能再进一步。即便有这样那样的深造环境，由于意志力的软弱，也只得到一些新知识的皮毛。这种人是命运的悲剧，尚可以谅解。如果是以貌似多学在招摇撞骗，则不足以论了。

3. 不懂装懂

回说合意，似有赞解者

不懂装懂的人，生活中着实不少，尤其以成年之后为甚。完全是因为爱面子、怕人嘲笑的缘故。有一种不懂装懂者是可怕的，他会因不懂装懂，带来许多损失，尤其是技术上的。还有一类不懂装懂者，是为了迎合讨好某人。这种情况，有的是违心而为，在那种特殊场合下不得不如此（当然，也有一派硬骨气、不摧眉折腰向权贵的）；有的则是拍马屁，一味奉承。

4. 滥竽充数者

处后持长。从众所安。似能听断者

这一类人有一定的生活经验，知道如何明哲保身，维护个人形象。总是在别人后面发言，讲前面的人讲过的观点和意见，如果整合得巧妙，也是一种艺术，使人不能觉察他滥竽充数的本质，反而当作见解精辟看。这种人也有他的难处，如南郭先生一样,想混一口好饭吃。如果无其他奸心,倒也不碍大事。否则,趁早炒鱿鱼,或疏远之为妙。

5. 避实就虚者

避难不应,似若有余,而实不知者

这一类人多少有一点才干,但总嫌不足,用一些旁门左道的办法坐到了某个职位上去(行政官员与教授等,都有可能)。当面对实质性的挑战时,比如现场提问,现场办公,因无力应付,就很圆滑地采用避实就虚的技巧处理。按理说,这也是一门本事。这种人当副手也还无大碍,但以不贪心为前提,否则会悄悄地捅出一个无法弥补的大漏子来。

6. 鹦鹉学舌者

慕通口解。似悦而不怿者

自己没有什么独到见解和思想,但善于吸收别人的精华,转过身来就向其他人宣扬,也不讲明是听来的。不知情者,自然会把他当高人来看待。这种性质,说严重一点,是剽窃,因不负法律责任(如果以文字的形式出现,比如论文、书刊,性质比言论重得多),因而会大行其道。这种人是没什么实际才干的,但模仿能力强,未尝不是其长项,也可加以利用。

7. 固执己见者

穷而称妙,实求两解,似理不可屈者

这种人不肯服输,不论有理无理都一个样。这类理不直、但气很壮的人,生活中处处可见。对待他们一个较好的办法是敬而礼之,不予争论。如果事关重大,必须说服他,才能使正确的政策方针得以实施,那就一定要多动动脑筋了。首先应分析他是哪一类人。本来贤明而一时糊涂的,以理说之,并据理力争,坚持到

底;疑心太重而沉迷不醒的,则用迂回曲折之道,半探半究地讲到他心坎上去;实在是个糊涂虫,不可理喻,顽固不化,就动用武力强迫之。

第一种情况,历来的圣君明主都发生过。魏征与唐太宗,赵普与宋太祖这样的直臣明主,流芳百世,就是因为一个善说而据理力争,一个贤明能听,知错能改。

第二种情况,则有一个长长的故事,那就是战国时期的"触龙说赵太后"。

第三种情况,比如西安事变对蒋介石进行兵谏。

第四节　在论辩中考察人

善喻者

以一言明数事

不善喻者

百言不明一意

【原典】

夫辩有理胜,有辞胜①。理胜者,正白黑以广论②,释微妙而通之。辞胜者,破正理以求异,求异则正失矣。夫九偏之材,有同,有反,有杂③。同则相解④,反则相非⑤,杂则相恢⑥。故善接论者,度所长⑦而论之。历之不动⑧,则不悦也。傍无听达⑨,则不难⑩也。不善接论者,说之以杂反。说之以杂反,则不入矣。善喻者,以一言明数事。不善喻者,百言不明一意。百言不明一意,则不听也。是说之三失也。

【注释】

①理胜,辞胜:用道理取胜,用言辞取胜。

②广论:扩大论述。

③杂:正反相互交错间杂。

④解:融合。

⑤非:排斥。

⑥恢:容纳,不置可否。

⑦度所长:揣度他所喜欢的。

⑧历之不动：打动不了对方，对方不感兴趣。

⑨傍无听达：身边没有精通此理的人。

⑩难：驳斥责难。

【译文】

辩论有用道理取胜的，有用言辞取胜的。用道理取胜的，先区分黑白是非的界限，再展开论述，把幽微深奥的部分讲清楚后，再讲明全部道理。用言辞取胜的，离开主题和本质，虽然从细枝末节驳倒了对方，却把主旨给弄丢了。偏才之人，才能见解有相同的，有相反的，也有相互间杂的。相同的就相互融合，相反的就相互排斥，相间杂的就相互包容。因此善于与人谈话的，根据对方所喜欢的话题来交谈，一旦发觉对方不感兴趣，就马上切换话题，如果不是很有把握，也不随意反诘对方。不善于谈话的，往往说些模棱两可、无关痛痒的话题。如此一来，双方很难进行深入和洽的交流，渐渐地彼此尴尬而中断话题。善于讲述道理的人，一句话就能讲清一件事或几件事。不善于讲述道理的，一百句话也可能没讲清一件事。如此罗嗦不清，别人就不会再听他讲话。这是言语论说的三种偏失。

评 述

1. 说得别人心悦诚服与说得别人哑口无言的人

理胜者，正白黑以广论，释微妙而通之。辞胜者，破正理以求异，求异则正失矣。

有的人在与人论辩时，总是摆事实，讲道理，道理讲得清清楚楚，明明白白，说得人心服口服，不能不服。这种人思路清晰，看问题能抓住本质，反应也快，而且态度从容，不紧不慢，不疾不速，有娓娓道来之势，为人做事有理有据有节，分寸把握得良好。这种人稳健大度，从从容容而能机巧变通，可担大任。

另有一种人，在争论中也能取胜，往往说得人家哑口无言，或者说得别人拂袖而去，不再愿跟他争论。这种人多是靠言辞的犀利尖锐而战胜对方的。他们目光犀利，能迅速抓住他人讲话的漏洞，乘机反驳，穷追猛打得对方手忙脚乱。他们辞采飞扬，妙语如花，又能博得旁人的一些欢笑和点头。但因以对方的不足为立论点,不能正确全面地陈述自己观点,因此对方虽败而不服。这种人机智敏捷,反应迅速,活泼伶俐,一张巧舌能把错说成对,黑说成白,尽管对方知他无理,却在一时之间驳不倒他。他们是业务、外交、法律界好手。但要注意轻浮不稳的毛病,当心聪明反被聪明误,应学会静下心来踏踏实实工作与思考,培养浩然正气,方可成大用。

2. 善于寻找话题与不善与人打交道的人

善接论者,度所长而论之。不善论者,说之以杂反。

与人交谈时,如果大家见解相同相近,就如山水流向大河,彼此融融而洽。如果意见相反,争得几句就负气而去,或者彼此模棱两可,谈得不冷不热,不亲不近,渐渐地尴尬而止。

善于与人交谈的人,当发现彼此观点相悖时,会立刻转换话题,用巧妙的方式不断试探,或采用迂回战术,逐渐找到对方感兴趣的话题,慢慢地回到主题上去。这种人富于机智,容易得到大家的好感,而且意志坚定,善于思考和察颜观色,千方百计去实现自己的计划,敢说敢做,且有力量坚持到成功。他们用心智在做事,适合担任社会职务。

不善与人交谈的,说话往往处于被动位置,公式化的一问一答,或者说些模凌两可的应酬话。一旦说到他感兴趣的的话题上,立刻变了一个人似的,滔滔不绝,侃侃而谈,语若滚珠,甚至会激动起来,仿佛于寂寞山中遇到知音。听者也能从中得到许多有用的东西。这类人对生活有激情,苦苦钻研自己的兴趣所在,会成为某一领域的专家。不喜欢热闹地方,而爱清静自处,生活欲望也比较清淡,适合于搞研究工作。

3. 善于讲清道理与不善于讲清道理的人

善喻者,以一言明数事。不善喻者,百言不明一意

善于讲明道理的人,往往一语中的,言简意赅,一句话就能讲清事情的前因后果,思想清晰,脉络分明,即便他平常不大爱讲话,讲道理时也能达到这种效果。这种人办事干脆利索,手法干净,迅捷果断,不哕嗦,也不拖泥带水,往往说一不二,是精明强干的人选。

不善于讲清道理的人,讲话稀里糊涂又不着关键,说半天也没讲明事情的原因和经过,或者永远打擦边球,说不到本质上去。这种人思路不清晰,头脑混沌,难以担当责任,不宜委派重要事务给他们。

宋代欧阳修奉命修《唐史》的时候,有一天,他和那些助理的翰林学士们,出外散步,看一匹马在狂奔,踩死路上一条狗。欧阳修想试一试他们写史稿作文章的手法,于是请大家以眼前的事,写出一个提要——大标题。有一个说:"有犬卧于通衢,逸马蹄而杀之。"有一个说:"马逸于街衢,卧犬遭之而毙。"欧阳修说,照这样作文写一部历史,恐怕要写一万本书也写不完。他们就问欧阳修,那么你准备怎么写?欧阳修说,"逸马杀犬于道"6个字就清楚了。

《夜航船》里讲到:"欧阳公耳白于面,名满天下;唇不着齿,无事得谤。"观其一生,果然大抵如此。

第五节　从言语中察人得失

> 善难者
> 务释事本
> 不善难者
> 舍本而逐末

【原典】

善难者,务释事本。不善难者,舍本而逐末。舍本而逐末,则、构①矣。善攻强者,下其盛锐,扶其本指②,以渐③攻之。不善攻强者,引其误辞以挫其锐意。挫其锐意,则气构④矣。善蹑⑤失者,指其所跌⑥。不善蹑失者,因屈而抵其性⑦。因屈而抵其性,则怨构⑧矣。或常所思求,久乃得之。仓卒谕人,人不速知,则以为难谕。以为难谕,则忿构⑨矣。夫盛难⑩之时,其误难迫⑪。故善难者,征之使还。不善难者,凌而激之,虽欲顾藉,其势无由。其势无由,则妄构⑫矣。凡人心有所思,则耳不能听。是故并思俱说⑬,竞相制止⑭,欲人之听已,人亦以其言思之故,不了已意,则以为不解。人情莫不讳⑮不解。讳不解,则怒构⑯矣,凡此六构,变⑰之所由兴也。

【注释】

①辞构:形成言语上的争论。

②指:同旨。

③以渐:用循序渐进的方式,逐渐。

④气构:构成不服气。

⑤蹑:追随。

⑥所跌:失误之处。

⑦因屈而抵其性:抓住失误挫败对方。

⑧怨构:构成怨恨。

⑨忿构:造成忿事。

⑩盛难:激烈争论。

⑪其误难迫:难以强迫对方认错。

⑫妄构:构成妄自胡言。

⑬并思俱说:各想各的,各说各的。

⑭竞相制止:都想说服对方。

⑮讳:忌讳。

⑯怒构:构成愤怒。

⑰变:由谈论变成争执。

【译文】

善于诘难对方的,抓住对方的主要错误阐释事物的本质。不善于诘难对方的,往往舍本逐末,找细枝末节问题来争论反驳,就会形成言语上的争执。善于驳论强手的,避开对方的强盛锐气,理清对方的主要错误,然后逐条反驳。不善驳斥强手的,抓住对方的失误来挫败对方锐气,这就会针尖对麦芒,各不相让,弄得大家都不服气。善于疏理对方过失的,往往指出对方失误之处,就不再多说。不善于疏理对方错误的,抓住对方失误攻击对方,这就会形成怨恨。有的人经常思考一个问题,经长时间才想出结果,然后急忙去告诉他人,如果他人不能马上理解,就认为他是愚不可谕。认为他愚不可谕,就造成了忿争。

在争论中非常激烈时,很难强迫对方承认自己的错误。因此善于驳斥对方的,指出对方错误并留出回旋余地,不善于驳斥对方的,顶撞并激怒对方,虽也想让对方承认错误,但已失去回旋机会。没有回旋的机会,就会形成放肆胡言的局面。人们心有所想时,就难以听到别人在讲什么。因此论辩双方都在想,也都在说,都想说服对方,让人听从自己的言论,对方也因为这个缘故不能理解原方的言论,原方就以为对方笨。人都不喜欢别人说自己笨,如此而来就构成怒恨。形成这6种构难,都是由于谈论演变成争执的缘故。

评 述

1. 言语纠缠不清

善论者务释事本,不善论者舍本逐末。

善于辩论的人,单单抓事物的本质驳斥对方并阐述本义。这种人办事机敏、头脑清晰,洞察力强,能正确分析形势,随情势而灵活变化。不善于辩论的人往往舍本逐末,在细枝末节上纠缠而看不到主题和大方向。这种人头脑比较灵活,但多属小聪明,目光与心胸都不足。看问题能发现一些东西,但抓不到要害。适合于做辅助性工作。

即便口吃之人,也有这两种差别。法家代表韩非子就是口吃,但思路精深阔绰,见解深刻独到,确立春秋百家争鸣的法家地位。

2. 意气之争

善攻强者,下其盛气而扶本旨,不善攻强者,引其误辞以挫其锐意。

善于争论的人往往巧妙避过对方的锐气,而抓住对方的主要弱点,逐条批论,让对方输得无言以对,心服口服。不善争论的人缺乏论辩技巧,不善迂回,抓住对方的失误就不放手,企图一举击倒对方。这种硬碰硬的方法,为兵家大忌,结果是双方互不服气,成为意气之争,未达到应有的目的,甚至把可处理好的问题也给弄糟了,造成双方对立之势。在处理对立情绪的两方人事时不宜派后一种人做代表,一旦在交涉中意气用事,克制不住自己,会把好事做成坏事。这种情况,有深浅之别,浅者不欢而散,深者造成彼此敌对情绪,小者恶语伤人,重者拔刀相向。

3. 强迫性说教

久思之理,仓卒谕人,人不速知,则认为难谕。

有的人经过长时间思考、探索才得出的结论,企图让别人马上就要接受领会。当对方不能立即领悟时,就认为对方笨,不可教化,强迫对方接受自己的理论。这种人不适合做教育工作,可以独善其身,一时之间难以辅助他人。针对小学生的教育尤其要注意这一点。许多刚走上小学教师岗位的同志,以己心度小学生之心,认为1+1=2,还不容易吗?认为记忆汉语拼音字母表、乘法口诀还不容易吗?结果有的学生大吃苦头。这是因为我们的新老师太急躁的缘故。1+1=2是简单,但小孩子尚有一个接受消化的过程。以次类推,此种情况是不少见的。

4. 不察彼意就责备对方

凡人心有所思,则耳不能听;不了已意,则以为糊涂。

人们在讲话时,对方也许正在琢磨上一句话或其他什么事,而不能清楚讲话人当前的内容。如果讲话人不分青红皂白,就责难对方"不专心"、"不尊重人"、"糊涂",往往会激怒对方。这种人容易冲动,往往在没弄清事实真相前就妄下结论,做事凭感觉而少理解分析,往往会无风起浪。

听人讲话,而心中琢磨自己事的人,有奸心内萌的,有诚有所思的。对他们的鉴别,详见本书第九章第三节。

第六节　言谈中的八个优点

兼此八者

然后能通于天下之理

通于天下之理

则能通人矣

【原典】

然虽有变构，犹有所得。若说而不难，各陈所见，则莫知所由①矣。由此论之，谈而定理者，眇②矣。必也聪能听序③，思能造端④，明能见机，辞能辩意，捷能摄⑤失，守能待攻，攻能夺守，夺能易予⑥。兼此八者，然后乃通于天下之理。通于天下之理，则能通人矣。不能兼有八美，适有一能，则所达者偏⑦，而所有异目⑧矣。是故聪能听序，谓之名物⑨之材。思能造端，谓之构架⑩之材。明能见机，谓之达识之材。辞能辩意，谓之赡给⑪之材。捷能摄失，谓之权捷⑫之材。守能待攻，谓之持论⑬之材。攻能夺，谓之推彻⑭之材。夺能易予，谓之贸说⑮之材。

通材之人，既兼此八材，行之以道。与通人言，则同解而心喻。与众人言，则察色而顺性。

【注释】

①所由：什么是正确的。

②眇：少。

③序：顺序，规律。

④造端：创造发明，创见。

⑤摄：摄取，抓住。

⑥易予：以子之矛，攻子之盾。

⑦偏：偏失，不全面。

⑧所有异目：以所长形成偏才。

⑨名物：辨别事物的名称。

⑩构造：创造。

⑪赡给：言语敏捷，词汇丰富。

⑫权捷：权变灵活。

⑬持论：坚持自己的理论。

⑭推彻：进取攻击。

⑮贸说：变换谈话的主从地位。

【译文】

但是，尽管会形成6种构难，仍会有所得。如果只是交谈，既不相互提出疑问或反对意见,又不能各抒己见,畅所欲言,则不能明确什么是正确的东西。以此而论,讲述而不进行争论就可以成为众所周知的定理的情况确实很少。必须是善于听取,把握事物的规律秩序,善于思考而有所创见,眼睛明亮能看出事物的变化之机,言辞丰富能表明自己的意思,反应敏捷能迅速抓住对方的错误,防守严密能抵御对方的攻击,进攻力强能摧毁对方的防线,驳斥对方能灵活使用各种方法。兼有这8种能力,就可以通晓天下的道理。通晓天下道理,就能成为全才,才可以完全说服别人。不能兼备这8种能力,只具备其中一项,就不能取得多方面的成就,而是以所能而成为偏异之才,并以此来各立名号。

因此,聪能听序的人,是善于鉴别事理的人才。思有创见的人,是善于发明创造的人才。明能见机的人,是通达而又机敏灵活的人才。辞辩丰富的人,是能说会道的人才。迅捷捕捉失误的人,是机变敏捷的人才。守能待攻的人,是善于坚持自己论点的人才。攻能夺守的人,是善于进攻的人才。进攻能灵活变换方法的人,是善于机谋权变的人才。

评 述

1. 善听

这种人听得多,说得少,往往智慧比较丰富,有大智若愚之态,话虽不多,但内心聪慧,说出来的话往往一字千金,很有分量,能直指问题的关键所在。是一株沉默寡言、但有力量的大树。

2. 能发奇思妙语

这种人经常生出一些奇思妙想,又风趣诙谐,富于幽默感,能够发前人之所未发。需要鉴别的是,有的奇思妙想有实现的可能,可用;有的则不行,是乱人耳目的东西,或者乱民之俗。

3. 先见之能

能准确预见事物的未来,料事如神。分析形势能力强,能综合各种信息来正确预测未来。有的人则根据直觉判断和预测。

建安五年，曹操与袁绍战于官渡，相持不下。孙策便准备率军渡江北上，乘虚袭击曹操的老巢许昌。这给久战官渡不下的曹操带来了一道难题：

如果现在舍去袁绍，来日再兴师征讨，势必要耗费更大的精力，因此不能丢弃眼前这个歼灭袁绍的大好战机；但是，如果继续屯兵官渡，而孙策果真渡江北上，许昌守备空虚，很可能失守，许昌一失，则根本动摇。

郭嘉，字奉孝，曹操的著名谋士，素有济世安民之志，多谋善断。最初，投奔割据北方的袁绍，但很快看出袁绍徒有虚名，是一个优柔寡断、难以成大业的庸主；于是便毅然离开当时在军事上还占有很大优势的袁绍，转而投奔曹操。

汉献帝建安元年，郭嘉来到许昌，经荀彧引荐，见到了曹操。曹操慧眼识人，对郭嘉的才情志向极为推崇，赞叹说："使我成就大业的人，必定是郭奉孝！"而郭嘉对这位乱世的雄杰也深表叹服，说："曹操是我郭嘉千里寻觅的人主！"曹操当即任命郭嘉为司空军祭酒。自此之后，郭嘉尽心竭力地为曹操平定汉末群雄的大业出谋划策。

这时，郭嘉洞察了曹操的心思，说："孙策削平了江东5郡，占了不小地方，也诛杀了不少江东豪杰；他之所以能做到这一点，是因为他暂时笼络住几个为他拼死效力的人。但是孙策为人张狂，处事轻率，甚少戒心，这是他致命的弱点；因此，目前他虽然拥有数十万之众，由于这种性格的支配，他仍然像一个奔走在旷野之上的独行者。他在江东攻城略地，兼并群雄，肯定结下了不少仇家，假如身边骤然兴起刺客，他不过是一人之敌罢了。因此，孙策不足忧虑，我料定他必将死于匹夫之手！"

郭嘉从分析孙策的性格入手，明确指出了孙策在为人处事中有狷狂之象。狷狂之态不忍，别人就会看不顺眼，言谈过于狂妄，别人就会记恨在心，而这一切，孙策都没有忍耐克制，所以郭嘉断定孙策将有不测之祸，坚决主张曹操继续屯兵官渡，削平袁绍，暂时不考虑孙策的北犯；他还分析袁绍有10条必败的弱点，断定曹军必胜。这些细微精到的分析和预见，解除了曹操对孙策的忧虑，鼓舞了曹操平定袁绍的意志。尔后，曹操果然取得了官渡之战的大捷，巩固北方的统治。而孙策的命运也正如郭嘉所料，在引兵北上的前夕，去郊外打猎时，不设防，被昔日吴郡太守许贡的门客刺死。

4. 善说

长于辞令,不仅言辞丰富优美,而且道理讲得很透彻,逻辑性很强,能准确完整地表达自己的思想。战国时的纵横家们,多善说,比如张仪。

有个成语"朝秦暮楚",讲的是战国时陈轸。张仪和陈轸都投靠到秦惠王门下,受到重用。不久张仪便产生了嫉妒心,因为陈轸很有才干,比他强。

张仪对秦惠王说:"大王经常让陈轸往来于秦国和楚国之间,听说陈轸还常常把秦国的机密泄漏给楚国。作为大王您的臣子,怎么能这样做呢?最近又听说他打算离开秦国到楚国去。"

秦王马上传令召见陈轸。一见面,秦王就对陈轸说:"听说你想离开我这儿,准备上哪儿去呢?告诉我吧,我好为你准备车马呀!"

陈轸一听,莫名其妙,很快便明白了,这里面话中有话,于是镇定地回答:"我准备到楚国去。"果然如此。秦王对张仪的话更加相信了,于是慢条斯理地说:"那张仪的话是真的。"

原来是张仪在捣鬼!陈轸心里完全清楚了。他没有马上回答秦王的话,而是定了定神,然后不慌不忙地解释说:"这事不单是张仪知道,连过路的人都知道。从前,殷高宗时孝己非常孝敬自己的后母,因而天下人都希望孝己做自己的儿子;吴国的大夫伍子胥对吴王忠心耿耿,以致天下的君王都希望伍子胥做自己的臣子。所以,俗话说,出卖奴仆和小妾,如果左右邻居争着要,这就说明他们是好仆好妾,因为邻里人了解他们才买;一个女子出嫁,如果同乡的小伙子争着要娶她,这就说明她是个好女子,因为同乡的人了解她。我如果不忠于大王您,楚王又怎么会要我做他的臣子呢?我一片忠心,却被怀疑,我不去楚国又到哪里去呢?"

秦王听了,觉得有理,点头称是,但又想起张仪讲的泄密的事,便又问:"既然这样,那你为什么将我秦国的机密泄漏给楚国呢?"

陈轸坦然一笑,对秦王说:"大王,我这样做,正是为了顺从张仪的计谋,用来证明我不是楚国的同党呀!"

秦王一听,却糊涂了,望着陈轸发愣。陈轸还是不紧不慢地说:"据说楚国有个人有两个妾。有人勾引那个年纪大一些的妾,却被那个妾大骂了一顿。他又去勾引那个年轻一点的妾,年轻的妾对他很好。后来,楚国人死了。有人就问那个勾引他的妾的人:'如果你要娶她们做妻子的话,是娶那个年纪大的呢,还是娶那个年纪轻的?'他回答说:"娶那个年纪大些的.'这个人又问他:'年纪大的骂你,年轻的喜欢你,你为什么要娶那个年纪大的呢?'他说:'处在她那时的地位,我当然希望她答应我。她骂我,说明她对丈夫很忠诚。现在要做我的妻子了,我当然也希望她对我忠贞不二,而对那些勾引她的人破口大骂。'大王您想想看,我身为楚国的臣子,如果我常把秦国的机密泄露给楚国,楚国会信任我、重用我吗?楚国会收留我吗?我是不是楚国的同党,大王您该明白了吧!"

第六章　考察才能

哪里能够做大事却不能做小事呢？

凡是所说的能做大事不能做小事，这种说法出自于人的性格有宽弘大度与急躁狭隘。性格有宽有急，因此所适应的工作有大有小。宽弘大度的人，适合担任郡国职务，使下级能充分发挥他们的作用，通过群策群力来实现他的政绩。急躁度小的人，适宜担任区县职务，身体力行，亲自动手办实事。然而郡与县只是范围大小不同而已，用实际工作道理宽缓急躁来讨论，只应当说是合适不合适，而不是能大不能小的问题。这像鸡与牛，由于有大有小，因此鼎锅也有大有小，如果鼎可以烹牛，就不能烹鸡了吗？因此能治大郡的人，也能够治理小郡。由此可知，人才鉴别有所宜，而不是能大不能小的问题。

评 述

有这么一种说法，能力大的办不了小事。从实际工作中看，的确存在这种情况，级别高的人做不好级别低的事。比如苏东坡，洗的衣服未必有洗衣女的干净；一个大型企业的头儿，未必能救活200人的小鞋厂。那是否就可以说"能力大的办不了小事"呢？

显然不能。

我们知道，容得下一头牛的锅，肯定可以炖熟一只鸡，只是太浪费柴火罢了。人才的道理也是这样。

人的因素比锅、牛、鸡、柴火的关系复杂得多，能力也有一个变化过程，现在做不了，经过学习，进步以后就做得了；现在做得了，如果不再学习，停止不前，过一段时间又会做不了。因此，在识人用人时，首先应根据实情和他的潜力来判断他适不适，也不宜只看他的能力大小。这样自然会有小才小用，大才大用的结果。大学教授当不好小学教员，是因为他的知识结构不适合去教孩童；给他们一定的时间和动力，他们肯定可以教好那些小学生（只要有足够的时间，每一个人都能成为优秀的全才）。

黑龙江省有一个县叫宁安县，清代称作"宁古塔"。对清史稍有研究的人，见到"宁古塔"三个字就会狰狞起来，因为那是古代文人被流放的绝狱之地。"宁古塔"也没有塔，最初可能房子都没有，三个字完全是音译，意为"六个"（满语中"宁

第一节　人才特点

宽弘之人
宜为郡国
急小之人
宜理百里

【原典】

或曰，人才有能大而不能小，犹函牛之鼎不可以烹鸡。愚以为此非名①也。夫能之为名，已定之称②。岂有能大而不能小乎？

凡所谓能大而不能小，其语出于性有宽急。性有宽急③，故宜有大小。宽弘之人，宜为郡国④，使下得施其功，而总成其事。急小之人，宜理百里⑤，使事办于已。然则郡之与县，异体之大小者也。以实理宽急论辩之，则当言大小异宜，不当言能大不能小也。若夫鸡之与牛，亦异体之小大也。故鼎亦宜有大小。若以烹犊⑥，岂不能烹鸡乎？故能治大郡，则亦能治小郡矣。推此论人，人才各有所宜，非独大小之谓也。

【注释】

①非名：概念不清。名，事物的名称。《老子》中讲："名。可名，非常名。"
②已定之称：已固定的名称。
③宽急：宽弘大度与急躁狭窄。
④郡国：秦始皇统一中国后，把行政区划分为郡与县两级，国则是古代诸侯的封地，国的区域与郡大致相当，故郡国连用。
⑤百里：以百里为县的代称，比郡小一级。
⑥犊：牛犊、小牛。

【译文】

有人说：人才有能够做大事却不能做小事的，就如能容纳牛的大鼎不可以用来炖鸡一样。我认为这是概念不清，混淆是非。就才能而言，是一个固定的名称，古"为六,"塔"为个),据说很早时曾有兄弟六人在那里住过。

宋、金战争时期,南宋使臣洪皓和张邵被金人流放到宁古塔。二人很为南宋争气,虽然拣野菜充饥,拾马粪取暖,仍是凛然不屈。

一次,一位对流放南人较同情的女真贵族与洪皓聊天,谈着谈着就争执起来。女真贵族生气了:"到现在还嘴硬,你以为我不敢杀你么?"洪皓说:"可以,但你就会背上一个斩杀使臣的罪名,这样不大好。离这儿30里有一个叫莲花泺的湖,不如我们去乘舟游玩,你顺便把我推下水,说我失足,岂不两全其美?"

他们俩是南宋使臣,气节、品质、能力、学识都是值得推崇的。如果待在南方,也算不小的官,从"能力大的办不了小事"来讲,他们在北方可能会冻死或饿死,但他们顽强地熬过来了,而且不是像动物生存一样地过,他们还传播知识和文化,做得也非常好。洪皓找来晒干的桦树皮,把自己从小背熟的四书五经默写出来,分给当地的孩童,使那荒瘠的地方有了琅琅读书声。张邵甚至开讲《大易》,把深奥的文字和思想种在文化沙漠中去。这样不折不挠的精神哪里像一名普通的小学教员。

因此说,大才不仅能做好小事,而且会做得很漂亮,因为他们在做一件小事时,也抱着高瞻远瞩的目光和宏阔胸襟,效果自然大不一样。如果不是环境的逼迫,二人永远不会到宁古塔去"教书",这也正好说明,大才能做好小事,只是去不去做,宜不宜的问题。如果不是被流放,以他们的节气品质,十几年里他们会做许多更有益于国家的事,比在宁古塔教点书意义大得多。

可惜的是,二人的铮铮骨气并未被南宋朝廷珍视,他们在东北为朝廷受难十余年,好不容易因宋金议和回了南方,却立即遭贬,被弹劾为"奉使无成"而远放,双双死在颠沛流离的长途中。不亦悲乎!倒是金人还记得这两位使者,每次到宋廷都要打听他们的消息,并对他们的子女倍加怜惜。对于人才被浪费的现象,甚至像赵括式纸上谈兵的悲剧,首先被嘲笑的,不应该是人才或赵括,而应是用人者赵孝成王(按《史记》上讲,在长平之战前,赵孝成王做了一个梦,穿着偏袭之衣,乘飞龙上天,不至而坠,见金玉堆积如山。解梦的人说:"不至而坠,是有气无实之象;金玉堆积如山,忧。"跟着长平之战,赵国40万大军被秦将白起给坑杀了。)赵括如果去大学教书,肯定是一流的教授,口才好,懂的也多,大致会桃李天下,偏偏

被历史送上了战场。中间固然有白起的反间挑拨,但推究到底,是赵孝成王犯了一个人才错误,结果,国家力量急剧衰退,七雄纷争的局面也开始严重倾斜。旁观者为此着急,有的人还暗暗落泪,白起和秦王则乐得躲在被窝里笑。历史多笑话赵括纸上谈兵,其实赵孝成王才是更该被记住的人,是他直接造成了赵括和40万将士的悲剧。

让张飞摇一把羽毛扇,叫诸葛亮手持丈八长矛上前线,这样的错误谁都不会犯,但历史偏偏反复上演着赵括式的悲剧,这就该值得用人者仔细推敲了。因为人们都认为自己能够识别人才,其实许多事情都只是一种事后诸葛亮的痛快。许多人都不善于识别真人才,却自以为能识人,而错过真正的人才和发展机会,这是许多人不能成功的原因之一。因为他不善于识人,因而团结不了真正的人才,因此难成功。知人于用事之先才有实际意义,就像汉武帝用卫青一样。人才各有所宜,考察、使用人才时就应充分考虑这一点,有的人善于理乱,则可派往文明教化程度不高,经济欠发达地区——穷山恶水出刁民的缘故。有的人中庸平和,善于协调各方面关系,则可担任总体管理一类的职务——团结就是力量的缘故。不按这个原则去用人,往往会把好事办砸,不仅浪费了人力资源,还可能把一个单位、一个团体搞得一团糟,还造成那个有其才而未得其任的人的怀才不遇、备受冷落的凄凉。

三国鼎立之前,时人把诸葛亮和庞统称为"卧龙"和"凤雏",说得一人者得天下。庞统投奔刘备后,刘备嫌他长得难看,派他去做了耒阳县令;又因为庞统不好好干,从下面反映上来的意见很多,刘备就罢了他的官。东吴鲁肃听说后,给刘备写了封信,说庞统是治国之才,而非县令之才。刘备就派张飞(而不是关羽,说明刘备也知道张飞的耿直和关羽的骄傲)去耒阳县检查庞统的工作。

军民官吏都欢迎张飞,惟独庞统没去。张飞问庞统哪里去了?县吏回答说:庞统到任百来天,从不过问县里的事,每天喝酒,沉醉在酒乡里,现在酒还没醒呢。张飞大怒,就派人去捉庞统。同来的谋士孙乾说:庞士元本是高明人士,未必如此糊涂,先看看具体情况再说;如果的确玩忽职守,再治罪也不迟。张飞一行人进了县衙,庞统衣冠散乱、扶着下人摇摇摆摆出来。张飞责问:你身为县令,怎么可以废了县里事情?庞统也不答话,立刻叫公吏把百来天积压的公务全部取出,传唤相关人等到公堂外,一件一件珠落玉脆般的发落,简明果断,丝丝明晰,被罚人员叩头拜伏,没有一个叫屈叫冤的。不到半天,大小事务就清楚地处理完了。庞统把手一摆:百里小县,何须劳我大驾?张飞回去跟刘备如此一讲,刘备立刻调庞统到身边,分配给他重要任务。

刘备有识人之明,因而庞统没有被埋没。实际中有多少人才因不被人所识而被埋没呢?

准确地识别人才,合理地使用人才,大才大用,小才小用,是各级各项工作层层推进的重要保证。不知人,谈不上善用人。知道了人才,却又不肯用,不敢用,或用了又驾驭不了,都不是成功之策。

要驾驭人才,用人者本身也必须是人才,至少要有识人、用人方面的才能,如刘邦、刘备一样,而且还应有听取正确意见的能力。否则,正确意见不被采纳,有人才也无济于事,人才也会择高枝而去。这就要求主管者本身应是雄才大略的人。如果不是,就应该像齐恒公那样,找到一个优秀的管仲来帮自己管理国家事物,至少要保证大事上不糊涂。历来的人们都以为刘邦之所以能在群雄逐鹿的纷乱形势下夺得天下,完全是因为麾下"三杰":张良、萧何、韩信的鼎力相助。至于他本人,除了一身痞性和善弄权术外,别无所长。

也许,起义之初的刘邦是这样。

汉立国之后,刘邦为加强自己的统治地位,对一些被封为王的异姓功臣大肆屠戮:飞鸟尽,良弓藏;狡兔死,走狗烹;敌国破,谋臣亡。刘邦这种一点后手也不留的做法着实让人吃惊:以后一旦情况变化,找谁为你领兵征讨、收拾局面?

刘邦在建国后平定陈豨、韩信叛乱时所说的一番话为他的上述行为作了最好的注脚:上既至邯郸,喜曰:"豨不南据漳水,北守邯郸,吾知其无能为也。"此时的刘邦,谈笑自若中已显露出了一个日臻成熟的大政治家、大军事家的豪迈峥嵘之气。他自己在以往征战的历炼中已学会了治国用兵的一系列韬略,从而具备了作为君临天下的人主所应该有的谋略素质。完全从奸猾的地痞流氓过渡成了指挥若定的大战略家。

刘邦对自己的能力已经发展到了什么程度是心中有数的。他自信足以应付一切,因此剁掉几个往昔欣赏过的英才也算不了什么。

另外，陆贾劝南越王尉佗降汉，一番话里正邪兼备，颇可玩味。

南越王割据一方，拥兵自重，并不把汉的军事实力放在眼里。如果选择的话，他还不是早就归顺了？

陆贾的高明之处在于说了这样的几句话："……汉诚闻之，掘王先人，夷灭王宗族……"如此作法，刘邦不怕，南越王却深以为忧。因而归降。

每个人都有割舍不掉的东西，这往往成为一个人的致命弱点。南越王怕父母家室遭难，故而投降。刘邦却不怕。项羽捉住刘邦的父亲和老婆后，以此要挟刘邦，要他投降，否则杀了他老爸做肉羹。他老爸白须飘飘，在风中寒立。刘邦对项羽说：到时也可分一杯肉羹给我，把他父亲气得眼睛如铜铃大。

刘邦心黑，敢舍，又在斗争中逐渐成长起来，在心胸气肚手段才能见识上与当初无赖时的刘邦已完全不同了。那个写了《高祖还乡》，说看见当初的流氓——指刘邦——衣锦还乡时，险些气破肚皮的剧作家，可曾想到刘邦经历过生死劫难后自身素质的变化？

第二节　八种人才的优势

凡偏才之人

或能言而不能行

或能行而不能言

故长于办一官

而短于为一国

【原典】

人材不同，故政有得失。是以王化之政宜于统大，以之治小，则迂。辨护之政宜于治烦，以之治易①，则不易。策术之政宜于治难，以之治平，则无奇。矫抗之政宜于治侈，以之治弊，则残②谐和之政宜于治新，以之治旧，则虚③。公刻之政宜于纠奸，以之治边④，则失众。威猛之政宜于讨乱，以之治善则暴。伎俩之政宜于治富，以之治贫，则劳而下困。故量能授官，不可不审也。凡此之能，皆偏材之人也。

故或能言而不能行,或能行而不能言。至于国体之人,能言能行,故为众材之隽⑤也。

【注释】

①易:变化。

②残:残酷。

③虚:不切实际。

④边:边境。

⑤隽:才智出众,优秀。

【译文】

人材不同,政策上则会有得有失。所以,天子的王化政策适宜统管国家,用来治理小地方,则显得迂阔而不变通。周旋调停、损抑褒贬的政策适宜理烦,用来管理平易之事,就显得呆板无变化。策术政策宜于理乱,用来管理太平之世,就无奇特可言。矫枉反正的政策宜于整治侈奢之风,用来管理贫弊,就会变成酷政。和谐共处的政策宜于治理兴盛时期的政务,用来治理衰亡时期,则会没有实效。严正苛刻的政策宜于纠察奸科贪吏,用来治理边境,就会失去民心。勇猛刚力的政策宜于讨伐叛乱,用来管理顺民,就会变成暴政。伎俩之政宜于治理富饶地区,用来治理贫穷地区,反而会使人们劳苦困顿。因此量才授职,不可不细细审察,以上这种能力,都属偏才之人。因而要么是能说不能做,要么能做而不能说。至于国体之人,能说能做,因此是众才中的佼佼者。

评　述

本节承第四章对人才的分类,针对其中的八类主要人才,进一步论述他们各自的优势和不足。

善于使用人才,对各主管者来讲都不成问题;成问题的是如何"知人",也就是怎样才能准确地把握人才的优缺点。只有准确地了解人才,才能正确地使用人才。不知人,如何谈得上善任呢?

1. 王化之政宜大不宜小

王化之政宜于统大，以之治小则迂。

王化之政，也就是以德行教化为主的政治，提倡以德为主的人，属于清节家一流的人才，他们适合做全面的统辖工作，而不适合到基层去做琐碎的具体事务性工作，否则就显得迂阔而不切实际。

人们笑读书人的"迂"，概因为他满脑子理论和知识，却不通事务。以丰富、浪漫的知识情结面对严酷、实在的社会，如果不能迅速这对矛盾，自然是要"迂"的了。

比如姜子牙，是国体栋梁之才，但初时颠沛流离，处处不顺，大概就因为以之治小则迂。做生意，赚不到钱，娶个老婆，又看不起他，以平常人而言，实在是够无能的男人了，在这个时候，有几人能知他的王化才干呢？《封神演义》中用细节描写来刻画姜太公未发迹之前的艰难，也含有"天将降大任于斯人也，必先苦其心志，劳其筋骨，饿其体肤"的传统育人思想。

以小人的斤斤计较来面对国家大政，那也是一种"迂"，闹下的不是笑话，而是巨大的损失，甚至社会动荡。历来的太监专权，都不曾给社会和人民带来多少福音，皆因为这样的"迂"。他们也懂得许多，也许众多的高级官员往来频繁，耳闻目睹、潜移默化的自然不少，但由于本身的局限，或许更多的是不健康人生形成的仇视社会的畸形心理，在他们当权时，是很难四平八稳把国家引向繁荣富强道路上的。

有的人当太监，本来就是心怀邪念，如果这种人当权，自然会乱国政（例见第十三章第六节）。

2. 器能之才易于理乱

器能之政宜于治烦，以之治易则无易。

精明强干，德、术、法都倡导，但主张与力度都不够强的人才，是独当一面的器能之才。他们有精力和智慧去开创局面，治烦理乱，比如民智尚未开化的地方，由于野蛮，缺少正常社会秩序，不用强力手段去征服，只用一味的文明说教，多半会越治越乱。器能之人可能会以暴抗暴，先把恶势力和强霸、野蛮势力铲除，用血和死震住那方野蛮气，再施以仁厚的道德教化，并带领大家一起兴修水利，为当地人谋利益。当地人受到实惠，自然慢慢臣服，又接受到文明教化，地方就日渐平安、富裕了。

周亚夫是治军、带兵打仗的一把好手。汉文帝的时候，他与几位将军率部队驻守边关防匈奴。汉文帝亲自犒劳军队，从几位将军的营地飞驰出人，全体将士都下马迎送。到周亚夫营前，但见军士披坚执锐，弓弩满弦。汉文帝的先驱驰到营门前，门军却不让进。

先驱说："天子将至!"门军说："将军令，军中只有军令，没有天子诏。"先驱无可奈何，汉文帝驾到时，门军仍不让进。汉文帝只好叫使臣持使节诏周亚夫，周亚夫才令门军开营门。门军又对天子从属人员说："军令，军中不得驱驰。"汉文帝一行人等只好缓辔徐行。

到周亚夫帐前，周亚夫说："身穿兵甲，不能以天子礼见，请允许我用军礼拜见。"汉文帝乃成礼而去，由是群臣惊动。

汉文帝回去后，想了想，罢免了其余将军，而提升周亚夫为中尉，统率全国之兵。人们盛传周亚夫带兵严谨，将在外、军命有所不授的豪举，殊不知，如果没有文帝的贤明，遇到一个昏君、暴君，周亚夫的命运事功也许会是另一个样子。因此，求贤才时，贤才须遇明主，才可两相辉煌，功垂青史。

汉文帝临死前对太子（即后来的汉孝景帝，父子政绩被史称为"文景之治"）说："如果有万急之事，周亚夫可任将军。"

后来吴、楚造反，果然靠周亚夫之力平息了叛乱。

但周亚夫不善于做太平官。因平反有功，累功升至丞相后，周亚夫天天都与景帝打交道。时间一长，彼此间的摩擦多起来，而周亚夫又不能像许多文人丞相那样，曲折委婉地规谏景帝，君臣关系裂痕渐增。后来景帝想重立太子，这是有关天下继承权和安危的大事。周亚夫以武士的刚勇气，坚决反对。君臣关系更加疏远。到后来，周亚夫被牵连人狱，气愤难忍，竟绝食五天，呕血而死。

从武功来看,郭子仪与周亚夫都是安邦定国的将帅,但郭子仪能全老终身,声名隆传后世,周亚夫却凄惨而亡,莫不是性格的缘故?抑或是命运?古人讲,"贫者因书而富,富者因书而贵,贵者因书而守成"。如果周亚夫也能像郭子仪那样,读完兵书读史书,也许结果会有改变。也可能要怪罪于周亚夫生得太早,他那时没有多少历史可读。

在周亚夫尚为河内太守的时候,许负对他讲:"三年后你会封侯,八年后你会任丞相,位极人臣,荣贵当世。但九年后却会饿死。"周亚夫听后一笑了之,不想事情大体如此。其中莫不有奥妙乎?命运,还是气数?

3. 术家之才治奇不治平

策术之政宜于治难,以之治平则无奇。

这种人多策善划,胸中有奇谋,最适合于乱世中生存发迹,如遇奇主,一拍两合,会策划出惊天动地的大手笔来。不论在战乱时期,还是在今天和平时代的经济纷争时期,他们都是一代奇士。

但在和平安定、无所纷争的环境下,却找不到发挥卿智慧的用武之地,而平平无奇一生。乱世用奇,治世用正,就是指的这一类奇才。

综观历史,乱世出英雄的道理已无可争议,英雄的背后,往往隐藏大智大慧的奇策人士。

4. 法家之才易于纠正腐败

法家之政宜于治侈,以之治弊则残。

法家之才用法制推动一切,富国强兵,用强硬手段整治腐败、歪风邪气,会收到良好的社会效果。如果用同样严厉的方法来治理贫困地区,因手段残酷,反而搞得人心惶惶,民不堪命。

刘邦打下江山后,与大臣们商量,该如何制定律法以稳定治安。群臣们一致认为,由于秦的暴政,民不聊生,因此才被迫起来造反,而且经过数年战争,社会动荡不安,人民也很贫穷,应采用宽政以安抚民心,并让他们能安下心来搞几年经济建设,解决温饱问题。

宽松政策一直传到汉文帝手上,人民富裕了,国家经济也开始充裕。到景帝时,整个经济到了前所未有的盛世状况。由于经济富裕,法制宽松,饱暖思淫欲,社会秩序开始混乱。汉景帝与大臣们商量,认为社会现状已与高祖之时不一样,必须用严格律法来打击不法分子和腐败现象。因此法家之才又有了用武之地。

社会形势的变化,使得法家人才的命运截然不同。晁错倡导法制,本来不错,可惜得不到社会的强烈响应,因为当时经济正在复苏之中,尚没有太多的贪污、作奸犯科的现象,民心不以愤恨为主,而以发展为主。如果他晚生30年,振臂一呼,用铁腕去扼杀腐败,肯定能深得人心,而名传万世的。

5. 智意之政善于革新

智意之才宜于治新,以之治旧则虚。

智意之才宜于治理新局面。他们善于周旋调停,权智有余而公正不足,因此宜于开创新局面,在太平的形势下却做不出什么实绩来,有虚名而无实功。

刘邵把陈平归入智意之才,就是因为他权智有余,公正不足(例见第四章第三节)。

6. 臧否之才苛刻而能肃纪

公刻之政宜于纠奸,以之治边则失众。

这类人才公正无私,苛刻少恩,不讲情面,六亲不认,适于追奸查污,清理腐败和邪恶势力。如果去治理边疆或经济欠发达地区,则会因为苛刻而失民心,不是安民,而是扰民。

7. 豪杰之才讨平叛乱

> 威猛之政宜于讨乱。以之治善则暴。

叛乱混杂的地方，一般是民智不十分开化，经济也不发达的地方。这地方的人心眼直，也易被人欺骗和煽动，而且人心齐，不像富有的人各打各的算盘，这类人服力不服法，是勇士他们就尊敬、佩服，否则就一哄而上，无可理喻地乱搞一通。这种地方必须派威猛有力的人去管理，而不宜用软弱书生。安平守纪的善良百姓则不然，他们民俗纯朴，礼智通化，生活安定，如果也用武力去管理，则会破坏这种平静，而成暴政。

豪杰之才威猛刚强，处理问题大胆果断，敢于冒险，不怕困难和压力，适于征乱讨伐，如果来管理善良百姓，则太刚暴，治理人民百姓不同于治理军队，军人以服从命令为天职，而且必须令行禁止，不得违抗军令，这是特殊使命和职责的缘故。平民百姓则不一样。

商纣王是他父亲废长立幼才成为皇帝的。他人很聪明，见识敏捷，反应迅速，而且力大无穷，体格强健，能空手搏杀猛兽。在古今帝王当中，第一勇士该是他了。正因为他智慧过人，言辞敏锐，又武力高强，因此狂妄自大，藐视群众，以个人之力策使天下，这就为葬送殷商天下种下了祸根。

加上商纣王贪恋酒色，荒废朝政，任用奸贼，枉杀忠良，又大兴土木，耗费财资，终于官逼民反，被周武王得了天下，商纣王自己也跳火而死。

以商纣王的智慧和勇力，代替太师闻仲去征讨南方叛乱，南方早已平定；而留闻仲来治理天下，那么殷商的王政至少不会败在商纣王手里。

因此说，威猛之政宜于讨乱，以之治善则暴。

8. 伎俩之才治富不治贫

> 伎俩之才宜于治富，以之治贫则劳而下困。

这类人才奇谲诡巧，急功近利，去治理富饶之地，由于智谋多变，能应付当地

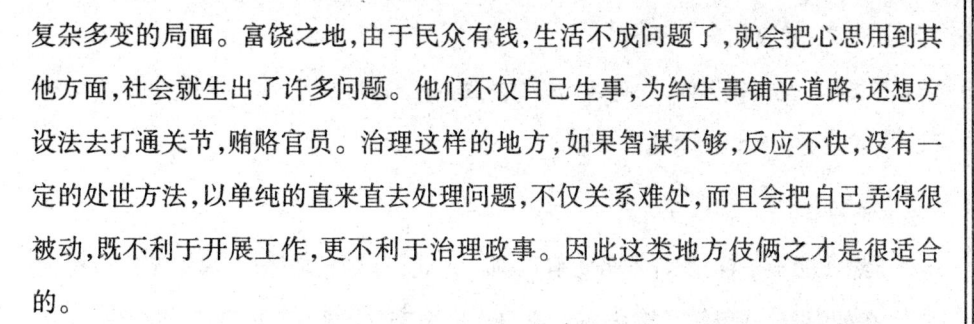

复杂多变的局面。富饶之地,由于民众有钱,生活不成问题了,就会把心思用到其他方面,社会就生出了许多问题。他们不仅自己生事,为给生事铺平道路,还想方设法去打通关节,贿赂官员。治理这样的地方,如果智谋不够,反应不快,没有一定的处世方法,以单纯的直来直去处理问题,不仅关系难处,而且会把自己弄得很被动,既不利于开展工作,更不利于治理政事。因此这类地方伎俩之才是很适合的。

贫穷之地,由于生存是首要问题,民众尚不怎么开化,饿得头重脚轻,穷得头晕脑胀,就没有多大心力去想歪门邪道的事情了。即便有,那点智慧也贫乏,一下子能被别人看穿,根本不足为虑。这种地方就应派实打实干的为民谋福利的人才去管理。

第三节　各类人才的职权

文者治百官,式者治军旅
有自任之能,有立法之能
有权奇之能,有威猛之能

【原典】

材能既殊①,任政亦异。是故自任之能,清节之材也,故冢宰②之任,矫直③之政。立法之能,治家之材也,故司寇④之任,公正之政。计策之能,术家之材也,故三孤⑤之任,变化之政。人事之能,智意之材也,故冢宰之佐,谐合之政。行事之能,谴让之材也,故司寇之任,督责之政。权奇之能,伎俩之材也,故司空⑥之任,艺事之政。司察之能,臧否之材也,故师氏之佐,刻削之政。威猛之能,豪杰之材也,故将帅之任,严厉之政。

【注释】

①殊:不同。
②冢宰:官名,为六卿之首。
③矫直:矫枉反正。

④司寇:掌管刑狱的长官。

⑤三孤:古代的少师、少傅、少保三官,是三公的副手。

⑥司空:掌管工程建筑的长官。

【译文】

既然才能不一样,所任职务也有区别。因此,有自任之能的,属清节家一类的人才,在朝为官,可担任冢宰职务。他们治理国家能推行矫枉反正的政策。立法之能属法家之才,在朝为官,可担任司寇之职,他们治理国家能推行公直无私的政策。计策之能属术家之才,在朝为官,可担任三孤之职,他们治理国家能推行灵活多变、依时变化的政策。人事之能属智意之才,在朝为官,可担任冢宰的副手,他们治理国家能推行和谐仁本的政策。行事之能属谴让之才,在朝为官可担任司寇之职,他们治理国家能推行监督佐责的政策。权奇之能属伎俩之才,在朝为官,可担任司空之职,他们治理国家能推行手法巧妙的政策。司察之能属臧否之才,在朝为官,可担任师氏之职,他们治理国家能推行峻切严明的政策。威猛之能属豪杰之才,在朝为官,可担任将帅之职,他们治理国家能推行严厉的政策。

评 述

根据各类人才的优劣,把他们的能力特征分述如下:

一、自任之能。这种人能自我修养,其道德高尚。

二、立法之能。这种人能创立法制,让群众遵守。

三、计策之能。这种人经营有方,善于周旋调停,精明强干。

四、人事之能。这种人能以身作则,为人师表。

五、行事之能。这种人能够深入基层调查巡视,督责办事。

六、司察之能。这种人善于做监察工作,能够明察秋毫。

七、权奇之能。这种人善于随机应变,能够使用奇计。

八、威猛之能。这种人能以自我的威严和气势服众。

这八种具有不同才能的人,所宜担任的职务和工作也各不相同。

有自任之能的是清节之才。"故在朝也,则冢宰之任,为国则矫直之政。"为国,即为政,掌握国家大权的意思。这种人在朝廷里适于担任冢宰(即宰相)的职务，其在行施统率百官的大权中，难免实行矫枉反正的政策。

有立法之能的为法家之才。"故在朝也，则司寇之任，为国则公正之政。"这种人在朝廷中适宜担任司寇的职务。在主管国家司法刑事的工作中，能够实行公正无私的政策。

有计策之能的是术家之才。"故在朝也，则三孤之任，为国则变化之政。"在朝廷中这种人适合担任三孤之职，在辅佐首相的工作中，能够帮助制定灵活多样的政策。

有人事之能的是智意之才。"故在朝也，则冢宰之佐，为国则谐和之政。"这种人才适合在朝廷中担任辅佐冢宰领导百官的工作。可以帮助冢宰实行团结一致、内外和谐的政策。

有行事之能的是谴让之才。"故在朝也，则司寇之佐，为国则督责之政。"这种人在朝廷中适合担任司寇的副职，可以监督法制刑律的执行。

有权奇之能的是伎俩之才。"故在朝也，则司空之任，为国则艺事之政。"这种人适合在朝廷中操作司空的职务，在主管土木工程中能够发挥出其机巧技艺之才能。宋神宗年间，有一次京城失火，把绵延数十里的皇宫烧掉了。宋神宗责令当时监管土木建筑的大臣三个月内重新建好一座新的皇宫。丁渭虽接旨，但心中却叫苦不叠，三个月时间，也许材料都备不齐，哪儿能修好皇宫？摆在丁渭面前的主要有三大难题：一、京城内缺少烧砖的泥土，从外地调用，费时费力；二、外地的石块、木材不能迅速直接送到建筑工地；三、修建完毕后的建筑垃圾如何及时处理？有一个问题解决不好，就不能按时完工。

丁渭苦苦思索了三天，竟然找到了一个天底下最巧妙的办法，这个办法直到今天的建筑师和数学家也赞叹不已。他的解决办法分三步。从皇宫前的大道挖土烧砖，就地解决取土烧砖的难题；把河水引入挖空的大道，造成人工运河，就可以把石块、木材等外地才有的材料直接运送到工地，解决运输问题，又快又省力；修建完毕后，把大量的建筑垃圾回填到大道里去，还原先前的大道。三个难题如此解决，丁渭也按时交完工程。

这个解决方案，省时省力，又不浪费，几方兼顾，是今天系统工程视为典范的方案。据传，美国登月球成功后，日本宇航科学家参观了阿波罗登月计划的工程后说,各项登月技术日本都已成熟,但他们制造的飞船就是上不了月球,因为他们没有美国那么先进的系统工程。丁渭的系统工程来自于经验,可惜中国封建时期发达的科技文明从宋以后就停滞不前了。

有司察之能的是臧否之才。"故在朝也,则师氏之佐,为国则刻削之政。"这种人适宜在朝廷中操作师尹之佐的职务。师尹和冢宰同为百官之长。这里原文"师氏之佐"应是"师尹之佐"之误。臧否之才在担任师尹之副职中可以对百官执行考察制度,是非分明。

有威猛之能的叫作豪杰之才。"故在朝也,则将帅之任,为国则严厉之政。"这种人适宜担任将帅之职。其带兵能够纪律严明。雷厉风行。

第四节　主管之才与使用之才

> 臣以自任为能,君以用人为能
> 臣以能言为能。君以能听为能
> 臣以能行为能,君以能赏罚为能

【原典】

凡偏材人,皆一味美,故长于办一官,而短于为一国。何者？夫一官之任,以一味协五味,一国之政,以无味和五味。故臣。以自任为能,君以用人为能;臣以能言为能,君以能听为能;臣以能行为能,君以能赏罚为能。所能不同,故能君众材也。

【注释】

(略)

【译文】

凡偏才之人,都具备一种滋味的美,因此能胜任某一方面的工作,而不能治理一个国家。为什么呢？因为一官之任是以一味与五味调合,而一国之政则是以无味去包和五味。因此臣以自任为能事,君王以用人为能事;臣以能进献正确意见为能事;君以能采纳正确意见为能事,臣以能行动会办事为能,君以能赏善罚恶、赏功罚过为能。所善长的能力不同,因此才能做众才的君王。

评 述

1. 臣以自任为能,君以任人为能

中国古代的政治主张有王道与霸道之分。古语说:"知人者,王道也。知事者,臣道也。"能深刻理解为政之道的君主,一般不去亲临大臣们的具体事务,而是文武大臣们的管理者和协调者。一旦君王插手具体事务,要么是负责该项工作的大臣没有做好,要么就会束缚大臣的手脚。主管之才应把更多的精力放在考察寻访贤明之才上。人物如此众多,完全有可能找到那种与所推行的主张相近,又能充分理解主管者意图并实施的人才。现在主管之才困惑的就是找不到能深刻理解自己思想,并能严格遵行实施的人,因此他不得不亲自主持许多具体事务,结果是累得不行。主管之才不妨多花些精力在研究人才方面,一旦有大批人才团结在周围,并能有效地使用,一定可以做出一番掀天揭地的事业来。

韩信在楚汉战争中发挥了杰出的军事才能。他明修栈道,暗渡陈仓;杀死章邯,收复三秦;又作木罂渡军,平定魏地;背水一战,大破赵军;还用水淹的办法,杀了项羽的大将龙且夺取了齐地;最后在垓下之战,布下了十面埋伏,迫使项羽乌江自刎,为汉高祖刘邦夺取天下立下了卓越的功勋。

刘邦统一天下后,对韩信多有疑心,就伪装游云梦,在楚地将韩信捉住,送到洛阳,罢去了韩信的楚王封号,贬为淮阴侯。一次,汉高祖刘邦和韩信闲谈,谈论到将领们的本领,彼此各不相同,各有高低。刘邦问道:"像我这样的才能,能率领多少兵?"

韩信回答说:"陛下最多不超过10万人。"

刘邦问道:"你能带多少兵?"

韩信回答说:"臣带兵多多益善。"

刘邦说:"既然是多多益善,你为什么还是被我捉住了呢?"

韩信说:"陛下虽不善带兵,但却长于指挥控制大将,这就是我之所以被陛下捉住的原因。"

后韩信因功高震主,终被吕后所杀。

2. 臣以能言为能,君以能听为能

大臣以能出谋划策、说服帝王采纳正确意见为能;帝王则以能听取大臣们的意见、选择正确行动方针为能。君王是决策者,会听到来自各方面的意见,有的错综复杂,这个时刻就显示了君王独特的决断能力。选对了,功业无限;选错了,倾国倾城。

魏征固然是敢于死谏的忠直大臣,如果他遇到的是一个不能明辨是非的昏君,那魏征就可能脑袋掉地了。

一次,魏征问唐太宗:"陛下,听说您准备出巡,车马都已具好,为什么又取消了呢?"唐太宗说:"想到你会批评我的奢侈、张扬,就不去了。"君臣二人哈哈一笑,相视而去。魏征是巨鹿人,后来迁到相州。唐高祖武德末年,魏征本为太子李建成做事。见太宗与太子暗中倾轧,争做帝位继承人,常劝太子建成早作打算。等到杀了太子后,太宗召魏征来斥责他说:"你挑拨我们兄弟之间的关系,是何道理?"众人都为魏征的危险情况而担心害怕。魏征神情镇定,不慌不忙地回答说:"皇太子如果听从我的话,一定不会有今天的祸事。"太宗为他的话所打动,肃然起敬,格外礼重他,提任他为谏议大夫。太宗还多次召他进入寝宫,询问治国的得失。魏征颇具治国的才能,性格又刚正不阿,没有什么能使他退缩、屈服。太宗每次和他一起交谈,无不欣喜。魏征也高兴遇上知己的国君,便竭尽自己的能力效劳。太宗又慰劳魏征说:"你所劝谏我的,前后共200多件事,都很合我的心意,不是你忠诚为国,哪能这样?"贞观三年,多次升官到秘书监,参预朝政,他深谋远虑,对国家的治理多有大的补益。太宗曾对魏征说:"你的罪比射中齐桓公带钩的管仲还大,我对你的信任超过了齐桓公对管仲的信任,近代君臣之间融洽相处,难道有像我和你这样的吗?"贞观六年,太宗去九成宫,设宴款待亲近大臣,长孙无忌说:"王和魏征当年侍奉太子,我见到他们就像见到仇敌,不想今天又在一起参加这个宴会。"太宗说:"魏征过去的确是我憎恨的人,但他尽心于自己所侍奉的人,也有值得称道的地方。我能选拔而且重用他,哪些地方有愧于古代英明圣主?然而魏征敢于冒犯我而直率地争谏,常常不允许我做错事,所以我器重他。"魏征拜

了又拜说:"陛下引导我劝谏,所以我才敢直谏,倘若陛下不能接受我的意见,我又哪敢去冒犯龙鳞,触及忌讳呢?"太宗听了非常高兴,分别赏赐各大臣钱15万。贞观七年,魏征代王担任侍中,加封为郑国公。不久,因病而请求解除侍中职务,要求当散官。太宗说:"我在仇敌中将你选拔出来,委任你担任掌管国家中枢要害部门的职务,你见我有过错,没有不劝谏的。你难道没有看见黄金在矿石之中,有什么可贵呢?经过高明的冶炼工匠锻造加工成为器皿,就被人们视为珍宝。我正好将自己比为未经冶炼加工的金矿,把你当作高明的冶炼工匠。你虽然有病,还未衰老,怎么能就这样中途告退呢?"魏征于是停止辞官的要求。以后他又坚决请求辞官,太宗听从他,免去其侍中之职,任为特进,仍主管门下省的事。贞观十二年,因生了皇孙,太宗下诏宴请公卿,席间,太宗极为高兴,对侍臣说:"贞观以前,跟从我平定天下,转战于艰难困苦之中的,要数房玄龄的功劳大,没有谁比得过。贞观之后,对我竭尽忠心,进献忠诚正直的意见,安定国家、有利百姓,使我成就今天的功业,被天下人所称道的,只有魏征罢了。古代的名臣,怎么能够超过他呢?"于是,亲自解下佩刀,赐给房玄龄和魏征二人。后来被废为庶人的太子承乾在春宫时,不修品德。而魏王泰受太宗的宠爱一天天加深,宫廷内外众官,都有议论。太宗听到后非常讨厌这些话,对侍臣说:"现在朝中大臣,忠诚正直没有谁比得上魏征,我派他辅导皇太子,用来继绝天下人的妄想。"贞观十七年,就任魏征为太子太师,主管门下省的事依旧不变。魏征自己上言说有病,太宗说:"太子是宗庙社稷的根本,必须有老师教导,所以选用正直无私的人来辅导帮助太子。我知道你患疹病,可以躺着教育他。"魏征才就太子太师之职,不久又生病。魏征的住宅原先没有正堂,太宗当时正在修建小殿,就停工将修小殿的材料给魏征建正堂,五天就竣工。接着又派遣宫中使者赐布被和白色垫褥给魏征,以满足他崇尚朴素生活的愿望。此后几天,魏征就死了。太宗亲自到灵堂放声大哭,追赠他为司空,谥号叫"文贞"。太宗亲自撰碑文,又自己亲笔书写在石碑上。特别赐给魏征家食邑900户。太宗后来曾对侍臣说:"用铜作镜子,可以端正衣冠;用古代作镜子,可以知天下兴亡和朝代更替的原因;用人作镜子,可以明白自己的得失。我经常保有这三面镜子,用来防止自己的过失。现在魏征死去,就丢掉一面镜子了!"他因此哭了很久。于是下诏说:"过去只有魏征常常指出我的过失,自从他死后,我虽然有过失也没有人明白指出来,我难道只在以往有错,而现在全都是对的吗?原因不过是众官苟且顺从,不敢触龙鳞罢了!所以我虚心征求意见,解开自己的疑惑,内心反省。如果大家进言而未被采纳,我也高兴,如果我想采纳而大家却不进言,这又是谁的责任呢?从今以后,各人要尽到自己的忠诚,如我有正确或错误之处,都应直言,不要隐瞒。"

3. 臣以能行为能,君以能赏罚为能

汉高祖当上皇帝后,一次在洛阳南宫中大摆庆功宴。在喜气洋洋的宴会上,高祖向群臣问道:

"各路诸侯,各位将军,你们要说实话,不必隐瞒。我之所以能得天下的原因是什么?项羽失天下的原因又是什么?"

大臣高起、王陵答道:"虽然陛下对人傲慢无礼,项羽对人却很仁爱、恭敬,但是陛下派人攻城掠地,所夺得的城邑和土地,却用来封赏功臣。项羽却怀疑贤良,胜利不给人记功,得地不给人奖赏,这就是他失天下的原因。"

高祖说道:"你们只知其一不知其二。运筹于帷幄之中,决胜于千里之外,我不如子房;安邦定国,抚慰百姓,源源不断地向前方供给粮食物资,我不如萧何;统率百万大军,冲锋陷阵,每战必胜,每攻必克,我不如韩信。这三个人可以说是当代的豪杰,但我却能重用他们,发挥他们的才能。这就是我能得天下的最根本的原因。项羽只有一个范增,却不能重用,这就是他被我消灭的原因。"

第七章　考察外形内心

第一节　总论外形内心

既识神骨

当辨刚柔

不足用补

有余用泄

消息与命相通

【原典】

既识神骨,当辨风柔①。则柔,则五行克②之数③,名曰先天种子④,不足用补,有余用泄。消息⑤直与命相通。此其皎然⑥易见。

【注释】

①刚柔:中国古代哲学、医学和宗教学中广泛使用的一组矛盾对立概念,刚指坚硬、强劲,与柔相对立。易卦中有"乾刚坤柔"一说。

②五行生克:中国古代哲学、医学用语。五行,指金、木、水、火、土,古人认为世界万物由这五种物质组成。生,指五行之间相互生成,木生火,火生土,土生金,金生水,水生木,辗转相生。克,五行之间相互制约,比如金克木,木克土,土克水,水克火,火克金,五行辗转相克。

③数:运数,气数。

④先天种子:先天留传下来的生命力。

⑤消息:指阴阳刚柔的相互消长,古有《五行原理消息赋》一文,中"消息"二字如此。

⑥皎然:月光明亮的样子,这里指清楚可见。

【译文】

已经鉴别出神骨的清浊优劣之后,应当进一步辨别刚柔。刚柔,是阴阳二性和金、木、水、火、土五行生克的原理,名叫"先天种子"。其中有柔弱不足的,用补;阳刚过度的,用泄。阴阳彼此消长与命运相联系,这就像皎洁明亮的月光,是比较容易看见的。

评 述

本节着重讲述两个概念：

第一个：阴阳五行之间的生克关系；

第二个：不足用补，有余用泄。

1. 阴阳五行

这是中国古文化中最基本的哲学概念，渗透在古文化的各个方面中，是谈中国古文化的起源之一。

《周易》是中国古文化的一个源头。其神秘性不必多言，只看延续几千年的影响就足够了：当代武侠小说的南泰北斗金庸先生的名作《射雕英雄传》中，有一套武功绝学——降龙十八掌，是天下至阳至刚的掌法，掌法的名字很美，比如"亢龙有悔"，"龙战于野"，其源处就是《周易》中乾卦的卦爻辞。《周易》乾卦里六个爻辞分别如下：

初九：潜龙勿用。

九二：见龙在田，利见大人。

九三：君子终日乾乾……

九四：或跃在渊，无咎。

九五：飞龙在天，利见大人。

上九：亢龙有悔。

除第三爻外，其余化为降龙十八掌掌名是：第一掌"潜龙勿用"；其他，"见龙在田"，"龙跃在渊"，"飞龙在天"，"亢龙有悔"。经金庸的思想一转换，乾卦生出天底下一等一的刚阳掌力——降龙十八掌。《周易》对古代的影响更不用提，那是每一个读书人必须记诵的范本。至于小说中还提到《九阴真经》、《九阳真经》等武学秘笈，也是阴阳五行思想的影响力的一个见证。

《周易》就是阴阳五行学说的源头。

一、《周易》中的八卦中的阴爻——和阳爻——，是阴阳思想的体现和符号。

照郭沫若的解释，阴爻象征女性生殖器，阳爻象征男性生殖器，这已是阴阳文化的一种表现了。阴阳也就代表着各个相互对立的矛盾体，比如里与外，上与下，热与冷，太阳月亮，白天晚上……

二、八卦代表八个方位，这八个方位与五行联系。五行为金、木、水、火、土，木属东方，为震卦；金属西方，为乾卦；水属北方，为坎卦；火属南方，为离卦；土属坤卦，为中央。

阴阳学说至少可追溯到夏朝。八卦中的阴阳爻首先出现在夏朝的占书《连山》里。《连山》早于《周易》，但早已失传。《山海经》中讲道：伏羲氏时代，有龙马出黄河，背上背着"河图"，又有神龟出洛水，背上背着"洛书"；伏羲氏得到"河图"、"洛书"后，根据它们上面的图样画成八卦；夏朝的人就根据此做成占书《连山》。又传说黄帝得到"河图"、"洛书"后，商朝人根据此做成占书《归藏》；列山氏得到后，周朝人据此做成《周易》。但只有《周易》流传了下来。

《史记》中又记载：周文王被商纣王拘禁起来后，闲着无事，演绎出了周易八卦。

五行学说的产生，则至今没有定论。易学界认为五行学说当与阴阳学说产生在同一时代，史学界则认为是邹衍，哲学界则认为是西周，最早见于《尚书》。

五行环环相生，像生物链一样永不停止，形成一种太极圈，金能生水，相当于露珠凝于铁具上；水能生木，木有水方可以生长；木能生火，燃木成火之意；火能生土，灰烬积累成土；土能生金，金产于土矿之中。

五行又两两互克，形成一个互相制约、势力均衡的体系。金克木，金属刀具能砍伐树木；木克土，树木破土而出，根渗入土深处；土克水，水被土挡住；水克火，火被水浇灭；火克金，火能熔金。

五行生克的道理中又有深刻的辨证法。金能克木，但金太弱，木太强，金反而会被木欺侮。木能克土，但土硬木嫩，木反而生长不起来。土能克火，但水多土少，土反而被冲走。水能克火，火多水少，水反而助火势，如煤中含水。火能克金，但如金众火弱，火反而被熄灭。

五行相生，但如果势力反差悬殊，环环相生会成反克。水能生木，但水多了，木反而会泡死，即所谓的水众木漂。木能生火，木太旺，火反而无法生成。火能生土,火多了反而会燥土。土能生金,土多金埋,金反而被埋没。金能生水,金多水少,水反而没有用途。

五行生克的原理很复杂,但以以上四种生克关系为基本,因此就乱中有序了。

中国古代哲学和伦理学认为,人物的根本,可求于情性之理,然而情性之理既微妙又玄奥,如果没有圣人的眼光,一般人难以洞察明白。情性之理可求之于人外在表现,也就是说,要知道一个人的内心世界,可由观察其外在音容笑貌,一举一动而获得。整个识人的途径,是从外表而知内心的,从显处判断隐处。即:物,必须由外而内寻其质性。

形质来自何处呢?刘邵认为形质与五行、阴阳、元一有密切的关系。因为含元一以为质,所以有其混同;因为禀阴阳以立性,所以有其刚柔;因为体五行而著形,所以有如水火金木土的形状。形状尽管千变万化,然其内在性质则不变,因而形成形质。

经由元一、阴阳、五行以论情性,为气性论者(或称才性论、质性论)的依据。东汉时期王充提出"用气为性"的主张,他认为"元一之气"是"性"之根源。王充说:"人禀气于天,气成而形立。"又说:"人之善恶,共一元气。"气有多少,决定性的好坏。

人之才质,在于所禀之气有多寡、厚薄、清浊之分,所以人的质性自然就有善恶、智愚、才不才、贤不肖的差别。禀气多、厚、清者为智者,禀气少、薄、浊者为愚者。虽具有可塑性,但对意志力薄弱的人来讲,变化不会很大。

人面五行时空方位表

五行	地支	天干	五方	八卦	季节	五色
木	寅·卯·辰	甲乙	东	震	春	青
火	巳·午·未	丙丁	南	离	夏	赤
土	辰·未·戌·丑	戊己	中	艮	四季末	黄
金	申·酉·戌	庚辛	西	兑	秋	白
水	亥·子·丑	壬癸	北	坎	冬	黑

人体五行对应表

五行	五官	脏	腑	五体	情态	五德	所主	说明
木	目	肝	胆	筋膜爪甲	怒	仁	贵贱	精华秀茂
火	舌	心	小肠	血气毛发	喜	礼	刚柔	威勇刚烈
土	口	脾	胃	肉及肉色	思	信	负昌	载育万物
金	鼻	肺	大肠	皮肤喘息	悲忧	义	士干	刑诛危难
水	耳	肾	膀胱	惊恐	智	贤愚	聪明	敏达

东汉盛行阴阳五行学说，凡来气者，称之为阳气；凡去气者，称之为阴气。阴阳二气来自天地元一之气，并融为一体，天地间有阴阳气之分，人也就有阴阳两面，董仲舒说："身之有性情也，若天之有阴阳也。"

2. 不足用补，有余用泄

老子《道德经》第77章中讲：

天之道，其犹张弓与？高者抑之，下者举之，有余者损之，不足者补之。天之道损有余而补不足。人立道则不然，损不足以奉有余。孰能奉有余以奉天下？唯有道者。是以圣人为而不恃，功成而不处，其不欲见贤。

这段话的意思是说，天的"道"，它不是很像张弓射箭吗？高了就把它压低一点，低了就把它抬高一点，拉过了就把它放松一点，不足时就把它拉满一点。天的"道"也是减少有余的来补给不足的。人的"道"则不是这样，是减少不足的来奉献给有余的。谁能够减少有余的来奉献给天下人呢？只有遵循天道的人。因此，圣人助长了万物而不恃恩求报，有所成就而不自居有功，他不愿意表现自己的聪明才智。

《冰鉴》文中讲到的"不足用补，有余用泄"是老子思想的延伸。具体讲来，比如金，如果太刚硬，就很容易折断，这是不合中庸之道的；一个人太刚，则容易坏事。太刚，就用泄的办法，使其变柔性一点，就合中庸之道了。如果太弱，就应用补，犹如产后妇女一样。比如木太旺，就放火烧掉一些，由于用火泄木，木就不太旺而可用。如果木弱，则应扶持栽培，用水浇灌。

要注意的是,由于金可克木,如果木不是特别旺硬,以金克木为宜,木不经金的砍伐雕琢,不能成为漂亮的器物;金太旺,则用水泄旺金为宜。有余用泄的原理主要用在木太旺之时,因为木太旺,金不仅克不了木,反而为木所伤,这时用火去泄木,则成木火通明,两行成象之势,则一清到底了。

不足用补也一样。如果木太弱,水不仅补不了木,反而把木给淹死了。这时用火去暖寒木,使其有生长本性,才是用神得力之法。这个原理,在中国命理五行里边有深刻的辩证法,如要探个究竟,非得弄透命理五行不可。

第二节 考察外形

> 五行有合法合法有顺合,有逆合
>
> 顺者多富,逆者其贵非常

【原典】

五行有合①法,木合火,水合木;此顺而合②。顺者多富,即贵亦在浮沉之间。金与火仇③,有时时火,推之水土者皆然,此逆而合者④,其贵非常。然所谓逆合者,金形带火则然⑤,火形带金,则三十死矣;水形带土则然,土形带水,则孤寒老矣;木形带金则然,金形带木,则刀剑随身矣。此外牵合⑥,俱是杂格,不入文人正论⑦。

【注释】

①合:指五行之间的相互生用,比如水生木,木生火。

②顺而合:指五行之间辗转相生,一气呵成,水生木,木生火,火生土,土生金,金生水。

③仇:火能克金,因此金以火为仇敌。

④逆而合:火克金,火是金的仇敌,但火又可以炼金,使金成有用之物,这种火克金,就叫逆合。

⑤则然:就是这样,指金形带火是逆合。

⑥牵:勉强之合。

⑦正论:正统理论。

【译文】

五行之间具有的相生、相克、相仇三种关系,这种关系叫做"合";"合"又有顺合与逆合之分。木生火,火生土,土生金,金生水,水生木,这种辗转相生就是顺合。相貌外形归人顺合中的人中多会致富,但是却不会尊贵,即使偶然尊贵,也总是浮浮沉沉、升升降降,难于保持长久。金以火为仇敌,因为火能克金,但是,有时火与金又相辅相成,金无火炼不成器。类而推之,火仇水,水仇土,土仇木,木仇金等等之间的关系都是这样,这就是逆合。形貌上带有这种逆合的人就会非常高贵。在逆合之相中,如果是金形带有火形,便非常高贵,相反,如果是火形带有金形,到了30岁就会死亡;如果是水形人带有土形之相,那么就会一辈子孤苦伶仃;如果是木形人带有金形之相,便会非常尊贵,相反,如果是金形人带有木形之相,那么就会有刀剑之灾,杀身之祸。其余以此类推。至于除此之外的那些牵强的说法,都是杂格,不能归人文人的正统理论。

评 述

先讲一下五行之间的合法。

五行之间的生、克关系,在这里称为顺合与逆合。顺合,指五行之间辗转相生,木生火、火生土、土生金、金生水、水生木,一气呵成,略无厌处。金清水白,木火通明,两行成象,就是辗转相生的格局。这样的顺合自然是好的,顺势流畅,如东去的一江春水,乘风破浪,浩浩荡荡,气势非凡。顺合的最大特点就是要流畅无阻,如果稍有阻滞,犹如含有杂质一般,清不彻底,自然就减少了分数,就如炼气功时的通大小周天一样,气稍有不能圆融贯通处,就达不到上乘境界。

顺合的人,属形有余,因此以富居多。

逆合,指五行之间的相互克制。五行间的相互生克有深刻的辩证法思想,与中医中的辨证论治思想本源一致。有的克制可置受克者于死命,有的受克者,因势力强劲反弹而伤了克者,如木太硬、太多,柴刀刀刃反而卷曲、破损。这两种克是伤残性的,没有用,算不得《冰鉴》中讲的逆合。

火能克金,照贬义的理解,金被火熔化,这也是伤残性的,有暴殄天物的味道。反过来讲,金无火炼又不成器,只要火候恰当,金反而受益。这一种情况就是《冰鉴》中所讲的"逆合"，重在一个"合"字。不合，受克者不能成为有用之物，也就是克者破坏了受克者的"物的有用性"；合，就是在克者的锤炼下，受克者被琢磨成器，能更充分地体现"物的有用性"。土可以克水，因此水不能去浇灌庄稼，养饮牲畜，解济旱情，不能发挥"甘露"的滋润作用，这种逆合是无一可用的。而水滋养万物的形式之一是蓄含在土中；有了土埂、土坎、土堤、水渠的牵引，不会成为洪水泛滥，或是不会成为漫地积水四处漂流；这种土克水就是逆合，充分发挥和保护了水的有用性。

以此类推，水克火，木克土，金克木，都能找到"逆合"的答案。这种答案概因为有病有救所致。《神峰通考》中讲："无病不是奇，有病方为贵。"有病有药，相互滋养，势力均衡，共成犄角之势，这就合于对立统一的矛盾法则，因而也是好的。《冰鉴》鉴别这种情况是"其贵非常"。

"金形带火，其贵非常。"含义已见于上段文中。

"火形带金，三十死。"金无火炼不成器，但火中带金，却造成火的不纯，如同体内有一颗没能取出的弹头一样，金既扰乱了火的纯度，火又不能助金成器，反而熔化了金，偏偏又不能熔化得干干净净，形成一块心病。如此一来，火势驳杂，金火交战，在混乱冲突中当然是很危险的事了。

"水形带土，其贵非常。"含义亦见于上文。

"土形带水，孤寒老矣。"筑土为堤，可以约束洪水不为害；筑土为屋，可以遮风避雨；这样的土是好的。如果这样的土中有水，坚固性遭到破坏，就不安全了。洪水冲击，土堤溃塌，土房坍倒，则后果就不可想像。土形带水，与筑土蓄水滋生万木还是有区别，这有必要细细区分，况且水多土淹；水生木，木克土，辗转相仇，致使土形不纯；土太湿润，需要一点暖气，方可滋生万木，如果带水，水克火，没有了温暖和煦之气，种种坏处叠加在一起，自然就"孤寒老矣"。

"木形带金，其贵非常。"木不经斧子的砍伐，不经刨刀的雕琢、打磨，不会成为有用的家具或艺术品；金生水，水生木，辗转相生，也有助木之势，因此木形带金，其贵非常。但金又不能太重，否则肃煞金气销杀了春木而成凋零孤苦的秋木了。从五行与四时关系来讲，秋天是金当令之时，金气太重，因而叫肃杀金秋，树木受克，因此呈衰枯落叶之象。

"金形带木,刀剑随身。"木生火,火克金,这是金形带木的一不利;金中有木,金木混杂冲战,已成杂金,金质不纯,这是二不利;木重,反而侮金,这是三不利。如此之金,自然凶多吉少,万事不顺。

"此外牵合,俱是杂格,不人文人正论。"除以上几种相生相克、有理有节的"逆合"外,其他"逆合"没什么可取的,都是"杂格"。杂格,驳杂不清,要么处于沉浮之间,要么心术不正,因此不能使主管者放心,也就难以当大用。这种情况,用在文人身上没什么效验,因此"不人文人正论"。这种思想,是受了"天下皆万品,惟有读书高"的影响。

古人根据金、木、水、火、土五行的性质和象征意义,用类比取象的方法,把人的形体相貌以五种来概括,即是金形、木形、水形、火形、土形。这与美术上对人头部的分类有共通之处。美术上把头部分为八种:目字形、国字形、田字形、甲字形、申字形、风字形、由字形,全在于其认识问题的出发点不同,但本性一样。

古代哲学认为,宇宙万物都由金木水火土五种元素构成,人既然是宇宙中的精华,万物中的灵长,其构成元素也是金木水火土,当然也该合自然之性,因而说:"禀五行以生,顺天地之和,食天地之禄,未尝不由于五行之所取,辨五行之形,须尽识五行之性。"

这个思想成为古代人才学的理论依据,因此在《五行象说》中讲道:

夫人受精于水,故禀气于火而为人,精合而神生,神生而后形全,是知全于外者,有金、木、水、火、土之相,有飞禽走兽之相。

这段表明,中国古人不知凭什么知道生物最初来源于水中,"人受精于水",这个思想可不简单。达尔文等西方生物学家论证的生命来自水中,比中国古人对此的论断迟了好几百年。《五行象论》一书写成于宋朝。

照达尔文的生物进化论,人既然源自于动物,则脱不得自然生物的属性,因此用飞禽走兽比拟人形,也无不可。三国时的名医华佗仿五禽而成的"五禽戏",是锻炼身体的好方法。但古代相术把飞禽走兽与人形和相关性说得神乎其神,奥妙无穷,却又太过,不足为取用了。

根据五行的分类,各种类型的特征分述如下。

1. 金形人

形貌:面额和手足方正轻小,如一块方金,骨坚肉实。肤色:白色。声音:圆润亢亮。性格:刚毅果决,睿智机敏。有诗证曰:

部位要中正,三停又带才,金形人入格,自是有名扬。

2. 木形人

形貌:瘦直挺拔,如笔直大树,仪态轩昂,面部上阔下尖,眉目清秀,腰腹圆满。肤色:青色(白中透青)。声音:高畅而洪亮。性格:温和,宽仁。有诗证曰:

棱棱形瘦骨,凛凛更修长,秀气生眉眼,须知晚景光。

3. 水形人

形貌:圆满肥胖,肉多骨少,腰圆背厚,眉粗眼大。肤色:略黑。声音:缓急不定。性格:情感丰富,富有想像力,聪明机智,多变。有诗证曰:

眉粗并眼大,城廓要圆团;此相名真水,平生福自然。

4. 火形人

形貌:头额窄下巴宽,鼻子高大而露孔,毛发较少。肤色:赤色。声音:躁烈。性格:情感激烈,性格暴躁,直来直去。有诗证曰:

俗识火形貌,下阔上头尖,举止全无定,颐边更少髯。

5. 土形人

形貌:敦厚壮实,背隆腰圆,肉轻骨重,五官阔大圆肥。肤色:黄色。声音:浑厚悠长。性格:仪态安祥,举止缓慢而稳重,冷静沉着,但城府很深,难于测度;待人宽厚,讲信用。有诗证曰:

端厚仍深重,安祥若泰山,心谋难测度,信义重人间。

第三节　考察内心

> 喜高怒重,过目辄忘,近"粗"
>
> 伏亦不优,跳亦不扬,近"蠢"
>
> 初念甚浅,转念甚深,近"奸"
>
> 内奸者,功名可期
>
> 纯奸能豁达者,其人终成

【原典】

五行为外刚柔①,内刚柔,则喜怒、跳伏②、深浅③者是也。喜高怒重,过目辄④忘,近"粗"。伏⑤亦不优⑥,跳⑦亦不扬⑧,近"蠢"。初念甚浅,转念甚深,近"奸"。内奸者,功名可期。粗蠢各半者,胜人以寿。⑨纯奸能豁达⑩,其人终成。纯粗无周密者,半途必弃。观人所忽,十得八九矣。

【注释】

①内刚柔:内心的阴阳刚柔之气。

②跳伏:激动与平静两种情绪。

③深浅:人内心的城府深浅。

④辄:就。

⑤伏:情绪平静。

⑥优:高大,引申为情绪激动。

⑦跳:情绪激动。

⑧扬:高昂。

⑨胜人以寿:比人寿命长。

⑩豁达:心胸大度。

【译文】

前面所说的五行,是人的阳刚和阴柔之气的外在表现,即是所谓的"外刚柔"。除了外刚柔,还有与之相应的内刚柔。内刚柔指人的喜怒哀乐感情、激动与平静两种情绪、深浅不一的心机城府。遇到令人高兴的事情,就乐不可支,遇到令人愤怒的事情,就怒不可遏,而且事情一过就忘得一干二净。这种人阳刚之气太盛,性情接近于"粗"。平静的时候没有一点张扬之气,激动的时候也昂扬刚壮不起来,这种人阴柔之气太盛,性情接近于"蠢"。遇到事情,初一考虑,想到的很浅,然而踊转念,想到的却非常深入和精细。这种人阳刚与阴柔并济,接近于"奸诈"。凡属内藏奸诈的人外柔内刚,遇事能进能退,能屈能伸,日后必有一番功业和名声可以成就。既粗又蠢的人,刚柔皆能支配其心,使他们乐天知命,因此寿命往往超过常人。纯奸的人——即大奸大诈者,胸襟开阔,能藏丘壑,遇事往往以退为进,以顺迎逆,这种人最终会获得事业的成功。那种外表举止粗鲁,心思也粗枝大叶的人,只是一味地刚,做起事来必定半途而废。以上这一些,也就是"内刚柔",往往被忽略,而且一般察人者十有八九都会忽略这一点。

评 述

鉴别人才时,经常犯的错误是,能识别与自己相同相近的人,却难看到其他类型人才的优点。这是因为以己观人的缘故。"内刚柔"篇专门列出几种典型的内心伏藏例,供鉴别人才时参考。

外刚柔,从外貌形相来判断、识别人物,虽有一些道理,但理由毕竟欠充分,未免含有荒谬的成分,准确性也令人怀疑。如果察人者水平不够,阅历不深,见识不够,错误多多。内刚柔要求从内外结合的角度来考察人物,是鉴别人才的必然途径。许多的聪明人士对自己的鉴人能力很有自信,实际上是一种错误,或者偏信自己的感觉,或者以己观人,错误自然不少;但因他们聪明,有"生而知之"的天赋(或多或少),也能正确识别一些人才,也正因为此,使他们从自信滑向自负。曾国藩从不敢过誉自己的鉴人才能,世间聪明人士良多,而曾国藩却当世一人,莫不是满招损、谦受益的缘故。

内刚柔,今天人所共知的词是精神世界。听到这个解释,对古代文化了解不多的读者可能会哑然失笑。精神世界由外部喜怒哀乐等感情形式表现出来,察人者即可循流探源。

内刚柔可粗分为喜怒、跳伏、深浅三种外部表现。

喜怒高重。过目辄忘,近"粗"

喜怒,指人的情感世界。人的心性本质在特殊情形下会真实显现,平常言行情愫未必是真性情的显露。喜怒统指人的情绪剧烈变动。一喜一怒之间,充分表现其对人对物的态度。敢为不平之事拍案而起、挺身而出的,勇气与正义感凛然不晦,使人不敢侵犯。只为个人得失喜怒伤痛的,自私之心也会昭然若揭。细细区分起来,喜怒也有真伪之别。以情感变化来鉴别人的心性与内心想法,是一个依据,但不是100%准确;还应结合平常的行为表现。路遥知马力,日久见人心,古训不可忘。盖因为人能有意地掩盖心中所想与情绪变化。山中有直树,世上无直人,直率坦露之人毕竟是少数。他们掩盖内心本情,多事出有因,这也是发现人物心思的一个依据。喜高怒重,过目辄忘,近"粗"。喜高怒重,为一得一失、一物一事而喜而怒,程度异常强烈,失于常情。凡事过目即忘,做事漫不经心,把许多事忘得干干净净。这种人就是"粗"。粗心大意的人属此;性情刚直、不识进退的人也属此;办事欠考虑、缺乏周密圆润的也属此。

与"粗者"相对应,曾国藩作过一幅对联:

做人不慌不忙,先求稳当,次求变化;
办事无声无息,既要精当,又要简捷。

粗中有细、思虑周详的人,行事可做到稳当与变化齐施,精当与简捷并用,而粗者则没有这样的才识策略。粗者如不经过一番磨炼,变得心思周密,是不宜担当大任的;但其优点是没城府'、没机谋、没野心,在许多方面倒可以放心运用。

伏亦不伏,跳亦不扬,近"蠹"

伏跳,指人的情绪变化。伏,情绪平静时的状态;跳,情绪激动时的状态。情绪变化剧烈之时,人往往会做出超乎常情常理的举动,因此领导者不宜在生气时做决定。

从人的情绪变化中来鉴别人才,虽有可取之处,但似乎难以作为一个独立的方法来运用,更多情况是一个佐证。有一种情况可独立成行:伏亦不伏,跳亦不扬。伏亦不伏,意为情绪平静之时,不会激动亢奋,这里正常情形;跳亦不扬,但在情绪应该激动亢奋之时,也不能激动昂扬,作心若死水态,这出乎人之常情。一种可能为故意掩饰,另一种可能是"蠢",即为:伏亦不伉,跳亦不扬,近"蠢"。

故意掩饰当归于人之常情,非不能也,而不为也。当初,前秦苻坚率60万大军南下攻晋,军马肥壮,声势浩大,有投鞭断流之盛。东晋谢安以区区8万人马迎战苻坚。谢安貌似平静,胸有成竹与人对弈。但内心的惶恐与担忧,只有他本人知道。当以少胜多的捷报传来,谢安仍心平气静地下完那盘棋。但是,在他回到里屋时,高兴得踢掉了鞋子。

近"蠢"的人,对周遭的喜忧感应不强烈,缺少昂扬之气,行为举止呈弱态,不与人争胜负是非,没有胜负是非的功名利欲标准。这是其蠢。但在书中值得论的"蠢",未偿不可作"难得糊涂"解。前面已论及,凡人末流,困而不学,略过不论,因此这里的"蠢",当是各种人才中的一种。"难得糊涂"是古人乐意倡导的一种自修品格,实是一种"不争者,争之也;不伐者,伐之也"式的以退为进的策略,与凡人末流中的"蠢"不可作同义解。

初念甚浅,转念甚深,近"奸"

深浅,指人的心机城府。古语云:山中有直树,世上无直人。人的心机城府并非生而成之。少年人有热情,有理想,有抱负,血气方刚,常以天下为己任,常以为天下无事不能为,有浩薄云天的志向,因社会阅历浅,多有坦诚率直性格,欲坦坦荡荡做人,风风火火成事。进入中年以后,碰的壁多了,渐渐胸中藏得住事,凡事三思而行,相谋而动,不莽撞,不粗心,不声张,沉得住气,容得下事,心机城府渐宽渐深,概因人心险恶、懂得藏伏的缘故。心机城府渐远渐宽,遇事就多有思量,谋定而后动,平平静静、步步为营地行事,功渐积渐高,名渐积渐厚,成就日多,声名日隆,定矣。

初念甚浅,转念甚深,近"奸"。初一接触,印象不深,考虑浅薄,心中不艺为意,仅仅触动了心弦,未生出强烈的反应与共鸣。但转念之间,意识到其重要意义或灾难性后果或重大价值,因而体验加重加深。这样的思维特点有"奸"的成分。心机城府深重的人,遇事多有这种特性。初念甚浅,转念甚深的结果是,把刚接触时没有想到、没有想透的问题重新梳理一遍,既可能有新的发现,也可能竦然惊悸,看到了先前不曾看到的严重后果。

聪明的人，凡事眼前一过，即可把住问题的关键和实质，捕捉、归纳出核心环节所在，因此能迅速地做成正确决定。"奸者"，由于初念甚浅，可能被人视作天份不高，心思迟钝，但因其坚忍执著，知难而进，后来的成就反而会高过原先聪明之人。凡欲成大器者，少不得聪明，更少不得坚忍执著。坚忍与执著因此是识别人物成就的一把钥匙。

"奸者"的实义所指不是奸佞、奸邪，应是心善度事，权谋机变，城府深重，不如此不足以见机，不如此不足以成大业。遍观历史上的功败沉浮，莫不如此。内奸者，功名可期。内心深思之人，对一个问题翻来覆去地想，局外人只能想像其内心苦思的程度，而不能亲身体验。这种人非常倔强，韧性也足，锲而不舍，钻之弥坚，如何不会成就事功呢？早起的鸟儿捉虫多，即这个道理。笨鸟先飞，这对那些智力不够，勉力而进的人，无疑是一大安慰，也是一个绝佳的榜样。

半途而废者

半途而废是成事的大忌，最根本的浪费是时间，先期投入的计划、物力等的损失都可以转换成时间的损失。造成半途而废的原因中，人的因素是可以事先挑选和避免的。

有一位小孩，因天下大雨，闲在家中不能安分。他的父亲就从一本杂志上扯下一幅世界地图，撕成碎片，叫孩子把地图重新拼好。父亲为自己的机智很得意，以为孩子至少会"工作"一上午，就准备出门。不料孩子很快就把地图拼好了，父亲怪而问之，小孩回答说：地图背面是一个人像，人对了，世界就不会错。

对用人者来讲，这将是一句名言：人对了，世界就不会错。对合作双方来讲，这意味着满意的合作成果；人选对了，事情就不会差到哪里去。思考欠周密、半途而废者对事功的失败负直接责任，鉴别这类人的一个方法即为：纯粗无周密者，半途必弃。

纯粗无周密，与粗中有细相对，张飞就贵在粗中有细，可惜到头来仍死于粗中少细，因喝醉酒而鞭打部下，部下辱而怒，恶念陡生而割头叛主。半途而废有多种原因，当事者意志不坚是首要原因，没有坚忍不拔的毅力而欲成大事者，历来甚少。聪明有余之士，更应观其是否有坚忍不拔之毅力，如果没有或不足，常常会先乱用人者之耳目，得其信任后，因意志力弱，半途而废，坏用人者大事。其次是能力不足，思考欠周密，造成不可挽回的损失，事情被迫半途而废。

《孙子兵法》上讲，知可以战与不可以战者胜。纯粗无周密者，性情刚阳，且一味的刚，不分形势，不辨场合，不知进退，任凭性情行事，又缺乏周密思考，惹下事端就不能收场，甚至可能撇下烂摊子一走了之。这种半途而废，识人、用人者应负一部分责任。教人做事，除道德品格之外，就应该是智慧，分清可以战与不可以战，哪些可以改变，哪些不可以改变，能战则战，不能战则要忍耐和等待；能改变的改变之，不能改变的接受，如此可以保证事功顺利进行无损，即便有损，也无大碍。

纯粗者还包括做事拖拉，粗中少细，不动脑筋。这种人缺乏计划性，做事情凭着感觉走，行动上似乎风风火火，但事情总不能圆满周到地完成，效率极低。这类纯粗者，如果没有人去督促叮嘱指导，任其行事，也往往会半途而废。纯粗，却肯不断学习的，虽在初始办不好事，但在经验积累中不断改进，锐意进取，又是一种嘉好的品格，属孔子讲的"困而学之"。"已非昔日吴下阿蒙"的三国时期东吴大将吕蒙，初时有勇无谋，纯粗无周密，后来孙权叫他读书，逐渐成为智勇双全的栋梁之才，败关羽于麦城，威震华夏。

以上种种真假混淆的人才与非人才迹象，不细细分辨，很容易被忽略。许多人常自以为会察人，实际上是"以己观人"的缘故，造成识人用人错误的，十有八九是这个原因。人心不易知，人不可以貌相，此之谓也。

第八章 情 态

第一节　总论情态

情态者，神之余，常佐神之不足

久注观人精神，乍见观人情态

大旨亦辨清浊，细处兼论取舍

【原典】

容貌者，骨之余①，常佐②骨之不足。情态者，神之余，常佐神之不足。久注观人精神，乍见观人情态，大家③举止，羞涩亦佳；小儿行藏④，跳叫愈失，大旨⑤亦辨清浊，细处兼论取舍。

【注释】

①骨之余：余，这里理解为外部表现，即容貌是骨的外在表现。

②佐：辅助，弥补。

③大家：古有"大人之风，山高水长"文，大家即指有高人之风的修养识度超绝的人，如盖世英豪、硕儒高僧等。

④小儿行藏：小儿，名词作状语，像小孩一样的举止行动，哭哭啼啼，又跳又叫。

⑤大旨：大处，主要之处。

【译文】

容貌是人的骨的余韵与外部显现，常常能弥补骨的不足；情态则是神的余韵与外在表现，常常能弥补神的不足。久久审视，应主要观察人的精神状态；短暂一见，主要观察人的情态。大家高人之态，即便有女儿家似的羞涩，也不失为佳相。像小孩儿一样哭哭啼啼，又叫又跳，愈是掩饰造作，愈使人觉得虚伪粗俗。审视情态，也应首先分辨清浊，近观细审时：还要兼论取舍存留'，方可大处着眼，细处定性。

观神察骨，在第二章中已详细论述，像曾国藩识别江忠源一样，以较长时间的细细审视为前提。在人们的交往中，有的人彼此相见时机多，有的人则是匆匆见面,匆匆分手,再无相见的机会。互赏互识的,则怀惺惺惜惺惺之念,却又为终不能再聚而叹怀;目不识丁的,则擦肩而过,彼此再无印象;因而,识与不识的,都错过了一段机缘。

考察情态,目的即在于,用人者在彼此短短相见过程中,确定人物的心性才能品质。曾国藩从大厅里过,即辨识出刘铭传的大将气度,是几十年阅历经验所致,偷不得半点机巧。人们也不乏这种经验,乍见之下,就喜欢上了他,认为是一个人才,而这种"一见钟情"的神话美缘被后来的结果击得粉碎,损失也自不待言。

容貌者,骨之余

容貌不同于人们常言中的容貌,前面已有细述,这里不再赘言。第二章谈到"文人先观神骨",以骨鉴人心性才能,实在是虚无缥缈的感觉,用"容貌是骨的外在表现"来理解,倒可以让人接受,多少能合于自西方传过来的"科学"的逻辑,因此才能被现代人理解。容貌弥补骨的缺陷,仍是虚幻不明的一个概念,这里不细论。

情态者,神之余

把情态理解为神的流露和外观,似乎讲不通,情态应是人内心欢悦痛楚的面部表现。如果一身精神不足,要由情态来补充,佐以优雅洒脱、清丽绝俗、优美端庄、气度豪迈、冷艳飘扬之态,当然别有一番风姿。以《红楼梦》中的林黛玉论,一身病态,精神自然是不足的,虽得珍贵药物调养,仍然回天乏力;但她身上的,冰雪聪明,弱态娇美,凄苦轻扬,却别是一种美丽。这是情态者,神之余的一种。

神与情又是经常合在一起的,讲为"神情",老师教小学生造句,兴许就有"故宫的石雕神情逼真"。神与情本是两码子事,在考察人物上各自本源不同,用途不同,表现情势也不相同。细细区分起来,神隐含于内,情现露于外,一个抽象,一个具体,前者不易识别,后者易于识别;神以静止态为主,情以运动态为主;神是持久性的内在力量,贵在充沛,隐隐有形,情通常以瞬间表现为单位,贵在自然纯朴。

如果说神是一种虚无缥缈样的事物,使人不易理解,那么情态的具体性则能够作神的补充。在考察人物时,通过各种情态来由外及里,发现人物的真性情,真本质,这是相对容易办到的事。

常见有容貌清秀俊雅美丽的,但举手言语之间却俗媚难持,这是容貌佳秀而情态不足的；又有容貌丑陋不饰、观不入目的，但却是风姿绰约、端庄贞谨，不失一种深藏内在的美，这是容貌不足而情态有余的。两种情况的根源在于环境的修养和造化，其中有家庭的影响、社会的熏陶与自身的磨炼。古人讲，贫者因书而富，富者因书而贵，贵者因书而守成，皆因为书中的人生道理启人智慧。从本节所讨论的角度来看，是因为情态受人主观修养的控制，有一个从不足到有余、从不雅观到端谨的演化过程，或者相反。基于情态乃神的外部表现与补充，神也是可以经由后天的磨炼得到改变与强化的。

如果有人觉得自己命运不济，凡事多难，读到这儿是可以精神为之一振的，至少见到了改变现状的一道曙光。

久注观人精神，乍见观人情态

精神是本质，情态是现象，要知人本质，须从神人手，而情态能佐神之不足，因此考察人物时，有初观情态、深察精神两个层次和步骤。

情态的表现百种千样，却在瞬间即可看到其变化，后面两节分"恒态"与"时态"两种详加讨论。精神的本质则不易知，故曾国藩在关注江忠源良久，待他走后才说明"名扬天下，壮烈惨节而死"的结论，其中不排除"久注观人精神"的原因。

情态以动为主，因此在鉴别人物时，情态只是考察的内容之一，犹如局部与整体的关系，局部有缺陷，整体尚好，大体不坏；局部虽佳，整体已坏，则难当用。犹如一株大树，枝丫坏死，而整株树仍有生命力，仍不失去根深叶茂之美；如果大部坏死，虽余有一枝半丫的绿意，终失其整体的完美，叫人叹惜！

大家举止，羞涩亦佳

大家，指学识修养深厚渊博、举止庄穆大方、贴切得体之人。古有一语，最为传神："大人之风，山高水长。"其风貌情态除此八字外，再难描述。大家的举止，以不疾不徐、大方得体为要，故非一时的装作虚饰所可比拟。比如气度豪放，一时之态可以虚饰，但终生不改其豪放，则是难之又难，不出于本性，是做不到的。

羞涩，内向型人的心理表现，也属一种女儿态，但与猥琐、小女儿家似的忸怩作态不可等量齐观，而是见人脸红、不善交际，开口讷讷，虽如此，但情态仍安祥静穆，闲雅冲淡，一动一静，一颦一笑皆不失大家风度，不落常人俗套。这种羞涩仍是一种佳相，即所谓"羞涩亦佳"。

小儿行藏,跳叫愈失

与前一句相对而言。大家举止,以中和为标准,不值得提及的情态则如小孩儿一般,跳叫不定。成人有小孩子一样的神情举止,有各自不同的根源。出于真性情的,是顽劣本性在成年后的表现,一般较短暂,言谈举止一闪而过,逗人一时之笑,而不失成人的收敛大方。出于伪饰之心的,神情之间多可分辨,其人也能感应到自己的伪饰之态,可惜有意无意间纵容了这一点。

这种人并非无能之辈,可惜一般心有他念,而且感恩之心浅,个人私心重,用人者如不把握这一点,吃亏的多是自己或单位。

大旨亦辨清浊,细处兼论取合

情态虽千种百样,但终有迹可寻,大体上如神一样,也是先辨清浊,再论表现。清浊之道,是从外貌鉴人察性的最基本原则,清者贵,浊者贱,莲花出淤泥而不染即是以物取象。本书所论及的神骨、刚柔、容貌、情态、须眉、声音、气色,均以清浊为鉴察的基本原则。

清浊原则是从宏观上把握,在详论细处时,以互逆互补、兼顾取舍为原则。神不足的,取情态可用可佳处补之,骨不足的,取容貌可用可佳处补之。人之神不能明白考察时,考察情态;相见短暂、无时间细审精神时,考察情态容貌;有羞涩女儿之态时,考察其本性自然纯朴否;有小儿般行止时,考察其本性自然纯朴否;以上种种都是兼顾取舍的实际应用。

第二节 论恒态

> 有弱态,有狂态,
> 有疏懒态,有周旋态
> 弱而不媚,狂而不哗,
> 疏懒而真诚,周旋而健举
> 皆能成器;反之,败类也

【原典】

有弱态有狂态①,有狂态②,有疏旋态③。有周旋态④。飞鸟依人,情致婉转,此弱态也。不衫不履⑤,旁若无人,此狂态也。人,情也。坐止自如⑥,问答随意,此疏懒态也。饰其中机⑦,不苟⑧言笑,察言观色,趋吉避凶,则周旋态也。皆根其情,不由矫柱⑨,弱而不媚,狂而不哗,疏懒而真诚,周旋而健举⑩,皆能成器;反之,败类也⑪。

【注释】

①弱态:委婉柔弱情态。

②狂态:狂放不羁情态。"狂放"不同于"颠狂",这一点不可混淆。

③疏懒态:指恃才傲物的怠慢懒散情态,而不是意志消沉、精神萎靡的怠惰慵懒情态。

④周旋态:指智者的工于交际和善于折中的情态,其中有智有谋,因而迹近阴险。

⑤不衫不履:指衣着不整,不修边幅的样子。

⑥坐止自如:即想做什么就做什么,想怎么做就怎么做。

⑦中机:即心机。

⑧苟:不认真,不严肃。

⑨皆根其情和不由矫柱:根,根源于,来自于。情,这里指内心的真情。不由,不任人随意如何如何。柱,弯曲。矫柱,即故意做作。

⑩健举:指柔中带刚,强干豪雄。

⑪大概亦得二三矣指大概,大略,指以上四种情态的大致情形;二三,二三成,意指能看出一些苗头。

【译文】

常见的情态有以下四种:委婉柔弱的弱态,狂放不羁的狂态,怠慢懒散的疏懒态,交际圆滑的周旋态。如小鸟依人,情致婉转,娇柔亲切,这就是弱态;衣衫不整,倒穿鞋袜,不修边幅,恃才傲物,目空一切,旁若无人,这就是狂态;想做什么就做什么,想怎么说就怎么说,不分场合,不论忌宜,这就是疏懒态;把心机深深地掩藏起来,处处察颜观色,事事趋吉避凶,与人接触圆滑周到,这就是周旋态。这些情态,都来自于内心的真情实性,不由人任意虚饰造作。委婉柔弱而不曲意谄媚,狂放不羁而不喧哗取闹,怠慢懒散却坦诚纯真,交际圆润却强干豪雄,日后都能成为有用之才;反之,即委婉柔弱又曲意谄媚,狂放不羁而又喧哗取闹,怠慢懒散却不坦诚纯真,交际圆滑却不强干豪雄,日后会沦为无用的废物。情态变化不定,难于准确把握,不过只要看到其大致情形,日后谁会成为有用之才,谁会沦为无用的废物,也能看出个二三成。

评 述

套用二分法和四分法,情态可有两种分法,一种分为恒态与时态两类,一种分为弱态、狂态、疏懒态与周旋态四类。

恒态与时态

恒态,恒定时的情态,具体指人的形体相貌、精神气质、言谈举止等在恒定状态时的表现,这是一个人心性品质的必然,因而是鉴人察性时必须考察的方面。本书列举四种恒态:弱态、狂态、疏懒态与周旋态。下文详细论述。

时态,瞬间状态中的情态,以前后变化运动为归类标准,与环境有关,是体现人物内心世界的微观考察,与恒态的宏观考察互相补充。

恒态的宏观考察与时态的微观考察的结合是鉴别人物妙不可言的二位一体。以此为归依,人的心性品质有什么能逃脱火眼金睛?曾国藩身为晚清重臣,于考察人物上,实在有了不起的过人功夫,仅此一点,也可令他名扬天下、功照后世了,且不论他在军事、政治、文化、经学、家教、修养上面的成就。可惜历史有关他在鉴别人才方面的资料太少,不足以反应他在这方面有过人本领的全貌。《冰鉴》3000言虽托名为曾国藩,但其可靠性实在不能让人相信。

人的心性品质各有所异,实难有整齐划一的考察方法。人不论今古,本性同出一辙,虽表象有时代差异,而本质不变。因此弱态、狂态、疏懒态与周旋态于今人无半点分别。

弱 态

取一个"弱"字,性情以柔为主,温平和善,慈爱近人,与第三章中论及的拘者性格相通。从缺点上讲,流于优柔寡断,信心不足,少果敢独立之气,不能坚持个人意见,缺乏主心骨,言听计从惯了。如果有文人气质,又增加了一重多愁善感的女子之态,"细数窗前雨滴",如果不彻底改变其信心不足的弱点,就只能跟在人后打下手,不能独当一面办事情。是"多才惹得多愁,多情便有多忧,不重不轻正候,甘心消受,谁叫你会风流"一类人。

他们的优点在于内心细腻、感受敏锐深刻细微,能注意到常人注意不到的细节,也善于从生活中发现美。这种人中精明干练的心思周密,做事周全,叫人放心,在许多细节问题上会处理得非常巧妙,非常有创意,可惜豪气不足,不适合做独当一面的开创性工作,适合从事文学艺术和慈善事业。

在中国古人的处世智慧里,要保全自己不受伤害和攻击,最好的办法是以退为进,隐于无形,即把自己放在一个永远弱小的位置上,不引人注意,自然不会遭小人妒忌陷害。这种弱态是古人处世智慧中一个很高的境界。许多的古人就用这种办法保护了自己。战国时期孙子的后代孙膑,在被同学庞涓陷害之后,为活命,装成发疯,当庞涓以美食与大便试探他的心智还全否时,他选择了大便,由此,庞涓放松了警惕,孙膑才得以逃出庞涓的掌心,回到齐国,后设计,万箭穿庞涓于大树之下。三国司马懿,在曹丕死后与曹爽的争权中,先装着年老智昏,连穿衣吃饭见客都如患老年性痴呆症一样,蒙骗了曹爽,使其放松戒心,然后突然发难,攻其不备,一举成功,为后来司马昭、司马炎夺魏权、开晋朝铺下道路。这种弱态非出于真心,而是有计谋的精心策划,为某种重大目的而准备,实是一种大勇气、大智慧,与上面所述的弱态有天壤之别。

要区分两种弱态的真假,在于考察其前后的一贯行为表现。刘备之子刘禅的弱,自他当位之前已为人知,而孙膑、司马懿之弱,包括周文王在商纣王的监禁中,都是暂时的权宜之计。以历史的冷静旁观,谁都能看到其中的奥妙,而庞涓不察、曹爽不察,商纣王不察,大概因为无冷静之人进言、而三人又刚愎自用的缘故,也可能因为孙膑三人等气数未尽、命不该绝。实际上,遍观历史,回顾我们自己有多少人能冷静旁观,有范蠡、张良、郭子仪一样的智慧呢?伍子胥、文仲、商鞅、吕不韦、李斯、韩信,再延续到宋、明,以至今日,深明"功成身退"大义的又有几人?古人不能,今人不能,后人也不能,功名心一起,万事也难回头了。

另有一种弱态,多是女儿情致,作小鸟依人状,情致婉转,娇柔亲切,艳丽方物,使人心生疼爱之心。西施是这样,林黛玉更甚之。如果说前一种弱态以工于心计为特征,这一种弱态则以美为名。

狂 态

取一个"狂"字,大多不满现实,以狂放不羁、恃才傲物、旁若无人为个性特征,愤世嫉俗,为人耿介朴厚,有高人之风,但宽容不足,机巧圆润不足,因此为人行事自成一格,既不为他人理解,也不肯屈尊去迁就他人。因孤独,因此能沉心于个人兴趣之中,钻研,聪明,发奋,持之以恒,终于有过人的成绩。历史上诸如郑板桥等一类人物,皆属此类。

由于过分狂傲,不肯屈就,又会给自己添麻烦,甚至引来杀身之祸。三国时的杨修,恃才傲物,不自收敛,又不遵从军纪,随意乱说军秘,结果惹恼曹操,掉了脑袋。祢衡,年纪轻轻的,不仅不服人,还公然擂鼓大骂曹操,曹操也是纵横开合、文武全才的一代枭雄,一气之下,摆平了祢衡。杨修与祢衡的死,曹操当然要负责任,而二人的狂傲个性,则是惨剧的诱因。

狂傲,多半以充足的信心为基础,常以为天下人皆不如己,这未尝不是一件好事,有利于将个人才智淋漓尽致地发挥;但失于分寸,忘记自律,不分场合,皆以己意行事,则会坏人坏己之大事,而难得善果。另有用狂傲态来掩饰真心的情况,不可不细察。

狂傲的人往往又是最孤独的,因此是搞艺术的绝佳人选,包括今天的广告创意人才。

不宜区别的是真假狂态。狂,一种因为身怀绝技,有傲物之资;另一种狂,则是志大才疏、自命不凡、眼高手低。前面第一章"观气识人"中提到的何晏,视《六经》为孔子的糟粕,并以神的"不疾而速、不行而至"的仙姿自誉,就有这种成分。

清代道光年间有个怪人龚定庵(即龚自珍),以狂闻名。康有为、梁启超倡导中国思想,受他的影响很大。这个人才气高,文章也非常好,而且那个时候他就留意到了国防。蒙古、满洲边疆,他都去了,而且他认为中国问题,都是边疆问题,边疆有漏洞,西北有俄罗斯,东是日本,将来一定出大问题。他也狂,作了一篇文章,讲"才难",说天下将要大乱,因为缺乏人才。文章骂得很厉害,说"朝无才臣,巷无才偷,泽无才盗",连有才的偷盗都没有了,因此他感叹那是一个人才的末落时代,过不了多少年,天下就要大乱。果然不出半个世纪,内忧外患接连而来。虽有个曾国藩从中打点,但天下仍是病重不能根治了。

龚定庵怪,他的儿子更怪,别号叫龚半伦,在五伦亲孝里不认父亲。他更狂,渎父亲的文章时,把父亲的神主牌放在旁边,手拿一根棍子,读到他认为不对之时,就敲打一下神主牌,斥道:"你又错了!"其怪,其狂,也属非常。

就狂态而论,宁可是有名有实的傲,不可有名无实的骄。用人时,亦同此理。

疏懒态

大多有才可恃,但因为眼光犀利,什么东西一眼看穿本质,反而缺乏了行事的兴趣和动力,显得生疏懒惰。如果有某项事功确实打动了他的心,吸引了他,很容易着迷,深陷不出。因此这种人成就是看得见的。这种人思想敏锐,但不肯动手,最好给他配备合适的助手,协助他去实现他的精思妙想。疏懒惰不堪只是他生活中的一个方面。需要区别的是,生活中的无才之人,也有疏懒的表现,但为凡人末流,心智才能平平,与疏懒态完全是两码子事。从言语交流中即可发现他们的差别。

疏懒态主要的表现在他不感兴趣的事上,而对于有兴趣的事,他会做得很好。因此不宜强迫他干他不愿意做的事,而应引导他到其兴趣所在处,则事半功倍矣。晋代大诗人陶渊明,对做官是无多大兴趣的,但诗写得好,做了40几天小官之后,挂冠弃印而去,宁可"带月荷锄归",过种田写诗的日子。这类人疲于现代的生活节奏,老想着有朝一日、抛开牵挂去游山玩水、吟诗作画,因此在现代办公间里活得很累。即便做高官,也愿选择一个轻闲无实之职。王维,每天退朝之后,就以诵经念佛为常事。

这类人的文人倾向较重,因此如非所愿,所担当的职务一般不宜过长,数年一迁,使之不觉太枯燥乏味,则能调动、改善其积极性。

这种人能不能做领导者,须视他个人的素质和交往能力而定。

周旋态

这种人才是文人中的姣姣者,不仅智商高,智慧深,而且灵巧机警,善于控制自己的感情,随遇而安的本事很好,待人接物应付自如,游刃有余,不仅在书海中有遨游的天才,也能在交际、官场中挥洒灵便,甚至有如神助。官商、文武都可找到自己的位置。解决问题能力强,适于独当一面。如果周旋之中别有一股强悍雄健气,则是难得的大人才。蔺相如完璧归赵就是一个典例,属硬派。

人身上明白无误的，以上四种特征都多少具备一些，以某一种为主要特征。从成才角度看，以上四种，各有所长，弱态之人，不媚俗迎众；狂态之人，不哗众取宠；疏懒态的出于真性情，周旋态的举止圆滑中不失中正刚健，都可以有所作为，而被历史铭记。反之，则是败器之人，不足为论。

"弱态"若带"媚"，则变为奉迎谄媚之流，摇尾乞怜之辈，这是一种贱相。

"狂态"若带"哗"，则为喧嚷跳叫、无理取闹之流，暴戾粗野、卑俗下流之辈，这是一种妄相。

"疏懒态"若无"真诚"，则会一味狂妄自大，此实为招祸致灾之态，殊不足取。这是一种傲相。

"周旋态"若无"健举"，会变得城府极深，迹近狡诈、阴险和歹毒，这是一种险相。对这种人，倒是应该时时警惕，处处提防的，不能因一人之险恶而乱了自己的阵脚，甚至败坏了自己的事业。

在这一个是非之间，前面有一个"七似之流"的概念，有一类人，表面看来博学多识，能力很强，但究竟属不属实呢，就需要仔细分辨了。这类人分为七种，称为"七似"，也就是模棱两可的人：

一似：有人口齿伶俐，滔滔不绝，很能制造气氛，哗众取宠，表面看来似乎能言善辩，但实际一肚子草包，根本就没有什么东西。目前社会有很多这一类的演说家，我们要小心，别上他们的当。

二似：肚里有些才华，但明明缺少高等教育，却对政治、外交、法律、军事等各种问题都讲得头头是道。表面上看来似乎博学多能，其实样样通就意味着样样都不精。这类人以御用学者居多。

三似：有人水平低，根本听不懂对方的言论，却故意用点头等动作迎合对方，装出听懂的样子。在有权有势的人身旁常有这一类拍马屁的人。

四似：有人学问太差，遇到问题不做表明自己的态度，于是等别人全都发表完之后，再跟随赞同附和，用他人的某些言语胡讲一通。许多不学无术的学者即属此类。

五似：有人无能力回答问题，遇到别人质问之时，故意假装得精妙高深的样子，避而不答，其实是一窍不通。有些官员遇到民众质问时，常认为不屑一答，加以回避,其实是不懂,故意顾左右而言他。

六似:有人一听别人的言论就感到非常佩服,其实似懂非懂,就是不懂。

七似:有一种江郎人物,道理上已到山穷水尽的地步,可仍然牵强附会,不肯服输,一味地强词夺理。此种理不直气不壮的人,在讨论场上处处可见。

前面所讲的各态,各有所长,各有所短,作为用人者,应迎其长,避其短;在察看之时,则应从细小处入手,方可明断其是非真假,正大者可成器材,偏狭者会成败类。

第三节 论时态

前者恒态,又有时态

深险难近,不足与论情

卑庸可耻,不足与论事

妇人之仁,不足与谈心

三者不必定人终身

【原典】

前者恒态,又有时态。方有对谈①,神②忽他往③;众方称言④,此独冷笑;深深险难近⑤,不足与论情⑥。言不必当,极口称是;未交此人,故意诋毁⑦;卑庸可耻,不足与论事。漫无右否⑧,临事⑨迟回⑩;不甚关情⑪,亦为堕泪;妇人之仁,不足与谈心。三者不必定人终身。反此以求,可以交天下士。

【注释】

①方有对谈:方,正,正在;对谈,面谈。

②神:这里指目光、眼神。

③他往:指目光移往别处。

④众方称言:指众人言笑正欢之际。

⑤深险难近:深,指城府很深;险,指居心阴险。

⑥论情:指建立友情。

⑦诋毁：对别人进行恶意的诽谤和诬蔑。

⑧漫无可否：漫，本义为无边无际，这里是无论做什么或对什么的意思；可否，这里指级衰肯定或否定的意见。

⑨临事：即事到临头。

⑩迟回：迟疑不决或犹豫不前。

⑪关情：牵动，感动。

【译文】

前一章所说的，是在人们生活中恒常出现的情态，称之为"恒态"。除此之外，还有几种情态，是不经常、短暂出现的，称之为"时态"。如正在跟人进行交谈时，却忽然把目光和思路转向其他地方去了，足见这种人毫无诚意；在众人言笑正欢的时候，却在一旁漠然冷笑，足见这种人冷峻寡情。这类人城府深沉，居心险恶，不能跟他们建立友情。别人发表的意见未必完全妥当，却在一旁连声附和，足见此人胸无定见；还没有跟这个人打交道，却在背后对人家进行恶意诽谤和诬蔑，足见此人信口开河，不负责任。这类人庸俗下流。卑鄙可耻，不能跟他们合作共事。无论遇到什么事情都不置可否，而一旦事到临头就迟疑不决，犹豫不前，足见此人优柔寡断。遇到一件根本不值得大动感情的事情，却伤心落泪，大动感情，足见此人不理智。这类人的仁慈纯属"妇人之仁"，不能跟他们推诚交心。然而以上三种情态却不一定能够决定一个人终身的命运。如果能够以上述三种情态为原则与他人交往，那么就可以遍交天下之士了。

评 述

鉴人察性，本来没有固定的方法，也无人敢说他的知人能力天下第一。民国时期鼎鼎有名的命理学家袁树珊，在其巨著《命谱》中讲了几句话，说他看了那么多人的四柱，总有不通之处，后来终于明白人的命数不可由生辰八字来决定，而是冥冥之中定有天意。命理学的对错这里暂不讨论，但在知人之上，许多困惑之处实不得确解。人的成功失败决定于时、空、心力等多种因素，要想未卜先知，实不是人心所能愿的。

前一节谈到恒态与时态的异同，本节专论时态。通过时态，既能知道他心中所想,也可由此推断他的品行德性。

通过情态中的时态鉴别人物心性品质,途径很多,不只是原典中提到的几种。北宋蔡京,得权柄乱朝政之前,有叫陈瑾的见蔡京正在看太阳,直视很久而不眨眼,便告诉别人说:"蔡京直视太阳很久而不眨眼,精神意志充沛坚强,定力稳健,将来必定能显达富贵。但他自恃天资过人,敢与太阳敌对,心志太高,这种高不是一般的高,将来得志后一定会飞扬跋扈,目中无君,肆意妄为,扰乱朝政。"当陈瑾担任专门为皇帝进谏各种事务的官时,就检举蔡京的奸情罪恶,但因蔡京正在给皇上当秘书,奸情尚未显露,众人都认为陈瑾无是生非,不以为然。后来蔡京得志,果如陈瑾所言,大家才想起陈的预见来。可惜,天下有陈瑾这样知人才能的少;能知陈瑾人之能的人,也少;能相信陈瑾预见的人,又少。正因为有才之人少,像蔡京这样天资聪慧、奸心内萌的人才会得志乱天下。

深险难近者

方有对谈,神忽他往。正在交谈之时,忽然随便地把目光移往别处,这种情况表明,他心存别念,或者是心不在焉,没有给对方足够的重视,如无特殊原因,这种人缺乏诚意,不尊重对方,心怀他念。如果与这类人交流谈心,那是找错对象了。另一种可能是,谈到一个话题时,他迅速地转向了另一个话题。这种情态原因有两个,一个是他是内倾式思维者,多关注个人内心世界,内心感情敏感而丰富,思维转得快,但不大依据、照应外界的情况变化;另一个原因是心有别念。前一种原于本性,不足为怪,后一种情况则不足与论情了。

众方称言,此独冷笑。大伙儿正谈得高兴,语笑嫣然的,惟独他一个人在旁边冷嘲热讽,无动于衷,或者是冷眼旁观,不屑一顾。这种人,要么是高人,有自己独到的见解,见旁人胡乱瞎侃,心中不舒服,本不想掺杂到当中去,却又忍受不了他们乱讲,因此在情态上有所表现,要不然就立马走开,不予理睬。这种情况为情理中事,不足为奇。另一种情况则是没来头的冷嘲热讽,自高于众人,冷漠寡情,居心叵测,不值得深交。有的人天性如此,倒也不必多怪。曾有几个青年谈到个人婚姻的排场,第一个称自己是用名牌小车接新娘,一旁人评曰:气派。第二个大口一张,说自己用飞机,评曰:壮观。第三个说是自行车,评曰:浪漫。最后一人,纯要为难他,说是爬去的,评君不动声色地说:稳当。这种情况纯粹是特定场合下的搞笑,不必作为识人的途径。

不足与论情者,需要断准他当时情态下的真实内心想法,否则会冤枉好人。因此仅以情态中的时态论人,而不问其平素的表现,易失于正确。这与欣赏西方古典音乐有异曲同工之处。大凡欣赏与评论古典音乐,如不熟悉,应先了解该乐曲的作曲背景、作者当时的心境状态,作者的一贯倾向,再细细听赏音乐,方可不闹笑话。至于有天才之人,听音知性,乐音方起,就听到了乐曲的本质表现力,那是天才,可遇不可求的事。

卑庸可耻者

言不必当,极口称是。他人的言论并不正确,却在一旁连连附和,高声称唱。如果不是存心这么做,必定是个小人,胸无定见,意志软弱,只知巴结奉迎、投机取巧。这种人是不可以信赖的。生活中有一种人,完全靠实力吃饭,比自己强的,他极力巴结称是,比自己弱的,就看不起,态度傲慢,这也是一种小人,只是心眼不太坏。如果一个单位,有这样小人占据重要职位,那么该单位的内部管理和运作情况可以知道一二了。要么单位的头头如此,要么是他不大负责任,能过则过。

未交此人,故意诋毁。不曾与人交往,对人家全然不了解,完全是道听途说的个人主观想像,就凭此一点,就对人家飞短流长,评头论足。如果一味地说好话,则有奉迎巴结之嫌,不可取;一味地诽谤,污人清白,则是小人之心,不可与交往。这都是无德小人的表现,品格卑下,不足与论事。

以上两种情况,生活中并不是不曾有。有的是毛头小伙子,不知做人真谛,只要碰壁之后,会改掉这个缺点。否则,则是鄙贱小人,虽有一时之权势,也难得长久,不足与之论事。还是敬而远之的好。

另有一种情况需要区别。怀才不遇的人,为吸引别人注意,故意在大庭广众之下,出奇谈怪论。要鉴察他的真实目的,首先,这不是个一般的人,勇气可嘉,而见识心智也不是泛泛之辈;其次,要考察其心性品德,如这一点不差,当然是奇才,不可与"不足与论事"等量齐观。就像陈子昂长安卖琴一样,如果不是真伯乐,是难以发现奇才之美的,反而当作奇谈怪论而抹杀掉。但对有才之人而言,真金不怕火炼,是金子总会闪光的。现代社会又给个人创业提供了广阔的天空,即使不为人所识所用,也可以退而自己打天下,完全毋需像古人"不才明主弃、多病故人疏"那样牢骚满腹,叹怀才不遇了。

妇人之仁者

漫无可否,临事迟回。优柔寡断、畏首畏尾是一种气质很差的性情状态,因为没有信心,因此也成不了什么事功,久而久之,只有去搞因循守旧、毋需动脑的事。这样人一生的状况,可想而知。其实,这种人最大的弱点不是性格软弱,而是胸无大志!因此遇事无主见,不敢承担责任,拈轻怕重,唯唯诺诺,到头来,什么见地也没有,什么成就也没有,空老终身。所谓的"一事精,百事精;一无成,百无成",即是这个道理。

不甚关情,亦为堕泪。多愁善感的人,非常敏感,见花动情,闻风伤感,如病中女子,见可怜之事就眼泪汪汪。这是仁慈之心的缘故。但并不100%值得称道。小善与大恶的关系自不必多论。胸有大志者不拘小节,如妇人一样婆婆妈妈,干不了大事?项羽之败,就在于其妇人之仁。古人讲,救穷不救急,也是论妇人之仁的。

妇人之仁的表现各不相同,但对欲成事功的人来说,应深引为戒,有项羽的前车之覆,后人深以为鉴。怀妇人之仁者,不足与之交谈大事。

以上不足与论事,不足与论情,不足与谈心的人,虽说有许多缺点和表现,但如正文中所说,因有各种不同的原因,如不能细细区分,找不到准确答案的话,就不能以此定人终身,否则,也落了"不足与论事"的小人圈套。戒之戒之。知此三点,反以之求人束己,则可以知天下人杰俊英,可以行步天下而无阻了。

鉴别人才,不宜武断。人终有所长,就终有所用。用人者的任务就在于发现其长处,使用其长处,而回避其不足。这于人于己,都是一件有功德的事。而人的缘份有尽不尽之时,因此也不宜刻意去求每个人的长处。所谓"合则留,不合则去",毋需再多言矣。

明朝人周文襄任江南巡抚期间,正值宦官王振当权,周文襄怕王振借机刁难,因此当王振兴建宅第时,周文襄事先要人暗中测量厅堂的大小宽窄,然后命人到松江按尺寸定做地毯送给王振作为贺礼。

由于尺寸大小丝毫不差,王振非常高兴,以后,凡是周文襄所呈报的公文,都在王振的赞同下顺利通过,江南的百姓因此蒙受福泽!

秦桧修建格天阁时，有个任职江南的官员，想别出心裁，好好巴结秦桧，使用了类似的方法。由于绒毯的尺寸大小恰到好处，秦桧认为这名官员打探他府中隐私，非常生气，常借事斥责这名官员。

同样是呈献绒毯，结果却一怒一喜，这是什么原因呢？有人认为这是忠奸不同，所以各得其不同的报应。却不知，王振虽然骄横暴虐，但并不深沉，秦桧则阴险狡诈心机重；王振喜欢招抚君子获致名声，秦桧却是怕遭谋刺，所以以小人心严防众人，这才是结果不同的原因！

善于揣摩他人心思，如果不知进退，处理不当，则祸从中来矣。

战国时期，齐人隰斯弥去拜见田成子。田成子邀他一起登台远望，脸有沛然之色。看到三面视野辽阔，只有南面被隰斯弥家的树林子挡住了，田成子没有说话。

隰斯弥回到家后，立刻派人去砍树，但刚动斧头，又传停止。他家长者奇怪他翻覆举止，他说："俗话讲：'知渊中之鱼者不祥。'田成子将有所行动，如果事情重大，而我却表现出预知征兆，那就危险加身了。不砍树，还无罪；一砍，他就明白我知道他心中所想，那罪就大了。所以不砍树。"

第九章　早慧与大器晚成

第一节　总论须眉

未有须眉不具可称男子者

眉主早成，须主晚运

紫面无须自贵

暴腮缺须亦荣

【原典】

"须眉①男子"，未有须眉不具可称男子者。"少年两道眉，临老一付须②。"此言眉主早成，须主晚运也。然而紫面无须自贵，暴腮缺须亦荣③：郭令公半部不全，霍骠骁一副寡脸④。此等间逢⑤，毕竟有须眉者，十之九也。

【注释】

①须眉：本章论述的内容就是胡须和眉毛。

②少年两道眉，临老一付须：这两句话的意思是眉毛兴于人的青少年时期，而胡须则是在人的中老年时期才显旺相。"眉主早成，须主晚运"，说的就是这个意思。

③紫面无须自贵，暴腮缺须亦荣：古人认为，面呈紫色的人，属于金形带火，属逆合，主"其贵非常"，所以脸色现紫气的人，没有胡须也能富贵。而暴腮即"燕颔"，人如有燕颔虎头，是封万户侯的贵相，所以，腮部暴突者，缺少胡须也荣显。

④郭令公半部不全，霍骠骁一副寡脸：郭令公，就是唐代平定"安史之乱"的名将郭子仪。郭子仪曾任中书令，世称郭令公，他因平定"安史之乱"有功多次受到朝廷封赏，因而权倾朝野，名满天下，但传说他的须相不佳，所以"郭令公半部不全"。霍骠骁，即汉代驱逐匈奴的名将霍去病，霍去病曾任骠骁将军，封冠军侯，位高权重，名垂千古，但传说中他的须相也不好，所以，"霍骠骁"一副寡脸。

⑤此等间逢：此等，这一类，指上文的"紫面无须自贵，暴腮缺须亦荣"和"郭令公半部不全，霍骠骑一副寡脸"。间，间或，偶然。

【译文】

人们常说"须眉男子",是将须眉作为男子的代名词。事实上也的确如此,还没有见过既无胡须又无眉毛而能称为男子的。人们还常说"少年两道眉,临老一付须"。这两句话则是说,一个人少年时的命运如何,要看眉毛,而晚年运气怎么样,则以看胡须为主。但是也有例外,脸面呈紫气,即使没有胡须,地位也会高贵;两腮突露者,就算胡须稀少,也能够声名显达;郭子仪虽然胡须稀疏,却位极人臣,名满天下;霍去病虽然没有胡须,只是一副寡脸相,却功高盖世。但这种情况,不过只是偶然碰到,毕竟有胡须有眉毛的人,占90%以上。

评 述

本章论述的内容是胡须和眉毛。在最初时,呆伯特认为此举可笑,胡须和眉毛这等生理学上讲的皮肤衍生物,可以用来鉴别人才么?如果成立,不是要滑天下之大稽,指甲、汗毛等皆可以用来鉴别人才了么?中间的道理,呆伯特也未能参详透彻。如果说古人错了,内圣外王的曾国藩也一定能想到,但他对此只字未提,而承继了前人的说法,想来中间一定有他的道理。

古人以留长须为美事。苏东坡有一嘴胡须,以至于宋神宗有时会称他苏大胡子。其他有"美髯公"之称的人也不少,关羽,水泊梁山上的朱仝,都如此。今天的时尚发生变化,留胡须的只占极少数。能见诸文字记载的大概有康笑宇先生。在康先生的漫画集《一笑了之》序中,有署名"野夫"先生的赞词:"深林大都,往往有奇士藏焉。某年春,初识康先生,遥看……顶发全颓而须毛横生,俨然古代画传中虬髯公鲁智深一辈人物,不禁心中暗自喝彩。据先哲前贤们的看法,貌之高古者必胸多奇气,形之险峻者则心深丘壑。……"康先生的一虬虹髯想来是不假的,为大都中的奇士;而于野夫先生的笔意中,也可看出野夫先生胸中奇气可嘉。

胡须和眉毛是古人"丈夫气概"的标志,故无须眉不足以称男子。如果太监是其中一例,那的确是不宜称为男子的(但愿他们不会因为这句侵犯他们人权的话而从墓里翻身起来为他们的命运而呐喊)。从古代医学来看,须属肾,肾属水,性阴柔而近水,故下长而宜垂;眉属胆,胆属火,性阳刚而近火,故上生而宜昂。古人认为,"须"是山上松柏,象征一个人的生命力,故可显示其强弱。胡须漂亮光洁,一尘不染,生命力强旺;枯黄稀落,昏暗晦滞,生命力就虚弱衰亡。生命力与承受力是相通的。

胡须因所生部位不同而分为两种,嘴唇下部的叫"胡",颐颊部位的叫"髯"。黄庭坚有诗描述髯为"缘缘若坡生之竹"。

眉毛的形态和分法,古书中已多有描述。柳叶眉、吊梢眉、失刀眉,不一而足。古人认为,从面部形貌看,眉毛是双眼的华盖,面部的威仪。生理学的解释是,眉毛的功能之一是遮挡灰尘,防其落入眼睛里。但为什么有白眉高僧,长眉长者?具体原因这里不讨论。眉"主贤愚之辨",少年得志的人两道眉毛往往非常清秀,老年幸福的人胡须常常比较滋润。

从审美来看,眉以疏朗、细平、秀美、修长、滋润为佳,形如一弯新月。如果眉毛细软、平直、宽长,象征着一个人聪明,尊贵,身健体康而长寿。如果眉毛粗硬、浓密而散乱,促生攒缩的,象征一个人愚顽,身体不健康。因此,眉有日月之华彩、山恋之花木的作用。少年两道眉,一个人的健康、个性、秀美、聪明、威严都通过眉毛来显示,进而可以判断其成就高低、事业成败。眉毛生得好的,显得英俊秀挺,聪明伶俐,能给人留下睿智、聪明的深刻印象。

中国医学认为:"须"属肾。性阴柔而近水,故下长而宜垂。为什么一个人晚运和胡须有关系呢?其原因大概是这样的,大凡胡须丰满美丽者,是因为肾水旺、肾功能强。而肾旺是一个人身体健康和精力旺盛的重要原因和必不可少的条件。身体健康,精力旺盛,意志力常常也很坚定,工作起来很得心应手。经过日积月累,到了中晚年,事业就有所成。再者,在传统社会中,以多子多孙为贵。肾是生命系统的根本,肾水旺,肾功能强,自然容易多子,多子就容易多孙,而多子多孙意味着多福,至少当时的人这么认为。所以说"须主晚运"。

人的眉毛、胡须都只是人体毛发这个整体中的一个部分。既然是整体中的一个部分,那就应该相顾相称,均衡和谐。眉虽主早成,仍要须苗大丰美,否则难以为继,不能善始善终,即便有成,也怕是维持不了多久。再说,眉强须弱,毕竟有失匀称,面相便不和谐。"其貌不扬"就这样形成了。胡须虽主一个人的老来运气,但还是需要得到眉毛的照应。不然,就如同久旱的秧苗,迟迟才有雨露浇灌滋润,其果实也不会丰满。总之,阴阳须和谐,须眉要相称。

"紫面""暴腮"

"紫面无须自贵,暴腮缺须亦荣"。"紫面"之人是属于金形人带火相,因金的颜色是白,火的颜色是红,紫色则是火炼之金,这是宝色。本书《刚柔》篇也认为:"金而合火,属逆而合,其贵非常",因此,"紫面无须自贵"。再从现实生活以及生理学的角度来看,"紫面"者一般气血充沛,性情刚烈,从事某事业往往有成,并因此而"贵"。腮为口的外辅,口为水星,腮自然也属水,暴腮之人,水必有余。从前面的论述可以知道:水多者,"贵"。所以,暴腮之人即使胡须稀少或不全,也当富贵。再辅以郭子仪和霍去病的例子,来证明这些论断。但郭子仪,霍去病的须相,正史里没有记载。

第二节 早 慧

眉尚彩,彩者,梢处反光也

贵人有三层彩

所谓"文明气象",宜疏爽不宜凝滞

【原典】

眉尚彩,彩者,梢处反光也①。贵人有三层彩,有一二层者②。所谓"文明气象",宜疏爽不宜凝滞③。一望有乘风翔舞之势,上也;如泼墨者,最下④。倒竖者,上也;下垂者,最下⑤。长有起伏,短有神气⑥;浓忌浮光,淡忌枯索⑦。如剑者掌兵权,如帚者赴法场⑧。个中亦有征范,不可不辨⑨。但如压眼不利,散乱多忧,细而带媚,粗而无文,是最下乘⑩。

【注释】

①眉尚彩,彩者,梢处反光也:尚,崇尚。彩,光。梢,指眉毛的梢部。反光,是指鸟兽,特别是珍禽异兽羽毛末梢浮现的一层绚丽鲜艳的光彩。这光彩是生命力的显现。这几句话是说,眉毛崇尚光彩,而所谓光彩,就是眉毛的末梢部闪现出来的亮光。

②贵人有三层彩,有一二层者:眉三层,指的是眉毛根处一层,中处一层,梢处

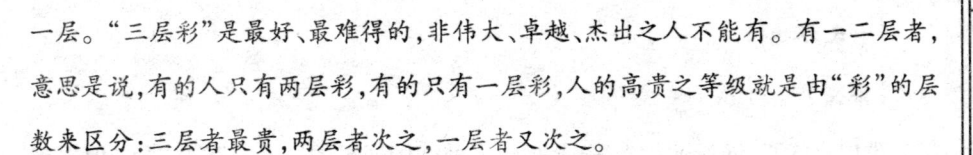

一层。"三层彩"是最好、最难得的,非伟大、卓越、杰出之人不能有。有一二层者,意思是说,有的人只有两层彩,有的只有一层彩,人的高贵之等级就是由"彩"的层数来区分:三层者最贵,两层者次之,一层者又次之。

③所谓"文明气象",宜疏爽不宜凝滞:人类进入文明时代后,身体毛发的减少是显著的特点,这是文明气象的具体体现,也是人类进步的标志。疏爽,疏密有致,清秀润朗。凝滞,指凝结厚重,呆滞浓密。

④一望有乘风翔舞之势,上也;如泼墨者,最下:一望有乘风翔舞之势,意思是远远地望去,像凤在乘风翱翔,如龙在乘风飞舞。意思是眉相生动有神。如泼墨,即像一团泼散开的墨汁。

⑤倒竖者,上也;下垂者,最下:倒竖,就是"倒八字眉"。这种眉相有势、有神、有气、威武刚猛,主人刚强坚毅,有积极进取之心,故为"上"。下垂,即"八字眉"。古人认为,这种眉相无势无神,猥琐丑陋,主人性格怯懦,为人卑鄙低下,故为"最下"。

⑥长有起伏,短有神气:长有起伏,即"弯而有势",古人认为,眉平直如箭而没有起伏变化,主性格急躁,好强斗狠,所以,眉毛切忌过于平直。短而有神,古人认为,眉应该昂扬有神,短的话,其神就不易显现,所以这里强调"短而有神",如果眉毛短又没有神,主孤贫夭折,同样不吉。

⑦浓忌浮光,淡忌枯索:浮光,就是虚浮之光,古人认为,眉毛浓了却虚浮泛光,缺少生气,是阴气太盛的缘故,是带杀之相。枯索,即枯干的绳子。古人认为,这种眉无势、无神、无光、无气,是火将化为余烬,将熄灭之象,主贫寒夭天。

⑧如剑者掌兵权,如带者赴法场:掌兵权,就是统领三军,贵为将帅。赴法场,其意思是有杀身之灾。

⑨个中亦有征范,不可不辨:个中,里面,其中。征范,迹象,预兆。

⑩但如压眼不利,散乱多忧,细而带媚,粗而无文,是最下乘:压眼不利,指眉毛过长,以至于压迫、遮盖住了眼睛,使目光显得晦涩、昏暗。细而带媚,指眉形过于纤细又带有媚态,这样的眉相表示其人阴柔太过,阳刚不足,多操贱业。粗而无文,指眉形粗壮宽阔而没有文秀之气,"媚"是过柔之相,柔多于刚,而"文"是刚柔并济,文秀柔美之相。"粗"则是刚太过,容易导致粗野俗陋。若有"文"加以补

救,仍不失为好相。

【译文】、

眉崇尚光彩,而所谓的光彩,就是眉毛梢部闪现出的亮光。富贵的人,他眉毛的根处、中处、梢处共有三层光彩,当然有的只有两层,有的只有一层,通常所说的"文明气象"指的就是眉毛要疏密有致、清秀润朗,不要厚重呆板,又浓又密。远远望去,像两只凤在乘风翱翔,如一对龙遮乘风飞舞,这就是上佳的眉相。如果像一团散浸的墨汁,则是最下等的眉相。双眉倒竖,呈倒八字形,是好的眉相。眉下垂,呈八字形,是下等的相。眉毛如果比较长,就得要有起伏,如果比较短,就应该昂然有神,眉毛如果浓,不应该有虚浮的光,眉毛如果淡,切忌形状像一条干枯的绳子。双眉如果像两把锋利的宝剑,必将成为统领三军的将帅,而双眉如果像两把破旧的扫帚,则会有杀身之祸。另外,这里面,还有各种其他的迹象和征兆,不可不认真地加以辨识。但是,如果眉毛过长并压迫着双眼,使目光显得迟滞不利,眉毛散乱无序,使目光显得忧劳无神,眉形过于纤细并带有媚态,眉形过于粗阔,使其没有文秀之气,这些都是属于最下等的眉相。

评 述

古人论眉的道理很多,究竟该如何鉴别、区分,读者可以从以下诸段引述的文字中找到真谛。

夫眉者,媚也,为两目之华盖,一面之表仪,且谓目之英华,主贤愚之辨也。故眉欲细平而阔,秀而长者,乃聪明也。若夫粗而浓,逆而乱,短而蹙者,性又凶顽也。若眉过眼者,富贵;短不覆眼者,乏财;压眼者,穷;逼昂者,气刚;卓而竖者,性豪;眉垂眼者,怯懦;眉头交者,贫薄,妨兄弟;眉逆生者,不良,妨妻子;眉骨棱起者,凶恶多滞;眉中黑子者,聪贵而观;眉高居额中者,大贵;眉中生白毫者,多寿;眉上多直理者,富贵;眉上多横理者,贫苦;眉中有缺者,多奸诈;眉薄如无者,多狡佞。

古人对眉毛有四条要求:

有势,即"弯长有势";

有神,即"昂扬有神";

有气,即"疏爽有气";

有光,即"秀润有光"。

秀润有光之眉

一个人的眉毛如果符合这几项要求,那当然是好的眉相。这样的眉毛既反映了其人身体健康,看上去也很漂亮,在以上四个条件中以"光"最为重要。一个人的眉毛若能有光彩,就如同珠宝熠熠生辉,如果黯然失色,好比珠宝年久无辉。而所谓"光"就是本章所强调的彩,所以在本章开门见山地提出"眉尚彩"。

毛发有亮光,是一个人生命力的显现和标志,年轻人的毛发通常都很光润明亮,老年人的毛发,却多是干枯无光,原因就是前者的生命力比后者的生命力要旺盛得多。鸟兽的羽毛在末梢处都能显示其光亮。特别是珍禽异兽。比如虎豹、孔雀之类,更是光彩照人,鲜艳夺目。似乎动物皮毛的光亮,也能显示其在动物中的位置和层次。

"彩"有三层,就是根处一层,中处一层,梢处一层,层数是富贵的等级标志。"贵人有三层彩,有一二层者",这句话是在强调富贵也有等级之分。最高贵者其眉毛共有三层彩,有二层彩和只有一层彩的分别为中贵和小贵。

疏爽有气之眉

人体毛发的蜕变,即由多变少,由浊变清,这是人类由茹毛饮血的野蛮时代进化到文明阶段的标志。也是所谓文明气象最显著的特征之一。既为文明时代的人,就应该有颇具文明气象的双眉,其眉毛"宜疏爽不宜凝滞"。这里的"疏爽"就是"清秀"的表征,而"凝滞"则是"俗浊"的表征。人的相(无论是眉相,还是面相、体相)贵"清"而忌"浊"。所以,人的眉毛要有文明气象,首先,就要"疏爽"。

疏爽和凝滞,有两种情况,一是眉自身或为疏爽或为凝滞。二是两眉之间的关系或为疏爽或为凝滞。前者如龙眉、轻清眉、柳叶眉、卧蚕眉、新月眉、清秀眉等,为疏爽;而扫帚眉、小扫帚眉、鬼眉等则为凝滞。后者如龙眉、剑眉、轻清眉、清秀眉等为两眉之间关系疏爽;而交加眉、八字眉等,则是两眉之间关系凝滞。

弯长有势之眉

"一望有乘风翱翔之势",这种眉,乃是势、光、神、气四美兼具之眉。疏爽之至,清秀之极,即便不能富贵福寿俱全,至少也能占其一二。即使不能"立德,立功,立言"三"不朽"全占,也能据其一项,所以这种眉毛才是上佳的眉相。远远望去,如龙凤在乘风翱翔飞舞。所以,有此眉相的人大富大贵,禄厚寿长。如龙眉,剑眉,新月眉就属于此上等眉相。

昂扬有神之眉

"长有起伏",指眉粗清秀有起伏。主人性格稳健,清贵高雅。有这种眉相的人,既能享受富贵,而且寿命也长。相反,如果眉毛过长却没有起伏,直得像箭一样,则为人脾气火爆、逞强斗狠。有这种眉相的人,最终不得好生。

"短有神气",这"短"是指眉毛相对于面部而言较短,前面的"长"也是指眉毛相对面部而显得较长,眉毛短又缺乏神气,就使眉相显得急促又露肉,丑陋又单薄,是一副孤贫寒穷之相,主人早早夭折。相反,如果"短而有神气",那么,眉毛短的缺陷就可以由神气来补救,这就是常说的以神补形。

这里做一点说明:古代汉语常将句子的成分省略许多。当时的人习以为常就不以为然,但今天看来,有些成分不能省略,否则,整个语句就令人费解了。如"长有起伏,短有神气"这两句中,均省略了一个"宜"字,应该是"长宜有起伏,短宜有神气"。因为从上下文分析来看,"长有起伏"并非说只要长就必定有起伏,而是眉毛长了,要有起伏才好。"短有神气"同理。

"淡忌枯索",眉毛好像干枯的绳索,主病苦缠身,一生穷困。

《石室神异赋》说:"铁面剑眉,兵权万里。"这些都是从气质上来论人的眉相,"如剑者掌兵权",因为人有剑眉,看上去就很威严英武,有将帅之气。"如帚者赴法场",扫帚眉主兄弟相克,容易反目为仇,终究不是好的眉相。

双眉压眼者,散乱者,细而带媚焦,粗而无文者,或是终生不得志,或是劳累烦苦,或是操贱业,或是凶顽之徒。所以,这四者,当然属眉相中的"最下乘"者。

第三节 大器晚成

须有多寡,取其与眉相称

多者,宜清、宜疏、宜缩、宜参差不齐

少者,宜光、宜健、宜圆、宜有情照顾

【原典】

须有多寡①,取其与眉相称②。多者,宜清③、宜疏④、宜缩⑤、宜参差不齐⑥;少者,宜光⑦、宜健⑧、宜圆⑨、宜有情照顾⑩。卷如螺编纹,聪明豁达;长如解索,风流荣显⑪;劲如张戟⑫,位高权重;亮若银条,早登廊庙⑬,皆官途大器。紫须剑眉,声音洪壮⑭,蓬然虬乱,尝见耳后⑮,配以神骨清奇,不千里封候,亦十年拜相。他如"辅须先长终不利"、"人中不见一世穷"、"鼻毛接须多晦滞"、"短髭遮口饿终身"此其显而可见者耳。

【注释】

①寡:少。

②称:合适,相当,协调,匹配。

③清:不浑浊,就是清新干净,明快利落。

④疏:疏朗有致,不丛杂淤塞,即疏爽明朗。

⑤缩:指不直不硬,不散不乱。

⑥参差不齐:指有长有短,长短配合得当,而不是乱七八糟,散乱不整齐。

⑦光:不枯涩干燥,润泽清秀。

⑧健:刚劲康健,有生气。

⑨圆:圆润生动,不呆滞。

⑩有情照顾:胡须与其他部位如眉毛、头发等相均衡,使整体趋于和谐一致,宛如彼此有情,互相照应。

⑪长如解索:解索,就是断裂或磨损后的绳头,其绳身多小曲。风流,喜好女色而不淫邪,坐怀不乱。

⑫劲如张戟:劲,刚健有力。张,张开。戟,古代的一种兵器,在长柄一端装有金属枪尖,枪尖旁边还有月牙形铮刃。

⑬亮若银条,早登廊庙:亮,鲜明清新,润泽有光。廊庙,庙是王宫的前殿和朝堂,又称太庙;廊,就是宫殿四周的走廊,这是古代皇帝和群臣商议朝政的地方。后来,用庙廊或廊庙来代指朝廷。登庙廊,指人居高官。

⑭皆官途大器:官途,仕途,官场。这句话是说,以上这几种须髯的人,将来是官场上的大材大器的人物。

⑮紫须剑眉，声音洪壮：紫须，胡须的颜色为紫色。剑眉，指眉形秀而长，如剑，一脸正气，刚正不阿，有威严使人畏服，又文秀让人亲近。古人认为，"紫须"配"剑眉"，再加以洪亮雄壮的声音，是金形得金局，其相大贵。

⑯蓬然虬乱，尝见耳后：蓬然，蓬松的样子。虬，古时传说中的带角的小龙。虬乱，像虬的须那样坚挺散乱。尝，曾经，有的时候，古人认为这种须相，气宇轩昂，威德兼备。

【译文】

胡须，有的人多，有的人少，无论是多还是少，都要与眉毛相和谐，相匹配。胡须多的应该清秀流畅，疏爽明朗，不直不硬，并且长短分明有致。胡须少的，就要润泽光亮，刚健挺直，气韵十足，并与其他部位相互照应。胡须如果像螺丝一样的弯曲，这人一定聪明，目光高远，豁然大度。胡须细长的，像磨损的绳子一样到处是细弯小曲，这种人生性风流倜傥，却没有淫乱之心，将来一定能名高位显。胡须刚劲有力，如一把张开的利戟，这种人将来一定当大官，掌重权。故须清新明朗，像闪闪发光的银条，这种人年纪轻轻就为朝中大臣。以上这些都是宦途官场上的大材大器的人物。如果人的胡须是紫色，眉毛如利剑，声音洪亮粗壮，胡须像虬那样蓬松劲挺散乱，而且有时还长到耳朵后边去，这样的胡须，再有一副清爽和英俊的骨骼与精神，即使封不了千里之侯，也能当10年的宰相。其他的胡须，如辅须先长出来，终究没有好处。人中没有胡须，一辈子受苦受穷。鼻毛连接胡须，命运不顺利，前景黯然。短髭长大了而遮住了嘴，一辈子忍饥挨饿等等。这些胡须的凶象，是显而易见的，这里就用不着详细论述了。

评述

本章专门论述的是"胡须"，对胡须的要求也是相称与相合这一原则。相称，指形体各部位之间相互顾盼，相互协调，显得匀称、均衡，使整个形体呈完美之相。相称为有成之相，反之则为无成之相。相合，指合五行形局，若合五行正局则为上相，反之则为下相。"金不嫌方，木不嫌瘦，水不嫌肥，土不嫌矮"等，均合五正局，为上相。

有多有少

人的胡须,有的人多,有的人少,胡须的多少与须相的好坏没有因果关系,也没有正比例或反比例的关系,不管多与少,都必和眉毛相称。也就是眉毛多的话,胡须也要多,眉毛少的话,胡须也要少。只有这样,才称得是上佳。为什么胡须的多或少,"须相"的有成与无成,和眉毛的关系这么大呢?因为眉毛和胡须对于人来讲,属于同类,都是人体的毛发,此其一也;胡须和眉毛同位于人的脸部,都是面部的重要组成部分(当然是专指男性),此其二也;第三则是取其水火既济或水火未济之义,也就是胡须和眉毛相称为既济,不相称为未济,既济是上相,未济是下相。

多者要"清","清"就是清秀、清朗、清雅、清爽,就是不浊,不乱,不俗,不丑。要"疏","疏"就是疏落、疏散、疏朗,就是不丛杂,不淤塞。要"缩","缩"就是弯曲得当,不直,不硬。要"参差不齐",就是有长有短,长短配合得当,错杂有致,不要整齐划一,截如板刷。这种多而清、疏、缩、参差不齐的须相,不管眉毛的多或少,都能和眉毛相称。若眉毛多,这种须相可与之形成一定的反差,若眉"少",这种须相则可从"神"上与之协调一致。因此说,"多者,宜清,宜疏,宜缩,宜参差不齐"。"少者"要"光","光"就是不枯,不涩,就是润泽,光亮。

要"健","健"就是不萎,不弱,不寒不薄,就是要刚劲、康健、坚挺。要"圆","圆"就是不呆,不滞,不死板,就是要圆润、生动、飘然。要"有情照顾","有情照顾"就是与眉毛、头发相称,与五岳四渎相称就是有照应,不孤独。

第十章　闻声辨人

伟大的革命导师

第一节　总论声音

　　人之声间,犹天地之气
　　轻清上浮,重浊下坠
　　取其自成一家,不必一一合调
　　闻声相思,其人斯在

【原典】

　　人之声音①,犹天地之气,轻清上浮,重浊下坠。始于丹田②,发于喉③,转于舌,辨于齿④,出于唇,实与五音⑤相配。取其自成一家,不必一一合调⑥,闻声相思,其人斯⑦在,宁⑧必一见决英雄⑨哉!

【注释】

①声音:这里所谓的"声音",指的是人体内的发音器官受腹内气流的震动而发出的声响。

②丹田:指人体脐下一寸半至三寸的部位。

③喉:这里是就人体的部位而言的,声音实际上发生于声带。

④辨于齿:意思是在牙齿这里发生清浊等等变化、分野。

⑤五音:即宫、商、角、徵、羽五音。五音之中,宫属土,商属金,角属木,徵属火,羽属水。五音的具体特征是:宫声沉厚,商声和润,角声高畅,徵声焦烈,羽声圆急。古人认为,"人之禀五行之形,其声亦有五声之象"。所以,分辨五声必须与人的形体的五行特点结合起来,进行对应考察。古人还认为,声音的五行属性与人的形体的五行属形和特征相符合便为吉祥、富贵、良善,否则便为不吉。

⑥合调:与五音相合。

⑦斯:助词,无义。

⑧宁:难道。

⑨决:分辨,判断。英雄,这里的意思是究竟是不是英雄。

【译文】

人的声音，跟天地之间的阴阳五行之气一样，也有清浊之分，清者轻而上扬，浊者重而下坠。声音起始于丹田，在喉头发出声响，至舌头那里发生转化，在牙齿那里发生清浊之变，最后经由嘴唇发出去，这一切都与宫、商、角、徵、羽五音密切配合。识人的时候，听人的声音，要去辨识其独具一格之处，不一定完全与五音相符合，但是只要听到声音就要想到这个人，这样就会闻其声而知其人，所以不一定见到他的庐山真面目才能看出他究竟是个英才还是庸才。

评述

闻声辨人，浅层的理解，指听到说话声，就知道他是谁。这样的前提是，必须在重复相闻的基础。这里辨别的是人的身份。更进一个层次理解，是由声音听出一个人的心性品德、身高体重、学力身份、职业等属性来。这是一个较复杂的经验判断，依从于生活的逻辑。

前面讲到的那个郑子产，一次外出巡察，突然听到山那边传来妇女的悲恸哭声。随从们面视子产，听候他的命令，准备救助。不料子产却命令他们立刻查捕那名女子。随从不敢多言，遵令而行，逮捕了那位女子，那时她在丈夫新坟前面哀哭亡夫。人曰人生三大悲，其一为中年丧夫，可见该妇人的可怜。而以郑子产的英明，该不会没来由地对此节妇动粗，其中缘由，概因为郑子产的闻声辨人之术也。郑子产解释说，听那妇人的哭声，没有哀恸之情，反蓄恐惧之意，故疑其中有诈。审问的结果，是妇女与人通奸、谋害亲夫之故。

郑子产闻声辨人的技巧已是很高明了。但孔子也深谙此道，似乎技艺比子产更高超。虽然孔子讲过，"以貌取人，失之子羽；以言取人，失之宰予"，但他在以外貌声色取人上，实在是有过人的天分。

《孔子家语》中讲到一个孔子的故事，他在回还齐国的途中，听到非非常哀切的哭声，对左右讲："此哭哀则哀矣，然非哀者之哀也。"继续往前，碰上了那个哀哭的人，孔子下车询问，知道他叫丘吾子。问起他为什么哀哭，丘吾子长叹一声，告曰："我一生有三大过错，至今年老才深深觉悟到，但追悔莫及，因此痛哭。"古人讲，朝闻道，夕死可矣。丘吾子之痛悔而哭，有高人之风。而孔子能听音辨人心事,又非常人之资赋也。

丘吾子痛哭的事还未讲完。当孔子追问丘吾子痛悔的原因,丘吾子说:"我少年时喜欢学习,周游天下,竟不能为父母双亲送终,这是一大过失。我为齐国臣子多年,齐君现在骄横奢侈,失天下人心,我多次劝谏都不能成功,这是第二大过失。我生平交友无数,深情厚谊,不料到后来都绝交了,这是第三大过失。我为人子不孝,为人臣不忠,为人友不诚,还有何颜立在世上?"便投水而死。

丘吾子的三悔,在今天的社会里,已是再难重现的古士高风。孔子的识人之能,由此而流传后世。

以上是由声音的内容,识辨出一个人心中的事情,构成闻声辨人的一个部分。闻声辨人,还可以判断一个人的心胸、职业、身高等情况。

心胸宽广、志向远大的,声音有平和广远之志,而且声清气壮,有雄浑沉厚之势。身短声雄的人,自然不可小视。从身高来看,身高的,由于丹田距声带、共鸣腔远,气息冲击的距离加长,力量弱化,因此声音显得清细弱,振荡轻;身矮的,往往声气十足,因为距离短,气息冲击力大,声带与共鸣腔易于打开。如果受过发声练习的人,又当别论。

从生理学和物理学的角度看,声音是气流冲击声带,声带受到振动而引起空气振动而产生的,是一种生理现象,也是一种物理现象。人的社会属性,使人的声音又结合了精神和气质的属性。古人讲,心动为性——"神"和"气"——性发成声,意思是讲,声音的产生依靠自然之气(空气),也与内在的"性"密不可分。声音又与说话者当下的心理活动密切相关,大小、轻重、缓急、长短、清浊都有变化,这与人的特性也是息息相关的,这就是闻声辨人的基础。

人的声音各有不同,有的洪亮,有的沙哑,有的尖细,有的粗重,有的薄如金属之音,有的厚重如皮鼓之声,有的清脆如玉珠落盘、字正腔圆,有的人身材矮小,声音却非常洪亮,即日常所说的"声音若洪钟",有的人生得高大魁梧,说起话来却细声细气,有气无力。古人对这些情况加以总结归纳,得出了一些规律。

实际上,现代生理学和物理学已经证明,声音的生理基础由肺、气管、喉头、声带、口腔、鼻腔三大部分构成,声音发生的动力是肺,肺决定气流量的大小,音量的大小主要由喉头和声带构成的颤动体系决定,音色主要取决于由口腔和鼻腔构成的共鸣器系统。声音是物体震动空气而形成的,声音是听觉器官——耳的感觉。声音的音量有大小之分、音色的美丑之别,另有音高、音长之分。

人类的声音,由于健康状况不同,生存环境不同,先天禀赋不同,后天修养不同等等而有很大差异。所以声音不仅在一定程度上表现着一个人的健康状态,而且还在一定程度上表现着一个人的文化品格——他的雅与俗,智与愚,贵与贱(这里指人格修养),富与贫。

既然如此,那么声音便和人的命运(过去和现在的生存状况,未来的生存前景)有一定关系。但是如果说声音能够决定人的命运,则未免虚妄不实。成功的歌唱家,一般都有苦学苦练的经历,但是如果天赋不高,单靠苦学苦练,是不会成为歌唱家的,不过声音对人的命运的意义不能过分夸大。

古人历来是比较重视声音的,认为声音是考察人物的一个组成部分,还做了深入的观察和研究。在五行分配上,相学把声音分为:

金声,特点是和润悦耳;

木声,特点是高畅响亮;

水声,特点是时缓时急;

火声,特点是焦浊暴烈;

土声,特点是厚实高重。

始于丹田,发于喉,转于舌,辨于齿,出于唇,实与五音相配。丹田,道家修炼气功的名词,在人脐下三寸处(古之道家有上丹田、中丹田、下丹田之说,上丹田在眉间的印堂,中丹田在胸部膻中,下丹田在脐下三寸处,这里取下丹田说)。人们发声,源于胸腹(主要是腹)气息冲击声带。一般人发声,多源于胸中之气,少用腹中气,这与歌唱者是有区别的。

歌唱演员音色圆润、高亢、洪亮,一者是天赋特质,另一方面是艰苦的发声练习。发声练习要求用胸腹(主要是腹)中充沛的气息冲击声带,并引领上行到眉宇间的共鸣腔,冲击共鸣腔,发出的声音才会洪亮悦耳,中气十足。没有经过发声练习的人,声音不圆润、沙哑,也不高亢洪亮,因此歌声如击败革,或者是有气无力、苍白。唱歌时所用的腹部之气,相当于丹田处,当用腹腰肌肉紧迫腹中气流,爆破式地冲击声带和共鸣腔,发出的声音就有洪亮悦耳的效果。但引领气息冲击共鸣腔都是有诀窍和技巧的。

说话者,如果气息发于丹田,经胸部直冲声带,再经由喉、舌、齿、唇,出来的声音与仅用胸腔之气冲击声带而来的声音,气度不一样,节奏不一样,效果也有悦耳与沙哑的差别。声带结构不好,发出的声音不会动听,但如果经由专门的发声练习,是可以较大程度地改变声音效果的。

丹田的气充沛,因此声音显得沉雄厚重,韵致远响,这是肾水充沛的征象,由此可知其人身体健壮,能胜福贵。同时,丹田之气冲击声带而来的声音洪亮悦耳,柔致有情,甜润婉转,给人舒服浑厚的美感。

发于喉头、止于舌齿之间的根基浅薄的声音,给人虚弱衰颓之感,中气不足,也是一个人精神不足,身体虚弱,自信心不足的一种表现。

以声音来判断人的心性才能,尚有许多未知的空白,而且可信度有多高,也尚未得定论,但其中的奥妙,是值得研究的。基本原则并不是悦耳动听,洪亮高亢。曾国藩的要求是"自成一家,不必一一合调"。这几个字中的人生经验,实非语言文字所能详述,但从中是可以决断天下英雄豪杰的。

第二节 论声

声与音不同

声主"张",寻发处见

音主"敛",寻歇处见

辨声之法,必辨喜怒哀乐

大概以"轻清"为上

【原典】

声与音不同①声主"张",寻发处见;音主"敛",寻歇处见②。辨声之法,必辨喜怒哀乐;喜如折竹,怒如阴雷起地,哀如石击薄冰,乐如雪舞风前,大概以"轻清"为上。声雄者,如钟则贵,如锣则贱③;声雌者,如雉鸣则贵,如蛙鸣则贱④。远听声雄,近听悠扬,起若乘风,止如拍琴,上上⑤。"大言不张唇,细言不露齿",上也⑥。

出而不返,荒郊牛鸣⑦;急而不达,深夜鼠嚼⑧;或字句相联,喋喋利口⑨;或齿喉隔断,嗒嗒混谈⑩:市井之夫,何足比数⑪?

【注释】

①声与音不同:在现代生理学和物理学意义上,"声"与"音"是同一概念,本质并没有什么不同。古人在考察人物时,则认为"声"与"音"不同,开口之初所发出的声音谓之"声",此时声带振动紧张而激烈;口的动作停止之后,声带已经松弛下来,声音仍在空中回响,留下袅袅一段余韵,这就是所谓的"音"。

②声主"张",寻发处见;音主"敛",寻歇处见:声主"张",张扬,可理解为声由声源处产生,并离开声源开始向外传播的状态。见,这里作听见讲。敛,可理解为声音离开声源向外持续传播的过程。歇,止。这四句话的意思是:声来自发音器官的启动,可以在发音器官启动的时候听到它;音来自发音器官的闭合,是声在空中传播的浑响,在发音器官闭合的时候听到它。

③声雄者,如钟则贵,如锣则贱:声雄,声充满刚健激越之气。如钟则贵,钟声洪亮沉雄,激越悠远,充满阳刚之气,故"贵"。如锣则贱,锣声轻薄浮泛,散漫焦躁,阳刚之气过盛,阴柔之气全无,失去平衡,故"贱"。

④声雌者,如雉鸣则贵,如蛙鸣则贱:声雌,声充满阴柔文秀之气。"雉",野鸡,鸡鸣清朗悠扬,柔中有刚,故"贵"。如蛙鸣则贱,蛙鸣声嘶力竭,喧嚣空洞,故"贱"。

⑤远听声雄,近听悠扬,起若乘风,止如拍琴,上上:近听悠扬,即有雌声之致。起若乘风,声发出的时候悠悠扬扬,如乘风飞动,悦耳愉心。止如拍琴,声收敛的时候,像高明的琴师在一曲终了时手法优雅地将琴一拍那样雍容自如。

⑥大言不张唇,细言不露齿,上也:大言不张唇,此为体健气足、谨慎稳重之象,故为"上"。细言不露齿,此为精神清爽、文秀干练之象,故亦为"上"。

⑦出而不返,荒郊牛鸣:出而不返,就是声散漫虚浮,没有余韵;荒郊牛鸣,是说像荒郊蛮野之中的孤牛哀鸣。

⑧急而不达,深夜鼠嚼:急而不达,急急切切,咯咯吱吱,声不畅达;深夜鼠嚼,像夜深人静的时候老鼠偷吃东西发出的声响。

⑨字句相联,喋喋利口:字句相联,语无伦次言语局促,一句紧跟着一句。喋

喋利口。说话没完没了又声急嘴快的样子。

⑩齿喉隔断，嗜嗜混谈：齿喉隔断，声音不畅，口齿不清。嗜嗜，本为鸟鸣声，这里是嗫嚅的意思。嗜嗜混谈，吞吞吐吐，含混不清的样子。

⑪市井之夫，何足比数：市井之夫，即粗鄙庸俗之人。数，气数，也可理解为排列。

【译文】

声和音似乎是密不可分，实际上差别不小，是两种不同的物质。声产生于发音器官的启动之时，是空气振动之初的状态，可以在发音器官启动的时候听到它；音产生于发音器官的闭合之时，是声在空气中传播的浑响状态，可以在发音器官闭合的时候感觉到它。辨识声相优劣高下的方法很多，但是一定要着重从感情的喜怒哀乐中去细加鉴别。欣喜之声，宛如翠竹折断，其情致清脆而悦耳；愤怒之声，宛如平地一声雷，其情致悲愤而强烈；悲哀之声，宛如击破薄冰，其情致破碎而凄切；欢乐之声，宛如雪花在空中飘飘飞舞，其情致宁静轻婉。它们都有一个共同的特点——轻扬、清朗。如果是刚健激越的阳刚之声，那么，像钟声一样洪亮沉雄，就高贵；像锣声一样轻薄浮泛，就卑贱；如果是温润文秀的阴柔之声，那么，像鸡鸣一样清朗悠扬，就高贵；像蛙鸣一样喧嚣空洞，就卑贱。远远听去，刚健激越，充满了阳刚之气。而近处听来，却温润悠扬，而充满了阴柔之致，起的时候如乘风悄动，悦耳愉心，止的时候却如琴师拍琴，雍容自如，这乃是声中之最佳者。俗话说，"高声畅言却不大张其口，低声细语牙齿却含而不露"，这乃是声中之较佳者。发出之后，散漫虚浮，缺乏余韵，像荒郊旷野中的孤牛之鸣；急急切切，咯咯吱吱，断续无节，像夜深人静的时候老鼠在偷吃东西；说话的时候，一句紧接一句，语无伦次，没完没了，而且嘴快气促；说话的时候，口齿不清，吞吞吐吐，含含糊糊，这几种说话声，都属于市井之人的粗鄙俗陋之声，有什么值得跟以上各种声相比的地方呢？

评 述

通过声音辨别人的心情状态，已是无可怀疑的共识。在古人鉴别人才的智慧中，声与音是有区别的。

声主"张",寻发处见

声是气息冲击声带、造成空气振动而成的。这一刻气息冲击力强,是突发爆破式的,空气受振频高,发音器官最紧张,因此效果强烈,听着清晰有力,是一种张扬的状态。

音主"敛",寻歇处见

声爆破产生之后,空气受振动状态持继在空中传播,由此而产生音,此时发声器官振频已经减少,发音器官也已松弛。也就是说,音是声在空中传播的状态,是声的余韵,为人们常讲的余音绕梁,荡气回肠状态。音是一种持续连环的状态。

辨声识人,古本秘笈《灵山秘叶》中有四句话,很值得我们借鉴:

察其声气,而测其度;

视其声华,而别其质;

听其声势,而观其力;

考其声情,而推其征。

这四句话中大有学问。中国古文微言大义特点,由此可窥其一斑。以上32个字至少讲明了这几个问题:一,由声音中蕴含的气充沛与否,充沛的分数轻重平衡,可以测知他的气概胸襟;二,由声音的音色音质协调悦耳与否,可以测知他的性情爱好与品德,这里重在一个"和谐",不以悦耳动听为惟一标准;三,由声音的势态,可以测知他的意志刚健与否,声势高壮的,其意志力必然坚强,为人坚定有力,声势虚弱的,为人软弱,少主见;四,由声音中所包含的感情,可以测知其当下的心情状态。"如泣如诉"是一种,"如怨如慕"又是一种,"情辞慷慨,声泪俱下"又是一种,此种分类,不一而足,这里不作细论。

考其声情,而推其征

《灵山秘叶》(书名古意昂然,让人心动,生探秘寻宝之念)中的四个观点,这里着重探讨声中所含的喜怒哀乐之情。人的喜怒哀乐之情,必会在声音中有所体现,即使人为掩饰,也会有些特征。前面孔子和郑子产识别声音就是很经典的例证。这是观察人物内心世界的一个可行途径。同时结合考察眼神、面色、说话态度的变化,真实度更高。辨别声音,必须考察喜怒哀乐之情。

"喜如折竹",欢喜的声音像青竹折裂时一样清脆悦耳,有天然柔和协美之动感,而无尘世人为聒噪的污染。这样的声音有自然纯朴之美,不虚饰,不造作,是真性情的坦率表露,自然大方,不俗不媚,有雍容之态。

"怒如阴雷起地",愤怒时,突然爆发出来的洪亮响声,如雷霆振于空中,击在地上,气势豪壮,强劲有力,但以"阴"盖头,则没有暴躁戾气,反而呈容涵大度之态,不是带破坏性五雷轰顶之势。

"哀如石击薄冰",哀恸时,声音如同薄冰破碎时发出的。薄冰虽然容易破碎,但声音却清脆明亮,不散不乱,不聒不噪,也不扰人耳力,虽然是悲凄苦楚之象,但不峻不急,不厉不烈,有"发乎情,止乎礼"之势。这样的态度也是雍容华贵、无小家子气的。

"乐如雪舞风前",风扬雪飘,漫空银雪,放眼望去,冰天雪原,玉树琼枝,山川大地,银白世界,是何等的美妙姿态。这已是古人见惯了、而今人再难欣赏到的冬日美景了。高兴时,借音乐伴舞,声音如雪花漫舞之姿,轻而不狂,美而不淫,飘而不荡,奔而不野,是天下至纯至美的轻灵飘逸的潇洒态。又如女子临池兴舞,衣袂飘飘,长带曳曳,美不胜情。

以上四种,声情并茂,纯朴自然,清脆明朗,是至情至性之人的表征。钟响与锣鸣,都属于雄声,即阳刚之声,声音粗壮,气势宏大,然而"钟"声洪亮沉雄,远响四方,余韵不绝,悦耳愉心,所以为"贵";而"锣"声则声裂音薄,荒漫沙嘶,余韵全无,刺耳裂心,所以为"贱"。

雉鸣与蛙鸣,都属于雌声,即阴柔之声,声音轻细,如旷野闻笛。然而"雉"声清越悠长,声随气动,有顿有挫,抑抑扬扬,同样悦耳动听,所以为"贵";而"蛙"声则聒聒噪噪,喧嚣嚎叫,声气争出,外强内竭,同样刺耳裂心,所以为"贱"。

从以上可知,无论雄声还是雌声,都有贵贱之分。以雄声为贵,而以雌声为贱,大谬。

"远听声雄",是说其声有山谷回响,表明其心胸气魄宏伟,赋情豪放;"近听悠扬"是说其声如笙管之婉转,如春莺翱翔,表明其人必神采飞扬,功名大就;"止如拍琴",表明其人必闲雅冲淡,雍容自如。以上皆为"声"之最佳者,所以定为"上上"。

"大言不张唇"(严格地说,这是不可能的,应该是"大言却不大张唇")是谨慎稳重、学识深厚、养之有素的表现；"细言若无齿"，表明其必温文尔雅、精爽简当、成熟干练。以上为"声"之佳者，所以定为"上"。荒郊旷野，一牛孤鸣，沉闷散漫，有声无韵，粗鲁愚妄之人，其"声"大抵如此；夜深人静，群鼠偷食，声急口利，嗝嗝吱吱，尖头小脸之人，其"声"与此相似。至于"字句相联，喋喋利口"，足见其语无伦次，声无抑扬，其人必幼稚浅薄，无所作为；"齿喉隔断，喈喈混谈"，足见其吞吞吐吐，不知所云，其人必怯懦软弱，一事无成。以上"声"相，当然属于下等。

第三节 论 音

音者，声之余地，与声相去不远

贫贱者有声无音，尖巧者有音无声

开谈多含情，话终有余响，可称国士

口阔无溢出，舌尖无宛音，兼获高名

【原典】

音者，声之余也①，与声相去不远，此则从细处曲中见直②。贫贱者有声无音，尖巧者③有音无声，所谓"禽无声，兽无音④"是也。凡人说话，是声其散在左右前后者，是音。开谈多含情，话终有余响，不唯雅人，兼称国士；口阔无溢出⑤，舌尖无宛音⑥，不唯实厚，兼获名高。

【注释】

①音者，声之余也：这里所谓的"音"，如前所述，其实就是声的余韵。

②从细处曲中见直：从细微的地方去辨别声与音的是非曲直，即差别。

③尖巧者：就是伪装虚饰的人，这种人圆滑世故，八面玲珑，行事往往小心谨慎，说话慢声细气，所以给人的感觉和印象是只有"音"而无"声"。

④禽无声，兽无音：是说鸟鸣嘤嘤呢喃，绵曼而无壮气，属于"无声"者，兽吼嗷嗷突兀，粗野而不文雅，属于"无音"者。

⑤口阔无溢出：口阔，嘴宽大。溢出，指声未动而气先出，说话粗声大气。

⑥舌尖：指说话轻巧流利。宛：通"佻"，轻佻，即轻浮而不严肃。

【译文】

音,是声在空中传播的余波、余韵。音跟声差别并不大,但要从细微的地方才可以分辨得出来的。贫穷卑贱的人说话只有声而无音,显得粗野不文,圆滑尖巧的人说话则只有音而无声,显得虚饰做作。所谓"鸟鸣无声,兽叫无音",说的就是这种情形。一般人说话,只不过是一种声响散布在空中而已,并无音可言。如果说话的时候,一开口就情动于中,而音中饱含着情,到话说完了声音在空中回响,则是温文尔雅的人,而且可以称得上是社会名流。如果说话的时候,即使口阔嘴大,但声气不乱发乱出,口齿灵俐,却又不矫造轻佻。这表明其人不仅自身内在素养深厚,而且还会获得盛名隆誉。

评 述

要我们来区分声与音,音是声的余响,犹如一口大钟,用木棒敲击,这时发出的响动是声;嗡嗡作响,在空中传播的是音。完好无损时与稍有裂口时的声音有差别,裂纹越小,差别越小。两口质地不一样的钟,声音也有差别。由声音来识别人物的心性能力,异曲同工,只因其中不可确定因素太多,因此能掌握其中真谛的人少之又少。当然也不排除这种可能:区别成声与音,再用二者去察人心性品质,本来就是荒唐之言,当然不可能有人会掌握其中奥妙了。伯特认为,声音总能或多或少反映出人的一些信息来,因此有必要研究,也许正因为我们无力做到揭示其中奥妙,因此可靠性不高。只要有一定的可行性,其中肯定有它未被人知的道理。

由于声的振频、强度不同,音在空中传播的余响效果会有一定程度的差异,这是音色的表现。音有音高、音长、音强、音色、音质的差别,声乐上是要专门研究这一个问题的。

贫贱者有声无音,尖巧者有音无声。这个论断正确与否,值得推敲。有声无音,即是讲气息冲击声带,发出声响,但却在空中没有什么余响,相当于是枯涩单调的声音,没有浑响效果。有音无声,指气息冲击声带,却没发什么声音,仅在空中有余响。这从物理声学现象上是讲不通的。因此说,仅凭声音的高低悦哑,不与语气、语势、讲话内容相结合,是不能够正确鉴别人才的。声音只是一个参数。

结合在话语内容之中，不能够单列出来，凭此一点断人才性。禽无声，兽无音，以动物作类比，补充说明有声无音者贫贱，有音无声者尖巧。从事理来看，阳春三月，草长莺飞，百鸟争鸣，莺语间关，燕声呢喃，春雨婉柔，增天地美色。百鸟齐鸣，嘤嘤豌豌，啁啁啾啾，这是悦耳动听的声音，但对行事立功的人来讲，总觉得绵曼之气有余，豪迈雄壮之气不足，是谓有音无声的缘故。而荒山旷野，大漠草原，朔风劲草，丛林万千，狮吼狼嗥，野兽出没，森气弥漫，惊骇突兀，虽然豪气干云、威猛肃杀，刚健铁尺，但却是刚猛有余、曲折婉转之意不足，这是兽无音的缘故。用在人身上，有音无声的傲气不足，骨气不足，刚气不足，因此多为贫贱所困；有声无音的婉转不足，柔情不足，血性不足，因此多属尖巧无情残忍之辈。

　　人在讲话的时候，声音随空气振荡而四方传播，弥散在前后左右，以正前方为信息发射源。开谈多含情，话终有余响，这种话语谈势，是高人国士的风范。怎么讲呢？人以情为主，凡事多能兼顾情理，又不违事理，这种处世原则是一种标准，能两兼其美的人当然可以得到大家的称赞和拥护。晓之以情，动之以理，讲的就是这个道理。这种人的话，普通老百姓爱听，因为他们能从开口含情之中辨出情的真假，情绪的感染力在课堂和演讲中是可以明显感觉到的。讲话完毕，余音绕梁，荡气回肠，听者心摇神驰，久久不能停住受讲话者所牵引的思绪，这种深入人心的效果是情绪感染力的极致状态。从江湖中冲战出来的英雄豪杰，虽然身上粗野气很重，但他们豪气干云的英雄气概占了主导，虽有草莽气，仍不失英雄本色。话又说回来，这种草莽江湖气，会在事业一步步的拓展之中，随着接触人物种类的增多，交际面的扩大，渐渐收敛，而带有更多的文明修养气，使雄才身上多了英气，英才身上染有雄气，如此方可称天下英雄。刘邦是如此，赵匡胤是如此，朱元璋也是如此。像水泊梁山，草莽气太重，没能随事业的拓展在文治上下功夫，又一心想着招安，最后终不成气候。也是一场历史的悲剧。

　　舌尖无窕音，虽激情昂扬，但不是口沫横飞，虽流利灵巧，但不轻浮张狂，这种人不但才智敏捷，聪慧过大，而且修养务实，厚重端庄，不但会得人帮助事业有成，而且可以获得很好的名声。

　　开谈多含情，话终有余响，口阔无溢处，舌尖无窕者，是对国士高人风范讲话状态的一种描述，雅量充沛，又不粗俗，为天下人共仰的模范。

第十一章　观察气色

第一节　总论气色

面部如命,气色如运

大命固宜整齐,小运亦当亨泰

大者主一生祸福,小者亦三月吉凶

【原典】

面部如命,气色①如运。大命固宜整齐,小运亦当亨泰②。是帮光焰不发,珠玉与瓦砾同观;藻绘未扬,明光与布葛齐价③。大者主一生祸福,小者亦三月吉凶④。

【注释】

①气色:"气"与"色"合称为"气色"。

②大命固宜整齐,小运亦当亨泰:大命、小运,命是人生遭遇——或贵或贱、或贫或富、或夭或寿等等的根本走向或基本格局,故称"大命";运则是某种人生状态下的具体遭遇,故称"小运"。整齐,均衡,指先天禀赋与后天遭遇均衡。古人认为,先天过盛则夭,后天过盛则庸,二者应该阴阳均衡。亨泰,顺畅。气色应该顺畅,不应枯涩晦滞,否则,枯涩则折寿,晦则伤元。

③是故光焰不发,珠玉与瓦砾同观;藻绘未扬,明光与布葛齐价:是故,所以。光焰,光辉,光芒,这里比喻气色。珠玉,珍珠和宝玉,即色彩,这里比喻气色。明光,指色彩明艳、质地柔润的高级丝织品锦绣之类,这里比喻人的本体。布葛,布是棉织品,葛为麻织品,这里指粗糙的纺织品。

④大者主一生祸福,小者亦三月吉凶:大者主一生祸福,"大者"指"命"。由于"命"是天赋的、与生俱来的,属自然之秉性,与人的本体或相生或相克,察之,可以推测一生祸福,故言"大者主一生祸福"。小者亦三月吉凶,此句"亦"字后承前省略一个"主"字。小者指"运"。三月,实指一段不太长的时间,而非确数。

【译文】

如果说面部象征并体现着人的大命,那么气色则象征并体现着人的小运。大命是由先天生成的,但仍应该与后天遭遇保持均衡,小运也应该一直保持顺利。

所以如果光辉不能焕发出来，即使是珍珠和宝玉，也和碎砖烂瓦没有什么两样；如果色彩不能呈现出来，即使是绫罗和锦绣，也和粗布糙麻没有什么区别。大命能够决定一个人一生的祸福，小运能够决定一个人一段时间的吉凶。

"气"和"色"是中国古代哲学独有的概念。"气"，既是指生命体内流转不息的综合性物质，又是指生命的原动力，或称生命力。它无形无质，无色无味，也是一种实实在在的客观存在，在体内如血液一样流动不息，气旺者可外现，却能为人所见。而"色"，则是"气"的外在表现形式之一。它是显现于人体表面的东西，就人体而言，就是肤色。人们日常说某某人面部发黑，有不顺之事，就是指色而言。中国医学都认为，"气"与"色"密不可分，"气"为"色"之根，"色"为"气"之苗，"色"表现着"气"，"气"决定着"色"。"气"又分为两种，一为先天所禀之"气"，一为后天所养之"气"。即孟子所说的"吾善养吾浩然之气"。"气"概如此，"色"自然也有先天所禀之"色"与后天所养之"色"的区别。古人把"气"和"色"这两个哲学概念拿来判断人的优劣。"气色"既有后天所养者，它们一定是在不断运动变化的，所以又有"行年气色"之说。"生命在于运动"，也说明这个道理。

"命"是一种先天禀赋，或曰一种先天获得的体现宇宙运动变化的生命力。英国《宗教伦理百科全书》认为："命是一种势力，那是我们人为的能力所不能抵抗的。它是一种机械的、物质的、无意识的势力。这种势力能管理全世界，便是人也在被管理之列。"这种力量不可抗拒，不以人的主观意志为转移。然而，由于它的物质的、机械的特性，便是可以推度、预测。中国传统文化认为，运，又称"气数"，即阴阳运行之变数。又称"时会"，即在运动变化着的宇宙状态中不同的机遇或遭际，所以别称"运气"。因此，尽管"运"常常与"命"并称为"命运"，然而细究起来，并非一回事。可以这样理解：命是先天禀赋，无法改变；运是后天造化，可以选择和变化，但力量不全来自人的主观意志。

有一篇古文叫《扁鹊见蔡桓公》，是讲扁鹊给蔡桓公看病的。扁鹊是战国时代著名的医生，技艺高超，有起死回生的本领。据说他第一次看到蔡桓公时，告诉蔡桓公他纵情声色，病在肌理，应及时治疗，不能让病情加重。蔡桓公觉得自己精精神神的，没有哪儿不舒服，认为自己没病，以为扁鹊在吓唬他，想用危言耸听骗点钱花，考虑到扁鹊的名气大，就客客气气送扁鹊走了。过了十几天，扁鹊又见到了蔡桓公,告诉他病已入内脏,赶紧治疗,还来得及,否则后果难料。蔡桓公认为自己每天能吃能睡,哪里会有什么疾病,还是把扁鹊送走了。当扁鹊第三次见到蔡桓公时,距离还远,就转身走了,也不与他打招呼。旁人很奇怪,问他为何。扁鹊说,蔡桓公病已入骨髓,就是病入膏肓的意思,已无药可治了。数天之后,蔡桓公果然暴亡。

扁鹊三见蔡桓公,没问情,没把脉,却知道他的病情轻重,这是中医里"望闻问切"四诀中"望"。这个"望"的功夫可不是简单的技巧,完全来自、经验的沉淀积累,外加天赋。他望什么呢?就是望本章要讲的"气色"。

究竟是望气,还是望色呢?以扁鹊的医道功力来讲,应当是都望。首先应该区分一下,这里讲到的"气色"与"酒色财气"中的"色、气"二种不同。酒色财气四种是人生大害,酒与财是具体的,一为穿肠毒物,一为惹祸根源;色与气则是无形的,但可以意会到,一为剐肉钢刀,一为下山猛虎。色指美色,好色之人纵欲,因此元气大伤,难以恢复。气指意气,受人所激,就意气用事,而不考虑后果。

这里讲的色,非色狼之色,而是一个人的面色;气,非惹祸之气,而是生命力的一种表现和称谓。气是道家修炼的一个术语,气功的气。围棋中也讲"气",棋子如果无气,意味着死亡,人如果无气,也是归于黄泉了。

由于篇幅限制,这里不讨论"什么是气"的问题,而讨论如何由气观人的问题。实际上,学术界对气的本质至今没有一个有明确界定的说法,或许可以说,它不可界定。

古人认为,人禀气而生,气有清浊、昏明之分,人有寿夭、善恶、贫富、贵贱、智愚、尊卑之别,这些都可以从"气"之上找到痕迹。气旺,则生命力强旺,头脑也就易处于清醒状态,处理问题正确率就高,失误少。气弱,则生命力衰微,精力不充沛,头脑就会变得混沌不清,失误就增多。这只是对气的一种解释,不能以点带面。气的衰旺,与人的沉静浮躁也有关。气旺盛的,以沉厚为佳,轻浮为不佳。气衰弱的,本已不佳,但如果衰而能静,也是坏中有好的事,难得;衰而浮躁,就无一可取了。以气足能沉为最好,足而不沉为次,衰而能静其三,衰而不静则下矣。

人好静好动,与气沉气浮相关,但不成正比,更多由性格来决定。

"色",指肤色,有白有黑,还与光泽相连。肤色黑白红黄,首先与种族遗传有关，再次是气候，还有皮肤中所含的色素。肤色黑白并不重要，重要的是有无光泽。这里论到的色，与肤色并不全同，它是气在外表肤色上的显现，与气互为表里，因此与肤色不同。白而无光，是惨白、白骨森森的白，自然不是健康的颜色。黑而有光，是生气充沛、精力旺盛的征兆，不言而喻，是上佳的表现。

气与色连用，气与色是源与流的关系。气是根本，色是表象，气盛则色佳，有光泽，气衰则色悴，无光泽。可以从睡眠充足、休息得宜的精力充沛状态与疲惫万分、憔悴不堪的前后对比中找到答案。如果气有变化，色也会随之发生变化。

主色与客色

人头面上的色有主次之分。主色指先天之色，自然之色。物理学发展后，经光谱分析测定和三棱镜分色，我们知道太阳光由七种单色构成：红、橙、黄、绿、蓝、青、紫。在中国古人那里，则根据五行的原理，大体划分为五种，金为白色，木为青，水为黑色，土为黄色，火为红色，这是源于金、木、水、火、土五物的性状，但其中水为黑色，让人费解，即便是五行与四季的相配关系，水的属性也让人不解。木旺于春天，因此木为青色；火旺于夏天，因此火为红色；金旺于秋天，因此金为白色；土旺于四季末，为黄色；这些都能找到一些物理上的根据。而水旺于冬季，属黑色，则超过了人们的常识。雨水在夏天最多，古人认为水旺于冬天，大概因为冬天结水为冰的缘故，还因为木旺于春天，而水能生木，木长生旺盛，是吸收水分的缘故，因此水旺在冬天，衰减在春天。

金为白色，木为青色，火为红色，土为黄色，水为黑色，这是主色，也是最基本的色，在这个基础上生成其他颜色（与红、黄、蓝三原色理论有出入，但用这里无妨）。主色不会轻易改变。

客色，指后天变化之色，随时间而变化，四季、早晚都有不同的表现。这可以解释一种人生现象：有的人在夏天气色很糟，但到了冬天，金冷水寒的时候，气色却好转了；有的人恰恰相反。可以做这样一种解释：夏天气候炎热，心情浮躁，血气不畅，因此气色不佳；到冬天，气候宜人了，因此气色顺畅而佳。但这不能解释为什么有的人在夏天气色好，而冬天不好。再问，为什么会夏天不宜人而冬天宜人呢？为什么春、秋佳季也不如冬季呢？又可以找到心情的原因，但夏天也有高兴的时候呀。中医理论引入了这么一种见解。如果一个人本性属火，又火旺，那么在夏天，火上浇油，五行失调，身体状况就不佳，气色当然不好。火太旺，就以水救济，水旺在冬天，进入冬天，水火既济，自然身体气色就好得多了。还有一种情况，同属于火，但火太旺，如果用水救济，所谓杯水车薪，水火冲战，或者如煤中含水，要么无济于事，要么反助火势，那么这个属火的人反而不喜欢水。在夏天、冬天都不好过了。中医五行上就用另一种理论来辨证：火太旺，旺极用泄，也就相当于老子的损有余而补不足，火能生土，用土泄火，那么这个人就喜欢四季末，而不喜欢冬天了，一来因为火太旺，水不能救济，二者因为水能冲战土势。除此而外，还有一种情况：如果火实在太旺，用火克不行，用土泄，又使之不清纯，那就用木生火助火势，让火旺到极限处。如果是这样，属火的人就喜欢春天夏天，而非冬天了。

古来这种理论很多，这里不一一论及，有兴趣的读者，可寻有关书籍阅读。

吉色与凶色

古人讲究趋吉避凶，吉色代表吉祥顺利，凶色兆示凶险恶祸。有时听人讲，那个人满脸黑色，多半在走霉运。这个黑气，不是五行上的黑气（合于五行的黑色是正色，吉色），而是凶色。

从气数上来鉴别人才，是在于宏观上考察一个人的才能品德与平生际遇的关系。这里不妨先讨论一下人们常讲的、"有才能"与"运气好"的关系。

有才有德的人，可以依靠自身的努力和奋斗，一点一点积累经验，一步一步走向成功。但他究竟能成功到什么程度呢？这就不仅仅与能力品德相关了，要考虑他所处的环境和时代特征。比如周瑜，也是一个了不起的英才，可惜有比他更智慧的诸葛亮挡在他前面，使他黯然失色，因此有"既生瑜、何生亮"的悲剧。如果时空隧道将周瑜换置到没有诸葛亮这种天才人物的时代中去，他会不会有光芒四射、耀照千古的成就呢？这是一个值得再研究的问题，答案或许是：也许会，也许不会。为什么如此呢？还是因为时机与环境。这就要看周瑜的气数如何了。换句话讲，"气数"一词也包含了时机与环境因素，还有他个人自身的性格、生命力等多种因素。

如果把人的才比作命，时机比作运，那么命运之说就带有一些现代色彩了，至少宿命论色彩不再显得那么浓厚。才能可以逐渐提高，因此命可以自己掌握和控制,但时机与环境却不能任由自己选择,因此运是由外不由己的。如此一来,即可理解,命运相济,一个人才可以取得绝对成功的道理了。那种才能不是很高,但却处在历史的浪峰上的人物,也是可以找到现实根据的,因为他处在了一个特殊的时机和环境中,或许他自己不愿意上去,但赶鸭子上架,环境把他推了上去。蜀中无大将,廖化作先锋即为此理。

那么才能与时机谁主谁次呢？人还是可以自己去创造机会的。从历史的宏观角度看,小环境、小机遇,个人可以创造和争取,但大环境、大前提则非个人力量所能为了。就像管仲一样,跟着公子小白,并没有什么政绩;到齐桓公那里,国家安定了,他的治政才能发挥到极致而名传千古。有怀才不遇者,除不得明主之外,也感叹"时不利兮骓不逝"。

第二节 气色的类型

人以气为主

于内为精神,于外为气色

有终身之气色,有一年之气色

有一月之气色,有一日之气色

【原典】

人以气为主①,于内为精神,于外为气色②。有终身之气色,"少淡③、长明④、壮艳⑤、老素⑥"是也。有一年之气色,"春青、夏红、秋黄、冬白"是也。有一月之气色,"朔后森发,望后隐跃⑦"是也。有一日之气色,"早青、昼满、晚停、暮静⑧"是也。

【注释】

①人以气为主:主,主宰,主要之神,人以气为主,就是人以气为其主神。

②于内为精神,于外为气色:即"气"的内在表现是人的精神,外在表现是人的气色。

③淡:指气色纯清明薄。

④长:指青年时期;明,指气色光而洁。

⑤艳:指气色丰而美。

⑥素:指气色朴而实。

⑦"朔后森发,望后隐跃":朔,朔日,指农历每月初一日。森发,如树木枝叶之盛发。望,望日,指农历每月十五日。隐跃,若隐若现。"朔"为日月相会之日,月至此渐趋于圆,有树木盛发象,所以说"朔后森发"。"望"为日,月至此渐趋于隐,有若隐若现之象,所以说"望后隐跃"。

⑧"早青、昼满、晚停、暮静":早青,这里的意思是气色初发。清晨起床之后,人开始活动,气色便随之复苏,所以说"早青"。昼满,白天气色充盈。晚停,傍晚气色将伏。暮静,夜间气色安宁。

【译文】

气是一个人自身生存和发展的主要之"神",在人体内部表现为人的精神,在人体表面表现为人的气色。气色有多种形态:其中有贯穿人的一生的气色,这就是俗话说的"少年时期气色为淡,所谓的淡,就是气稚色薄;青年时期气为明,所谓的明,就是气勃色明;壮年时期气色为艳,所谓的艳,就是气丰色艳;老年时期气色为素,所谓的素,就是气实色朴";有贯穿一年的气色,这就是俗话说的"春季气色为青色——木色、春色;夏季气色为红色——火色、夏色;秋季气色为白色——金色、秋色;冬季气色为黑色——水色、冬色;"有贯穿一月的气色,这就是俗话说的"每月初一日之后如枝叶盛发,十五日之后则若隐若现",就是这种气色。有贯穿一天的气色,这就是俗话说的"早晨开始复苏,白天充盈饱满,傍晚渐趋隐伏,夜间安宁平静"。

评 述

人以气为主,气在内为精神,在外为气色,把气与色看作表里性的一组概念。更重要的是,本章从气色的重要性、存在形式和类型角度来说明气色变化不定,在观察气色时应持变化的观念,不能作机械的判断。

"人以气为主",是说"气"对人非常重要,处在主宰、根本的地位;"于内为精神,于外为气色",是说"气"有内外两种存在形式,内在形式是"精神",外在形式为"气色";换句话说,观察"气",既要观察内在的"精神",又要观察外在的"气色"。这两句话实际上指出了观察"气"的门径,也指明"精神"与"气色"的实质。

1. 人生四时之变

人一生要经历漫长的路程,大致说来有四个时期:幼年时期,青年时期,壮年时期,老年时期。在各个阶段,人的生理和心理发育和变化都有一定差异,有些方面差异甚至非常显著。表现在人的肤色上则有明暗不同的各种变化。这就如同一株树,初生之时,色薄气雅,以稚气为主;生长之时,色明气勃;到茂盛之时,色丰而艳;及其老时,色朴而实。人与草木俱为天地之物,而人更钟天地之灵气,少年之时,色纯而雅;青年之时,色光而洁;壮年之时,色丰而盛;老年之时,色朴而实,这就是人一生几个阶段气色变化的大致规律。人的一生不可能有恒定不变的气色,以此为准绳,就能辩证看待人气色的不同变化,以"少淡、长明、壮艳、老素"为参照,可免于陷入机械论的错误中去。

2. 气候四时之别

人的生理状态和情绪,常常随季节和气候的变化而变化,而这种内在变化就会引起气色的变化,所以季节不同、气候变化,人的气色也不同。所谓"春青、夏红、秋黄、冬白",是取其与四时气候相应所作的比拟。应该说,这种比拟颇为准确。

春季,草长莺飞,百花盛开,绿色遍野,春情萌发,人类的生存欲望,此时最为强烈。按照五行之说,春属木,木色青,于人则为肝,春季肝旺,所以形之于色者为青,青色,生气勃勃之色也。

夏季,赤阳高照,天地为炉,人类的情绪,此时最为激动。五行上夏属火,火色红,于人则为心,心动则气发,气发于皮肤呈红色。

秋季,风清气爽,天高云轻,万木黄凋,人类受此种肃杀之气的感染,情绪多凄惶悲凉。秋属金,金色白,"金"为兵器,"白"为凶色,虽然得正,却非所宜。宜黄者,以土生金,不失其正,而脾属土,养脾以移气,所以说"秋黄"。

冬季,朔风凛冽,砭人肌骨,秋收冬藏,人类生活,此时趋于安逸,冬属水,水色黑，于人则为肾，肾亏则色黑。不过其色虽得正，却非所宜。宜白者，以金生水，不失其正，而固肾以养元。

"一月之气色"，随月亮的隐现而发，初一之日后，气色如枝叶之生发，清盛可见，十五之后，气色就若隐若现，如月圆之后，渐渐侵蚀消失。

"一日之气色"，则因早、中、晚气候的变化而有小范围的变化，大致上是早晨气色复苏，如春天之草绿，中午气色饱满充盈，如树木之夏茂，傍晚气色渐隐渐伏，夜间气色平静安宁，即秋收冬藏之义。

故《洞微玉鉴》中云：

"气者，一而已矣。别而论之，则有三焉：曰自然之气，曰所养之气，曰所袭之气。自然之气者，五行之秀气也，吾秉受之，其清常存。所养之气者，是袭义而生之气也，吾能自安，物不能挠。所袭之气者，乃邪气也，若所存不厚，所养不充，则为邪气所袭矣"。

第三节　论文人气色

> 科名中人，以黄为主
> 黄云盖顶，必掇大魁
> 黄翅入鬓，进身不远
> 印堂黄色，富贵逼人

【原典】

科名中人①，以黄为主，此正色也。黄云盖顶，必掇大魁②；黄翅入鬓，进身不远③；印堂黄色，富贵逼人；明堂素净，明年及第④。他如眼角霞鲜，决利小考⑤；印堂垂紫，动获小利；红晕中分⑥，定产佳儿；两颧红润，骨肉发迹⑦。由此推之，足见一斑矣。

【注释】

①科名中人：指隋唐以来通过科举考试谋取功名前程的人。

②必掇(duō)大魁：掇，拾取，这里是摘取、夺取的意思。大魁，科举考试中的

殿试一甲第一名称"大魁",即状元。

③黄翅入鬓,进身不远:黄翅入鬓,指黄色由两额发起,如大鹏展翅,直插两鬓。进身,指登科升官,或封爵受禄。

④明堂素净,明年及第:明堂,鼻子。素净,白润而不染垢。及第,科举术语,旧称考中解元、会元、状元为"三元及第"。旧制,乡试在头年秋,会试自次年春,所以称"明年及第"。

⑤眼角霞鲜,决利小考:眼角即鱼尾部位。霞鲜,指红紫二色鲜明如云霞。决,必然,肯定。小考,旧制,童生应府县及学政之考试,称为"小考",又称"童子试"。

⑥红晕中分:红晕,这里指两眼下卧蚕部位各有一片红晕——即模糊不清、边际不明的红色。中分,指中有鼻梁间隔,两片红晕不能相连。

⑦骨肉发迹:骨肉,指至亲之人,包括父子、叔侄、兄弟等人。发迹,指立功显名,发家致富等。

【译文】

对于追求科名的文人采说,面部气色应该以黄色为主,因为黄色是正色,吉色。如果有一道黄色的彩云覆盖在头顶,那么可以肯定,必然会在科考殿试中一举夺魁,高中状元;如果两颧部位各有一片黄色向外扩展,如两只翅膀直插双鬓,那么可以肯定,这位士子登科升官或封爵受禄已经为期不远;如果印堂呈黄色,那么可以肯定,这位士子很快就会获得既能够致富又能够做官的机会;如果明堂部位即鼻子白润而净洁,那么可以肯定,这位士子必能科考及第。其他面部气色,如眼角即鱼尾部位红紫二色充盈,其状似绚丽的云霞,那么可以肯定,这位童子参加小考,必然能够顺利考中;命宫印堂,有一片紫色发动,向上注入山根之间,那么可以肯定,此人经常会获得一些钱财之利;如果两眼下方各有一片红晕,而且被鼻梁居中分隔开来从而互不连接,那么可以肯定,此人定会喜得一个宝贝儿子;如果两颧部位红润光泽,那么可以肯定,此人的亲人如父子、叔侄、兄弟等等,必然能够立功显名并发家致富。由此推而广之,足可以窥见面部气色与人的命运的关系的情形。

《冰鉴》是一部以论文人容貌为主的书。曾国藩以科举得功名,又与当朝各种文士交往密切，即使在军营之中，也多起用文人带兵。因此，曾公在本篇中单列一章来论文人之气色。文中所说的"科名中人"，用在今天的环境下，可以理解为拥有较高学历的人，如学士、硕士、博士，而且毕业后在政界文化界工作的人更合于此义。

在中国古代，黄色历来被尊为正色。皇帝是九五之尊，他的衣物器具，以黄色为主，而且一般大臣，不能着黄色衣袍。在五行中，黄色代表土，而在五行方位中，土是居中的，其他如金为西，火为南，水为北，木为东。中国古代文明发源地是黄河流域，也以黄为主，土地能养生万物，因此，黄色被尊为正色。

"科名中人，黄色为主"。科名中人，为皇家效力，自然以正色为吉色。这种黄色，虽与土色同，但须有光泽。如无光泽，则是气不足之态，也难以为用。

人得"黄"色主贵

古代科学考试，自隋唐建制以来，到明清时代愈加完善。曾国藩24岁进京赴考，26岁中举，此后10年内连升10级，是清代汉人少有的幸运者（清朝是不大重用汉人的）。曾国藩本出生于湖南湘西的一个农民家庭，完全靠科举奠定他一生功名的基础，因而，他在论科名中人时，特别倡导文人正色。

科举考试，殿试第一名称大魁，也就是人们说的"状元"。一个文人，如有"黄云盖顶"，可谓祥云笼罩，不发小陆。黄色由天中、天庭而起，气势森然勃发，上达顶心，旁连鬓角边地，一片光华灿烂。这样的人，在殿试中必能取得很高名次，中状元、榜眼、探花什么的，因此说"必掇大魁"。

以上是黄气贯顶之象。如果黄气没有这么灿烂，只由两颧而起，如鸿鹄展翅，直人双鬓，有升腾之兆，但没有上贯头顶连成一片，较之"黄云盖顶"次一等，仍能"进身不远"，也就是仍能搏取功名，但名次差一些。

印堂亮，气色旺

"印堂黄色，富贵逼人"。人们常说某人印堂发亮，聪明有为，定有好事临身。曾国藩看人，如印堂有黄色灿烂，鲜润奇目，则这人必定会取得富贵。与前面的"气"旺相关。

"明堂素争，明年及第"。明堂，就是一个人的鼻子，鼻是肺之窍，属疾厄财帛宫，主人有无财富。明堂素净，就是鼻白润光洁，如果真这样，考试中第只是时间迟早的问题。明堂素净也有一个得令不得令的问题，以秋季为当令，否则，先忧后吉。

"眼角鲜霞，决利小考"。眼角鱼尾纹处，如有红紫二色艳如霞彩者，自然有吉庆之事。这种人智清神明，有利于县试、州试。

"印堂垂紫"，两眉之间紫气流动。民间有"紫气东来"主吉祥之说，那么眉宇之间紫气流动，自然也是吉兆，如再加上眼神清澄，气朗如云，则"动获小利"，病者可以痊愈，讼者可以胜诉，谋职者可获职位，求功名者可获功名。但这种情况，难获大利。

"红晕中分，定产佳儿"。古代"不孝有三，无后为大"，因而有喜得贵子一说，以生儿为人生一大喜事。《冰鉴》考察人之气色，如两眼下有红色如晕，由鼻分隔而左右互不相连，此为大旺，当产贵子。古人曾说，"火旺生男，木旺生女"，即指此。

"两颧红润，骨肉发迹。"亲人之间有血缘关系，一人有事，亲人能够遥相感知，或在梦中有感应，这已不是奇事。如人之两颧红润如霞，兆示着他的亲人如父子兄弟多有发迹之象。但红色并不易辨，红色深而为赤，则有凶灾；红色又不能带枯色，枯则不吉。

第四节　青白两色

> 色忌青，忌白
> 青常见于眼底，白常见于眉端
> 心事忧劳，青如凝墨
> 青而带紫。金形遇之而飞扬

【原典】

色忌青，忌白①。青常见于眉端。白常见于眉端。然亦不问：心事忧劳，青如凝墨；祸生不测，青如浮烟；洒色愈倦，白如卧羊；灾晦催人，自如傅粉。又有青而带紫，金形遇之而飞扬，白而有光。土庚相当亦富贵②，又不在此论也，最不佳者：

"太白夹日月,乌鸟集天庭,桃花散面颊,赪尾守地阁③。"有一于此,前程退落,祸患再三矣。

【注释】

①色忌青,忌白:这里的青色指青斑之"青",不是春木勃发之色,特点是焦干昏暗如受击伤色一样;白色,指白粉、枯骨之"白",特点是枯暗无光。

②青而带紫,金形遇之而飞扬;白而有光,土庚相当亦富贵:金形,指金形人。飞扬,飞黄腾达。土,指土形人。庚,"庚"为阴金。相当,指土与庚即金相合。

③太白夹日月,乌鸟集天庭,桃花散面颊,赪尾守地阁:太白,星名,即启明星,因亮而呈白色。古人认为此星主杀伐,此色主灾祸。日月,指日角和月角部位,日角在左眉骨隆起处至左边发际,月角在右眉隆起处至右边发际。乌鸟,即乌鸦,这里指黑色。古人认为此相主参革。桃花,这里指赤色斑点。赪尾,本指赤色鱼尾,这里指浅赤色。

【译文】

面部气色忌青色,也忌白色。青色一般出现在眼睛的下方,白色则经常出现在两眉的眉梢。它们的具体情形又有差别。如果是由于心事忧烦困苦而呈青色,那么这种青色多半既浓且厚,状如凝墨;如果是由于遇到飞来的横祸而面呈现青色,那么这种青色一定轻重不均,状如浮烟;如果是由于嗜酒好色导致疲惫倦怠而面呈白色,那么这种白色一定势如卧羊,不久即会消散;如果是由于遭遇了大灾大难而面呈白色,那么这种白色一定惨如枯骨,充满死气。还有青中带紫之色,如果是金形人遇到这种气色,一定能够飞黄腾达,如果是白润光泽之色,土形兼金形人面呈这种气色,也会获得富贵,这些都是特例,不在以上所论之列。而最为不佳的,则是以下四种气色:"白色围绕眼圈,此相主丧乱;黑气聚集额头,此相主参革;赤斑布满两颊,此相主刑狱;浅赤凝结地阁,此相主凶亡。"以上四相,如果仅具其一,就会前程倒退败落,并且接连遭灾遇祸。

评述

鉴别人才,历来着重在他的才能心智和品德,本质上是考察、寻求他的有用性。人才的健康状况和个人命运虽然不是用人者所求的,许多用人者也没有时间去关心这一点，但它对人才的才智发挥、事功的成败有相关性，最好还是关心为宜。身为主管，对属下待以朋友样的关心（但不宜太过），既是做人的原则，也是岗位的一种责任，有利于上下齐心、内部团结。古人讲二人同心，其利断金，也就是人才团结、力量倍增的道理。中国人有士为知己者死的传统，感恩戴德的精神至今没变，虽然中西交流已改变了许多，但其精神本质和影响并未变化。比如为朋友两肋插刀，这样的豪情壮举今天多半是没有了，但其固有的性情血气没变，扶危济贫、舍身取义的事情也时有发生。

由此而讲，用人者在注意人才的能力品质之外，还应该在其他方面多留心。这一点是容易办到的——观察面部气血，也可以称为血气。

青色常见于眼底。不健康的青色，与春天草木新生的青色不同，是血液淤积阻滞、流通不畅形成的，即"鼻青脸肿"、"脸色发青"的青色，是一种紫黑色。遭重击会形成青色，如眼部受打击，长期疲劳工作，得不到休息，体内新陈代谢不畅，血液滞留，也形成青色。肌体发生病变，也会形成青色。类青色都是提醒注意的警兆。

白色，不是金秋爽朗一样明快的白色，而是没有血气、如枯骨白粉一样的白色，是血气亏损、不足的表现。枯骨白粉给人阴森恐怖的感觉，白色常见于眉端。

青白两色虽以不健康为主征，但青白的变色又并非都表示身体状况不好。这在后面细表。心事忧劳，青如凝墨，祸生不测，青如浮烟，大家都能看出，比如连夜加班，没有休息好时的疲惫态。根据是精神状态不佳，还有一个根据就是在面部气色上，两眼微肿，眼袋发青发紫，眼中晶状体布有血丝。如果因为心事忧劳，连续几天不能休息好，面部发青现象就会很严重，如凝结有墨汁一般。青如凝墨，已是比较严重的征象，应即时加以调理休息，否则会使身体状态混乱，这样出错的几率会大增。司机疲劳驾驶易出车祸即是一个例证。

如果"青如浮烟"，气色袅袅不定，而且没有一点光泽，就属死色，难以救助，不日就会有难测之祸。

如果为"酒色"伤身，精神倦怠，眉端会常现白色，这是肾虚肺衰之兆，所以表现为白色，有"白如卧羊"之态。这种白色，尚无大碍，休养几天，可以复原。

但如果面部"白如枯骨白粉"，就不可救药。这种色为死色，一旦定形，表明其人肾内功能衰至极处,精力颓废到回光返照的程度,灭顶之灾会接踵而至。

青白二色有许多变化情形,还不能机械地一概而论。由于时间、地理纬度的变化,其吉凶的变化也会产生。

凝墨,凝结着的墨汁,特点是既浓且厚,边际清晰。祸生不测,即遇到突如其来的祸事。浮烟,飘浮不定的青烟,特点是轻重不均,边际模糊。色,这里指女色。惫倦,疲惫倦怠。卧羊,卧羊之白色,乃是生色而非死色,如羊卧休息,不久即可复原。古人认为,此色虽不吉,但非大凶。灾晦催人,指遇到大灾大难。傅粉,搽粉,白如傅粉为死色,面呈此色者必神智昏浊,精力颓败。然而青色和白色出现在面部,又有不同的情形:如果是由于心事忧劳而面呈青色,这种青色一定既浓且厚,状如凝墨;如果是遇到飞来的横祸而面呈青色,这种青色则一定轻重不均,状如浮烟;如果是由于嗜酒贪色而疲惫倦怠面呈白色,这白色一定势如卧羊,不久即会散去;如果是由于遇到大灾大难而面呈白色,这白色一定状如枯骨,充满死气。

"青而带紫,金形遇之而飞扬",由于青属木,紫属火,金克木,但木能生火炼金,这样反而成一反一覆之象,均为逆合,金形人遇之,反而能飞黄腾达,能得富贵。

"白而有光,土庚相当亦富贵"。白色本为不吉,但若金土相当,土之黄色能孕育金之白色,土金相生,反而有利,这属于顺合,也主人富贵。"白而有光",而不是"白若骨粉",情形并不一样。

气色发由于人体五腑六脏,暗合于五行之理,又由于天、地、时、经的阴阳变化和合,在观人时,要注意这些变化带来的若干差异,不能妄执一端,钻牛角尖。

第十二章　从为人处世考察

第一节 从胸襟气度识人成就

> 我薄而彼轻之
> 则我曲而彼直
> 我贤而彼不知
> 则见轻非我咎也
> 胸襟如此,可成大事

【原典】

夫我薄而彼轻之,则由我曲而彼直。我贤而彼不知,则见轻①非我咎也。若彼贤而处我前,则我德之未至也。若德均而彼先我,则我德之近次也。能让者为隽②矣。争隽来别,则用力者为愆矣。是故蔺相如以回车决胜于廉颇,寇恂③以不斗取贤于贾复④。物势之反,乃君子所谓道也。

【注释】

①见轻:被轻视。

②隽:隽永,优秀。

③寇恂:东汉光武帝刘秀的大臣。贾复的手下杀人,寇恂判其死刑,因此与贾复结怨,贾复说,见到寇恂一定要斩了他。寇恂就决定像蔺相如回避廉颇一样,不与贾复碰面。

④贾复:东汉光武帝刘秀的大将。

【译文】

如果是自己不对而别人轻视,那么过在我而不在他。如果自己贤明而别人不知道,那么被轻视不是自己的过错。如果别人贤能在我前面,那是我的德能还不够。如果德行相当他也在我前面,那是我的德行稍次于他。这有什么可埋怨的呢?

而且两人的贤能未见高低时,以能谦让的为明。贤能未曾分别时,用力去争胜的为下。因此蔺相如以引车回避胜过了廉颇,寇恂以不与贾复争斗超过了贾复,事物形势的反复变化,就是君子所谓的"道"。

<h2 style="text-align:center">评 述</h2>

胸襟气度宏阔高远的人,一定会有惊人成就。胸怀天下,心存济物的人,也一定能取得骄人的业绩。概因为一个人能容纳多大,他的成就也就有多大。有句谚语讲:

如果你只想种植几天,就种花;

如果你只想种植几年,就种树;

如果你想流芳万世,就种植观念。

这个"观念"移植到人才特征上来,就是宏远奇阔巨伟的胸襟。拥有宏博奇伟胸襟的人,必定会有确明而坚定的人生目标,并由此产生出天赋神授一般的精神力量和旺盛斗志,他既不会接受失败,也不会承认失败,反而会激出潜在于体内的巨大勇气和超人毅力,推动、鼓励着他去克服阻力战胜困难。这样的人也才有底气,有勇力,有智慧,并在奋斗中碰撞出灵感的火花来。

具备了如此品性的人,也就具备了对自己的信心、勇气和力量,因而也就有了成功的潜能。成功也就是他奋斗航程上看得见桅杆的船,有了坚定、明确的目标,也就有了人生的动力。

陈胜最初在当佃农时,帮人家耕田耘地。但他与同事不一样的地方就在于,同是在埋头耕地,他仍然眼望着蓝天,他有不同于一般农民的远大理想和抱负。在早年时期,也许他并不知道自己的理想和抱负具体是什么,也肯定想不到自己会揭竿而起,振臂一呼,去造秦始皇儿子的反(那一年秦始皇刚刚离开他营建多年的帝国,不甘心地躺进气概非凡、规模宏阔、珍宝无数,让后人无限惊羡的地陵中),但他知道自己不能像一般佃农那样过一辈子,也相信自己不会那样过一生。因为这样的愿望,他在田垄上休息时,对同事们说了一句心里话:"如果富贵了,不会忘记大家。"惹来一片嘲笑时,他长叹了一声:"燕雀安知鸿鹄之志哉!"

他有远大的抱负,因此最终没走一般佃农的路。他造了秦始皇的反,尽管是走头无路时的无奈选择,但这个使命落在他身上,还是有其必然性的。

在选择、识别人才时,为着公司和单位的未来,为着"如果每一个人都比我高大,这就会是一个巨人公司"的愿望,有必要在考察人才的学识、能力的前提下,再掂量掂量他的人生理想和目标。有坚定目标的人,其工作动力一定会高过其他人,也许目前他的才力学识有限,但在这个远大目标的驱使下,他会不断学习,不断进步,不断奉献,最终会超过现有人才的能力。由于有一个较长时期的进步过程,在选用这类人才时自然须考虑单位的实际需要。

但陈胜最终是失败了,除了他个人本身不能超越和克服的困难外,他性格上的局限也是值得思考的一个诱因。他的坚定目标和远大理想是有的,但他的胸襟气度却还是不够。当他的"苟富贵,无相忘"引得同事的嘲笑时,他想到的是他们的庸庸碌碌、胸无大志,而忽略了生活中许多人的确如此。这就与要成大事,就必须团结广大的普通人、容忍他们的各种缺点、充分发挥他们的优点(哪怕只有一处)原则相矛盾了。但毛泽东却把这一点看得很透,做得也很精妙,很早就明确划分了"谁是我们的敌人,谁是我们的朋友"这个界线。

与陈胜一起举事,帮了他很大忙的吴广后来被部下杀死时,陈胜不仅不为此惋惜,反而重赏了那个部下,封他为上将(可见陈胜容不下人,而且是在事业未完成时)。陈胜称王后,当年与他一起耕田的同事们去找他,想弄点富贵尝尝,先被门卫挡住了(有这样的门卫,陈胜的胸襟气度又嫌小)。同事们无奈,就守在路边,待陈胜车队经过时大呼其名,这才见到陈胜。

当部下对陈胜说他这批患难朋友整日里大呼小叫、提陈胜旧事有损王威时,陈胜就立刻派人斩杀了其中一个,其余人也就离开了,由此再没有人亲近陈胜。

由此一而再、再而三地表明,陈胜的胸襟气度的确狭小,远远不够做一番掀天揭地的事业。而与他同时代的刘邦却不是这样。

刘邦在最初时未必有陈胜那样的优点,似乎更多的是无赖气(比如礼单上写送钱一万,实际上一文不送,反而镇定自若地在席间大吃大喝,大呼大叫。幸好他岳父是一个识货的人。否则,历史上又少了一段识别人才的佳话)。但在现实争中他逐渐学会了包容,胸襟气度无限地开阔广远,甚至到了厚黑无比的程度。那是因为他知道自己的目标是整个江山,而非一人一事,或一片土地。因此,当项羽说要杀了刘邦父亲做肉羹时,刘邦敢笑嘻嘻地说"分我一杯"。当韩信求封"假齐王"时,张良踩刘邦一脚,刘邦就立刻准允了(当不能完全拒绝时,就一口答应)。

叔孙通的酸腐儒生气是令刘邦讨厌的，但"马上得天下，能以马上治之乎？"一句话如当头棒喝，震醒了刘邦，立即请叔孙通帮他修订天下礼仪。这种包容一切的优秀品质，使刘邦团结到一切可以团结的力量，聚集到一切可以使用的人才（也因为他的博大胸襟，许多人才闻风而来，比如陈平），因此才成就汉朝帝国400年基业。

胸襟气度是衡量一个人未来成就的标准。随着时代的变化，个人英雄主义在今天已越来越多地失去了他的阵地，当今时代需要的是更多的合作精神，不能与他人和环境共存共荣的个性将会越来越少地发挥其应有的力量。以前的艺术家，也许一个早晨醒来就发觉自己成了名，而在今天以追求物质利益为众望所归的艺术圈中，找不到好的经纪人和媒体，仅靠个人的艺术天分孤军奋战，实在难有成名的机会。

由于西学东渐的结果，人们从中国古代注重内心修养的传统中抬起头来，开始一发不可收拾地关注起外在的生存状态来，整个世界成为一个开放体系，再加上科学技术的繁荣，个人的利益已由于物资手段的革命而不可避免地与团体和大环境的利益捆绑在一起。在这样的环境中，没有宏阔的胸襟去接受众多的个性，连生存都会成问题，哪里还谈得上创造和发展。

考察每一个有成就的人物，都会找到这样一个共同特征——宏阔的胸襟与远大的志向（有的未必是为了奉献，但由于他不甘心于郁郁不得志的现状，这种愿望也会同远大理想一样生出强大的动力，推动他去实现自己的目标。区别在于，动机不同，行动的方法和手段也不同。因此有的人一身正气，靠自己的努力和拼搏取得成功；有的人则踩在别人的头往上爬）。宏阔博大的胸襟与坚定不移的决心之间差不多是可以划等号的。要想成功，就必须学会容忍，再寻找机会，借他人的力量来补充自己，在合力的状态中奉谋求个人成功，这比孤军奋战来得快得多。在行动的勇气和由此而生的智慧上，胸襟宏博的人比只求成功的人要包容更多，因此成就也就更大更持久。

曾有人问3个正在工地上劳动的青年小伙子："你们这是在干什么呢？"第一个小伙子说："挣钱。"第二个小伙子说："工作。"第三个小伙子说："我们正在建设这座城市。"20年后，第一个小伙子还是一名普通工人，第二个小伙子成了一名基层领导，第三个小伙子则成了全国小有名气的工程师。

胸襟气度不同,心中存藏的理想与目标不同,其动力和成就也不一样。但人的胸襟气度并不是天生一成不变的,而是在不断的学习、磨炼中扩张。一般有3种情况:

1. 道德的自我完善。品德修养是一个人终生的课题。活到老,学到老,不仅是一个知识积累的过程,也是修心性、修品德的过程。在这一过程中,人的胸襟气度自然地也随之宏阔广博起来。道德修养应该有大修与小修的区别。小修指个人道德的完善,其结果是与世无争,逃避现实麻烦,实际上是一种清高的逃避主义。大修则是胸怀天下,心存济物,为更多人的幸福而努力。孟子讲的"吾善养吾浩然之气",也有这个成分。

2. 学识、阅历的增长。经历了许多的人事之后,人成熟了,胸有大志的人气度自然会扩升。有的人由于现实的阻力,自愿地放弃了许多人生目标,另一种人则把自己的理想和目标融入客观现实中,踏踏实实地努力,不再做浪漫的幻想,他逐渐知晓了包容与成功之间的联系,因而就自觉地扩大着自己的胸襟气度,去团结人,去容忍他们的个性和缺点,以充分发挥其长处为己所用。

3. 责任的加重。一旦认识到自身的理想和目标能给更多人带来福音,其信心和力量倍增,由此产生了崇高的责任感和使命感。这促使他胸襟博大起来,去看更高更远的事,并为此目标奋斗终身。

第二节　如何判断一个人

荣福的长久与短暂

君子内勤己以自济,外谦让以敬惧,

是以怨难不在于身,而荣福通于长久

小人矜功伐能,故在前者人害之

有功者人毁之,毁败者人幸之

进退有节与得志猖狂故也

【原典】

卑让降下者,茂进之遂路①也。矜奋侵陵者,毁塞之险途也。是以君子举不敢越仪准,志不敢陵躈等②。内勤已以自济,外谦让以敬惧。是以怨难不在于身,而荣福通于长久也。彼小人则不然。矜功伐能,好以陵人,是以在前者人害之,有功者人毁之,毁败者人幸之。是故并辔争先,而不能相夺。两顿俱折,而为合者所趋。由是论之,争让之途,其别明矣。

【注释】

①遂路:通达大道。

②轨等:法规,法度。

【译文】

卑让谦恭甘于处下的,是美名佳行迅速增长的通道,自高自大侵夺欺凌的,是自毁声名自塞言路的隘途。因此君子行为举止不敢超越法规,思想志向不敢侵凌常度。内勤于修身养性以让自己受益,外谦虚礼让以示敬重戒畏。因此怨恨非难不会牵扯到身上,而荣显福祥却能够持久通达。那些小人们却不是这样。自傲自大又爱炫耀才能,并喜欢侵凌别人,因而当他们走在人前时,有小人害他,当他有功绩时有小人毁谤他,当他受毁败覆时小人们会幸灾乐祸。因此他们争强好胜彼此不分高下时,往往两败俱伤,而使后来者居上,乘机超过他们。

由此论之,争执和谦让之间的差别就区分得很明白了。

评 述

进退有节的人容易得到别人的肯定和好感,取得的成就不仅大,而且能够持久。得志便猖狂的人属古书上讲的"小人",即便一时得志,由于轻狂自大,目无他人,招致小人的忌恨,暗中使坏,成就难以持久,荣福也往往短暂,昙花一现。

这两种人成败的深刻原因不仅仅在于他们为人处世的区别上,而是由他们接人待物方式中蕴藏着的各自不同的人生思想和做事方法所造的,其他人的评价和看法只是外因,外因必须通过内因才能起作用。

进退有节的人比较谨慎,做人做事小心翼翼,不粗心大意,避免不必要的损失。他们做事井井有条,不忙不乱,乱中有稳,忙中有序,这种工作方法与他进退有节的人生行为是一脉相承的。有这样良好的工作习惯,又能得到左右人的肯定和帮助,成功的气数自然增加不少。

得志便猖狂的人则不然。他们在未得志之前,也有理想和抱负,但过于看重个人的努力和天赋,一旦成功,总以为是个人聪明和努力奋斗的结果,而忽略了其他人的功劳。更为深刻的原因在于,这种心态促使他不细心观察周围情势的变化,自高自大,对事物的变化失去了准确的判断,因此成就难以持续下去。再加上一猖狂,得罪了其他小人,又平添了无数阻力和困难,自然难以持久了。

郭子仪爵封汾阳王,王府建在首都长安的亲仁里。汾阳王府自落成后,每天都是府门大开,任凭人们自由进出,郭子仪不准府中人干涉。

有一天,郭子仪帐下的一名将官要调到外地任职,特来王府辞行。他知道郭子仪府中百无禁忌,就一直走进了内宅。恰巧他看见郭子仪的夫人和他的爱女两人正在梳洗打扮,而王爷郭子仪正在一旁侍奉她们,她们一会儿要王爷递手巾,一会儿要他去端水,使唤王爷就好像使唤奴仆一样。这位将官当时不敢讥笑,回去后,不免要把这情景讲给他的家人听。于是一传十,十传百,没几天,整个京城的人们都把这件事当作笑话在谈。

郭子仪听了倒没有什么,他的几个儿子听了都觉得大丢王爷的面子。他们相约,一齐来找父亲,要他下令,像别的王府一样,关起大门,不让闲杂人等出入。

郭子仪听了哈哈一笑,几个儿子哭着跪下来求他。一个儿子说:"父王您功业显赫,普天下的人都尊敬您,可是您自己却不尊敬自己,不管什么人,您都让他们随意进入内宅。孩儿们认为,即使商朝的贤相伊尹、汉朝的大将霍光也无法做到您这样。"

郭子仪收敛了笑容,叫儿子们起来,语重心长地说:"我敞开府门,任人进出,不是为了追求浮名虚誉,而是为了自保,为了保全我们的身家性命。"儿子们一个个都十分惊讶,忙问这其中的道理。

郭子仪叹了口气,说:"你们光看到郭家显赫的声势,没有看到这声势丧失的危险。我爵封汾阳王,往前走,再没有更大的富贵可求了。月盈而蚀,盛极而衰,这是必然的道理,所以,人们常说要急流勇退。可是,眼下朝廷尚要用我,怎肯让我归隐;再说,即使归隐,也找不到一块能容纳我郭府1000余口人的隐居地呀。可以说,我现在是进不得也退不得。在这种情况下,如果我们紧闭大门,不与外面来往,只要有一个人与我郭家结下仇怨,诬陷我们对朝廷怀有二心,就必然会有专门落井下石、妒害贤能的小人从中加油添醋，制造冤案，那时，我们郭家的九族老小都要死无葬身之地了。"

这是明白祸是如何产生，又知道应该如何去消除祸害的道理。郭子仪具有很高的政治眼光，他善于忍受灾祸，更善于忍受幸运和荣宠，深谙中正平和、不变不惊的明哲保身道理，所以才能四朝为臣。

从介绍郭子仪个人历史的几个重点，就可以看出他的立身处事，真正做到"用之则行，舍之则藏"，不怨天，不尤人的风格。他带兵素来以宽厚著称，对人也很忠恕。在战场上，沉着而有谋略，而且很勇敢。朝廷需要他时，一接到命令，不顾一切，马上行动。等到上面怀疑他，要罢免他时，也是不顾一切，马上就回家吃老米饭。所以屡黜屡起，国家不能没有他。

史载郭子仪年85而终。他所提拔的部下幕府中，有60多人，后来皆为将相。八子七婿，皆贵显于当代。"天下以其身为安危者殆三十年，功盖天下而主不疑，位极人臣而众不嫉，穷奢极欲而人不非之。"历代功臣，能够做到功盖天下而主不疑，位极人臣而众不嫉，穷奢极欲而人不非，实在大难而特难。

第三节　谦卑含容与当仁不让

> 君子尚让
> 故涉万里而途清
> 小人好争
> 足未动而路塞

【原典】

谦卑含容是贵相。君子尚让，故涉万里而途清；小人好争，足未动而路塞。是故君子知屈之可以为伸，故含辱而不辞，知卑让之可以用敌，故下之而不疑。及其终极，乃转祸而为福，屈仇而为友，使怨仇不延于后嗣，而美名宜于无穷，君子之道岂不裕①乎？且君子能受纤微之小嫌，故无变斗之大讼。小人不能忍小忿之故，终有赫赫之败辱。

【注释】

①裕：宽厚。

【译文】

谦卑含容是尊贵之相。君子懂得谦让，因此行万里也会路途顺畅。小人好争斗，因此还未动步，路已被堵塞。君子知道屈可以为伸，因而受辱时不反击，知道谦让可以战胜对手，因而甘居人下而不犹豫。到最后时，就会转祸为福，让对手知错而成为朋友，使怨仇不传给后人，而美名扬，以至无穷。君子的道行不是很宽宏富足吗？况且君子能忍受纤微的嫌隙，因此没有打斗之类的争论。小人不能忍受小忿，结果酿成巨大的耻辱。

评 述

进退有节的人一般是比较谦虚谨慎的人。这种个性带有天生的成分，更多的还是见多识广的缘故。许多书生先前是心高气傲的，常以为天下人皆不如己，但在现实中处处碰壁之后，再翻开所读的书，找到了碰壁的理由，而且对这种理论体会得更加深刻。这种现实环境不是简单的对错能划分、定义得了的。为了与环境共融，狂妄的人渐渐收敛起自己的个性，变得谦卑含容起来。但要把谦卑含容与惟惟懦懦、个性软弱区别开来，谦卑含容是一种处世态度，并非心无主见，胆小怕事，而是以退为进的处世策略。

晋献公和荀息商议："我想攻打虞国，而虢国一定会出兵求援；攻打虢国，则虞国也会救援，这怎么办才好？"荀息说："虞公生性贪婪，请您用名马和宝玉为诱饵，向虞公借路攻打虢国。"献公说："宫之奇在，一定会劝谏虞公。"荀息说："宫之奇的为人，内心

宫之奇劝谏虞公

明达而性格较柔弱，又是虞公从小养大的。内心明达则说话只提纲领，不够详细；个性柔弱则不能强谏；而被虞公一手养大，虞公会轻视他。宝物珍玩摆在眼前，祸患则远在虢国灭亡之后，这样的危机只有才智中上的人才会想到，微臣猜想虞公是个才智中下的君王。"晋国使者一到虞国，宫之奇果然劝谏虞公说："俗语说：'唇亡则齿寒。'虞、虢互相保障，是关系两国的存亡问题。晋国今天灭了虢国，

明天虞国也会跟着灭亡。"虞公不听,终于借路给晋,晋灭了虢国,回来攻打虞国,虞公只好投降。

荀息对宫之奇的个性弱点把握得十分精准,为晋献公的决策提供了十分有用的依据。所谓的知己知彼,百战不殆,也包括知人一项,马虎不得。

第四节　兢兢业业与嘻嘻哈哈

注:此节所选原文未必与标题含义切合,因原文无此一节,为呆伯特所补充。

> 兢兢业业者,未必心怀诚厚
> 嘻嘻哈哈者,未必不成气候
> 敬业者,苦于前而功在后
> 有成者,嬉于形而慧于质
> 貌合神异,不可不细察也

【原典】

怨在微而下之,犹可以为谦德也。变在盟而争之,则祸成而不救矣,故君子之求胜也,以推让为利锐,以自修为棚橹①。静财闭嘿泯②之玄门,动则由恭顺之通路。是以战胜而争不形,乱服而怨不构。著然者悔忮不存于声色,夫何显争之有哉。彼显争者,必自以为贤。人而人以为险诐③者。实无险德,则无可毁之义。

【注释】

①棚橹:指蔽身的场所。
②嘿泯:即闭口不言,缄默不语。
③险诐(bì):奸邪不正。

【译文】

怨恨很小时就消除掉,则可以成谦让的美德。变斗在萌芽就争执,就会酿成无可挽回的灾祸。因此陈余因为张耳的变故最终遭到杀身祸。彭宏因为与朱浮有隙,终究遭遇覆亡之难。祸福变幻之机,不可不慎重啊。因此,君子求胜之道是以退让为前进，以修身为保护。静止时采取沉默寡言的玄妙之道，行动时选择谦让恭顺的原则。因此无声无形地取得了胜利而令对手心悦诚服而不怨恨。如果像这样悔恨懊恼不存于声色之间，哪里会有大的争斗呢？对方大肆争论，必自以为是贤人，而别人则以为是奸邪不正。如果他确实不是奸邪小人，则没有毁谤他的道理。如果确是奸邪小人，又哪里值得与他争论呢？奸邪而与他争论，就像激怒犀牛，触犯猛虎，可行吗？暴怒伤人，必定会这样啊。《易经》里说："险而违者，讼。讼，必有众起。"《老子》里讲："夫惟不争，故天下莫能与之争。"因此君子认为争讼辩执是不值得的。

评　述

中国人由于传统的原因，不富于幽默感，但大致还是可以分为两种：兢兢业业的与嘻嘻哈哈的。

兢兢业业的人工作踏实刻苦，不偷懒，像一棵沉默的树，做了也不说。这是一种典型的传统劳模，是"出水才看两腿泥"的农民精神。而平时嘻嘻哈哈、工作时也不专心致志全心投入的人，可能给人的印象不如兢兢业业者那样踏实肯干，因此一部分用人者往往喜欢有能力而知道服从的人才，不愿用后一种。

曾经有7个小工，吃住都在一起。其他事情都还合得来，就是在分粥这一点上，一直纷争不已（钱少，因此经常吃粥）。刚开始，他们随便推一个人来分粥，结果发现他那份粥总比别人多，而后取到粥的总比前面的少。公愤之下，大家罢免了他分粥的权力，推出大家公认为人正直、公允的一个来分粥。刚开始还可以，渐渐的，大家还是发觉分得不均匀，又争吵开了。结果轮换了一周，分粥不均的问题还是没有解决。后来又决定，每人轮流分粥一天，恰好转一个星期。不料值日当晚的那个人的粥总比另外6个人的多。最后，大家想出了一个主意：分粥的那个人最后取粥。这样一来，每一碗粥的分量都相差无几。分粥的问题彻底解决。

这个故事充分证明了一件事，只有吃苦在前、享受在后的人，才可以真正做到公允地对待工作。先天下之忧而忧，后天下之乐而乐，这才是做大事成大器的胸襟。用这个标准来考察那些兢兢业业工作的人，就可以发现他们深藏内心的本质。但仍不可忘了"路遥知马力，日久见人心"的古训。

对于整天嘻嘻哈哈的人，如果都是些低级庸俗无聊的，那么顶多是一个能干好本职工作的一般员工，而难以独立担当某一方面的领导工作。这种人可用，但不值得提拔。更重要一点的是，这种人由于不像兢兢业业者那样小心翼翼，因此你把握不准他会在什么时候，在哪个环节上出毛病，一旦造成损失，往往不会小。

最优秀的人才当然是既有敬业精神，又能轻松幽默地与他人相处的人了。但要求愈高，数量自然也越少。因此对用人来讲，一般不要求全，目标可以定高些，但在实际选用时，突出能用的某一点，并能将其发挥到尽限就行。这如同女子化妆，聪明的做法常常是突出最好一点，比如眼睛或嘴唇，并淡化不理想的地方，给人的感觉就完全不一样了。

第十三章　英才与雄才

第一节　英雄之分

聪明秀出谓之英

胆力过人谓之雄

英可以为相，雄可以为将

凡办大事，以识为主，以才为辅

【原典】

夫草之精秀者为英，兽之特群者为雄①。故人之文武茂异②，取名于此，是故聪明秀出谓之英，胆力过人谓之雄，此其大体之别名也。若校③其分数，则互相须，各以二分，取彼一分，然后乃成。体分不同，以多为目，故英雄异名。故英可以为相，雄可以为将。凡办大事，以识为主，以才为辅。

【注释】

①英，雄：《太平御览》："草之将精者为英，兽之将群者为雄。"

②茂异：出类拔萃。

③校：比较。

【译文】

草中精华秀灵的叫做英，兽中特出群类的叫雄。文武才能如出乎其类、拔乎其萃的人就用"英雄"来命名。因此聪明秀绝的称为"英"，胆力过人的称为"雄"，这是在称谓上的大致区别。若要考察英与雄各自的分量，就应相互配合。英与雄各有二分，相互交换一分，然后就能取得重大成就。英与雄的分数不同，以多的为主，因此，英雄两才不一样。总的来讲，以英的成分为主，以雄力为辅。

评　述

古代大型书典《太平御览》中讲道："草之将精者为英，兽之将群者为雄。""英雄"一词实际上是"英"与"雄"的合称。草中的精灵叫做英，比如人参、灵芝，兽中力强声壮的叫做雄，比如老虎、雄狮、猎豹。引申过来，人才中的精灵人物，也有英与雄的区别。以学识智慧谋略著称的,叫"英才";以勇力胆识武略见长的,叫"雄才",这文武两班人才就是英与雄的大致分界。

古代的文臣武将分类是比较明确的,后来的科举考试也分文武两种,有文科状元和武科状元。英才以智慧特征为主,是思想者;雄才以勇力见长,是行动者。也有很多的人,兼有智慧勇力两种特征,但由于分数不同,成就也不一样。比如宋朝著名词人辛弃疾,不仅文才出众,勇力胆识也过人,敢带几十人闯入叛军大营力挑叛将,但仍是以文采传于后人,而不以武力功业名传万世。张飞的胆力是过人的,一吼吓退曹操百万兵,也能用智慧义释老将严颜,计败曹魏名将张合,但仍给人武夫的印象,这是英与雄分量各有所倾斜的缘故。

技术和商品时代仍然体现着这个人才规律。英者以其思想为武器,雄者以其胆力为根基。雄者,应不仅仅是勇力,而且更应指行事的魄力;英者,不仅仅指动脑者,而应有正确判断形势的智慧。否则,只能是一般人众,算不得人才。对每一个人来讲,他首先应知道的就是自己的优势在哪里,并充分发挥所长,才不至于流为愚人。聪明和性格两般武器是促使其成功的关键。不成功的人就在于不能善用自己的性格和智慧。孙子兵法上讲:知可以战与不可以战者胜。聪明的人,知道哪些可以改变,哪些不可以改变,能够改变的,就积极行动;不能改变的,就接受。重要的是要有智慧去区分二者的不同。

英才长于思考,是行动的号角,事务活动的大脑。首先体现在行动上。思想是创意成真的源动力,是整个后续行动的先驱。不做计划,工作会混乱而达不成理想的效果。这些都是英的特质。

雄才凭着胆识和勇力,排除各种困难去完成任务。他们身上不仅仅只有勇力的特征,也饱含着智慧力,因此才能领导群雄,抱英才的智慧和谋划转化成现实。尽管可以说英才的谋划是他们行动的方针,但在实施过程中,勇力之外也缺不得创造性发挥雄才的智慧。

对用人者来说,分清英、雄二才是必要的,但应充分考虑时代的变化。在实际工作中成长起来的英才和雄才是真正有用的。不熟悉业务,不了解基层的工作,凭着一己的想法去定政策,搞研究,那多半是无的放矢,流于空想了。

实际生活中,任何一个人才都融汇了雄才和英才两种特点,否则不能称为人才;只因英与雄所占分数不同,表现出来就以英才或雄才为主要特征。英才与雄才都是偏才,能完全融合二者优点可称为英雄。

第二节 三种英才

英以其聪谋始

以其明见机

待雄之胆行之

【原典】

若聪能谋始,而明不见机,乃可以坐论①,而不可以处事。聪能谋始,明能见机,而勇不能行,可以循常②,而不可以虑变。必聪能谋始,明能见机,胆能决之,然后可以为英,张良是也。

【注释】

①坐论:坐在那里空谈。

②循常:依常规按部就班办事。

【译文】

如果智慧足以谋划开始,却不能见机行事,那只是能坐着空谈,而不能够处理事务。智慧足以谋划开始,也能见机行事,但缺少决断的勇气,那就只可以遵循常规而不能灵活机敏地应对变化。必须是既能谋划开始,又能见机行事,胆气刚、果断决,然后才可以成英才,张良就是这样。

评 述

这段话将英才分成了上、中、下三等。中间根本的差别在于由智慧指导下的勇力够不够。英才有智慧,如果缺乏行动的胆力,则是一名懦弱书生,只能做文书谋划一类的工作,难以出去独当一面。非得有胆力的支持,否则英才就不中用了。

曾国藩大力起用书生带兵,强调一个重要因素:戒官气,用乡气。他解释说:"官气多者好讲资格,好摆样子,办事无惊世骇俗之象,语言无此妨彼碍之弊。其失也奄奄无气,凡遇一事,但凭书办家人之口说出,凭文书写出,不能身到、心到、口到、眼到,尤不能苦下身段去事上体察一番。乡气多者好逞才能,好出新样,行事则知己不如人,语言则顾前不顾后,其失也一事未成,物议先腾。"官气与乡气都有明显缺点,都属偏才,但是"官气增一分,则血性必减一分",因此曾国藩还是欣赏、启用"能吃辛苦的人","明白而朴实的人","有操守而无官气,多条理而少大言"的人。

1. 纸上谈兵的人

聪能谋始,明不见机,

可以坐论,不可以处事。

这种人似乎有谋划事功的大智慧,见识机敏,谈吐聪慧,评点前人功过如探囊取物,心中如怀有奇谋状,但对事物形势判断能力差,不会见机行事。也正因为不曾体验过着手处理具体事物的方方面面的困难,而轻易地否定别人的能力和功绩,一旦面临行动,就手足无措,看似英明果断实际是草率行动。他们缺乏在错综复杂的事态中正确清理思路、抓住关键的思考经验和理事能力,往往根据头脑中记得的同类事件来发布行动命令,根据经验办事,不善随机应变,只会生搬硬套,成为教条主义、本本主义。这种人适合做优秀的参谋,而难以独担大事。文人论政治和兵事多属这种情况。许多文人有关心国事的热情,常在一起谈论。但缺点是,他们并不了解事端的全部真相,他们得到的消息是"道听途说",真正的政治军事内幕多放在国家要人的桌上,而不是报刊上,报刊上准确性已经不可靠,真实性又大打折扣。根据这样的资料来关心国事,岂不是大谬哉!古有刀笔小吏不足当大用的说法,概因为他们纸上谈兵的成分较多的缘故。

2. 勇力不足的英才

明能见机,勇不足行,

可以循常,而不可以虑变

这种人有大智慧,能策划大谋略,但终嫌行动魄力不够,遇事守成有余,闯劲不足,不敢冒险。善于处理按部就班的事,而不适宜解决突发、开拓事情,是优秀的内务管家。

刘邦以世人所贬的无赖小人而击败"力拔山兮气盖世"的犷世英雄项羽得九州神鼎,当归功于张良、韩信、萧何3人。萧何不如张良、韩信那样光芒照人,但其作用,不知深得其力的刘邦在背地里感激了多少次。

从刘邦起位于亭长之前,萧何就一直跟在刘邦身边。刘邦以无赖少年屡次犯事,萧何都以小吏的职权保护了他。到刘邦起为沛公时,萧何做了他的副手,督办内部管理和协调事务。攻破咸阳后,诸将争抢金帛财物,惟独萧何去了丞相府中收藏各类律令图典。后项羽一把火烧了3个月,烧去了辉煌宏阔的阿房宫,烧埋了两千年后重见天日的兵马俑,惟独刘邦能知道天下险塞、用兵地形、户口多少、民所疾苦,都赖萧何用心之力,事先把图典资料收集起来的缘故。

萧何月夜追韩信,虽令刘邦小发了一顿脾气,却为刘邦的成功挽留住了关键性的人才。这份赤诚和不受军令而行的勇气不是一般刀笔小吏所能比拟的。

刘邦与项羽相持到第三年时,开始多次派人慰劳远守关中独办军粮的萧何。手下对萧何说:"大王暴衣露盖,多次派人慰劳您,是担心您另有所变,在怀疑您了。不如送有武功的子孙兄弟到大王帐前效力,大王定会更加信任您。"萧何采纳了这个意见,刘邦大悦。萧何能在权柄显赫之时,冷静听取他人意见,这份谦逊又不是一般得志小吏所有的。

到打败项羽、平定天下时,论功行封。大将曹参因作战勇猛敢死,负创70多处,众人推为第一,而萧何却被定为第一。楚汉相争5年,曹参等人攻城略地,功不可没,但终属一时之力。5年中,军士亡失众多,刘邦也多次失败,几成孤家寡人,全赖萧何源源不断地从关中补给士卒钱粮。这是万世之功,就算亡失了100个曹参,军中还有其他勇将,但萧何却只有一个!今天执行这种赏罚思想的公司却不多了。许多公司崛起之后又迅速倒闭,在人才策略上就犯了一个错误:对公司构架起持续稳定作用的内务人才因不如业务人员功绩明显,因而在工资待遇方面不如业务人员;主管者只看到一时之功,而忘记了持续之力的后劲;一时之功的人来得快,走得也快;到默默无闻的、优秀的内务人才流失时,公司一片混乱。这种人才流失带给公司的负面影响不会马上显现,但影响却是持续深久的。

第三节　三种雄才

雄以其力服众

以其勇排难

待英之智成之

【原典】

若力能过人。而勇不能行,可以为力人;未可以为先登①。力能过人,勇能行之,而智不能断事,可以为先登,未足以为将帅。气力过人,勇能行之,智足断事,乃可以为雄,韩信是也。

【注释】

①先登:先于众人完成任务的人,先锋。

【译文】

如果武力过人,却不敢于行动,只可以为力士,不可以当先锋。武力过人,又敢于行动,但智略不足以断大事,可以做先锋,而不能当将帅。武力过人,又敢于行动,智谋足以决断大事,然后才可以成雄才,韩信就是这样。

评　述

1. 以力行事的大

力能过人,而勇不能行

可以为力人,未可为先登

勇力过人,但缺乏智慧,多逞匹夫之勇。只要不头脑发热、鲁莽行事,会是惹人喜爱、值得信任的勇士,虽不能独当一面,却是冲锋陷阵的猛将。只要任用得当,也是办成大事的不可或缺的人才。

曹操手下的爱将许褚,勇猛敢战,拼死陷阵,身中数箭救曹操,赤裸上身斗马超,虽然不如关羽那样名震华夏,但因为听话,又不随便鲁莽行事,因而显得比关羽更可爱。虽作用不如关羽大,但有功无过,也是难得的人才。

这样的血性汉子,在古典小说中比比皆是。这种人吃软不吃硬,服人不服法,遇到自己敬佩的人(往往是英才卓绝的人),毫无二话就死心塌地跟随。这比肚中几多回肠的小文人要可爱得多。"仗义多是屠狗辈,负心多是读书人",杀猪宰狗的人有勇力,更为可贵的是有侠义精神,历史上的荆轲、高渐离等都属"屠狗辈",无什么文化,但讲义气,也敢舍身去做。

2. 可做先锋人选的勇士

> 勇能行之,智不足断大事,
> 可以为先登,未足为将帅。

这种人不但勇猛有力,而且智慧也不差,粗中有细,有独当一面的能力,缺点是英的才质不足以策使天下,成就的分数也就因此有限,是中层干部的理想人选。"如果每一个人都比我伟大,这将是一个巨人公司,否则是侏儒公司。"话虽这么说,在现实中,能做到的却少之又少,为什么会如此呢? 关键是主管人的气度和所营造的环境。待遇固然是留住人才的重要因素,但不是惟一手段。营造一个友善、团结、朝气蓬勃、奋发向上的环境是主管者的重要任务之一。但各怀私心,不肯努力的人员在中间影响他人情绪,又该怎么办? 记住一点,有的人是永远没有必要留下来的。破坏了团结合作气氛,其负面影响的价值是难以估量的,它干扰着整个公司的气数。

隋唐时,李密归顺李世民后,由于隋朝末年"十八子"儿童谚语的缘故,李密和唐王李渊之间总有隔阂。后李渊担心李密手握兵权,可能造反,就调李密回京。李密生出反意,与部下商量,闻甫与王伯当都认为不可,劝李密回长安表白心志,至少可保一生无忧。但李密不肯听。闻甫本是一名文臣,泣涕力劝李密,李密反欲拔刀杀闻甫,闻甫只好逃奔。王伯当是原先瓦岗寨反隋的一员猛将,见劝阻李密无效,说:"义士之志,不以存亡变心。公必不听,伯当与公同死耳。"王伯当宁可与李密同死,也不负李密。就个人而言,这是节气;就天下来讲,却是小智。王伯当就是"勇能行之,智不足断大事"的先锋人选。可惜李密误人误己。

3. 智勇双全的雄才

> 气力过人,智足断事,
> 勇能行之,可以为将帅。

这是任何一位主管者都渴望的人才。跟智谋勇略皆备的英才有许多地方相似,但总的来说,英才可以为相,雄才可以为将。这种雄才一般起于行伍之间,弓马娴熟,武力过人;也读书,但以行兵打仗的《武经七书》为主,而不是一般文人的《四书五经》为主。因此雄才在行兵打仗上功绩卓绝,但在揣摸他人心思方面却不及英才;又因为他们手握兵权,有让主管者坐卧不安的威胁力,因此功成之后,往往为人主所忌,落个"狡兔尽,走狗烹"的结局。比如韩信之与萧何,岳飞之与秦桧。像郭子仪那样能全老终身的著名将才与张良、范蠡一类的英才,数量是不多的。

智勇双全的雄才历史上很多,一般的著名都称得上是雄才。这儿用一个特例来说明雄才智勇双全的特征。

跖之徒问于跖曰:"盗亦有道乎!"跖曰:"何适而无有道耶?夫妄意室中之藏,圣也。入先,勇也。出后,义也。知可否,智也。分均,仁也。五者不备而咸大盗者,天下未之有也。"

——《庄子·盗跖》

上面这段话出自《庄子》,篇名叫《盗跖》。文章中讲道,春秋时期那个坐怀不乱的君子柳下惠,人生得很漂亮,道德也高尚,不为美色利诱所动,但他有一个弟弟是强盗头子,就是上述引文中的跖,是当时大名鼎鼎的巨盗。孔子带着救世的愿望,去数落了柳下惠一通,责备他为什么不以自己高尚的行为去感化这个弟弟。柳下惠对孔子说:"你老先生就别责怪我了,我拿他没办法,你也一样。"孔子不信,就去了跖那里。

不料这个强盗头子很厉害,没等孔子开口,就先把孔子叫过去:"孑L子,过来!"一气不停地把他大骂了一通。说孔子不耕而食,不织而衣,摇唇鼓舌,惹是生非,"子之罪大极重"。最后,强盗头子对孔子说:"乘我现在心情好,还不想杀你,你走吧!"

孔子出来,色若死灰,茫然不见,不能出气,一声不响地走了。因为跖那番话讲得很有道理，有兴趣的读者不妨去翻着读一读。

这段故事未必真实，是庄子的一则寓言。但本书中引用的那段话确大有道理。跖这个人也不是一般的人，心如泉涌，意如飘风，强足以拒敌，辩足以饰非。盗跖到后来成为古书中强盗土匪的代名词，平常讲的"盗亦有道"，就来自这里。

那段文字的大意是，强盗问他的头头，盗贼这个行当也有自己的道吗？头头说，怎么会没有呢？天下的事情，哪里会没有道的呢？强盗这一行不仅有道，而且其中的学问大着哩。首先要"妄意"，也就是估计某一处的财物有多少，只有估得很正确，才算高明——圣也。其次是，在偷窃时，自己要先进去，冒第一个险，这算是大勇气——勇也。再次，偷窃完毕时，要撤退在最后，承担最后一分危险，这才算是义气——义也。再次，确定某处该不该去，什么时候去最有把握，这算是盗行中的智慧，知可以战与不可以战者胜，判断准确了，才不会出危险——智也。最后，窃得财物，应大伙儿平均分配，大碗喝酒，大块吃肉，这才算盗行中的仁诀——仁也。因此说，强盗这一行也是有标准的，只有合于仁义礼智信，才称得上盗道！强盗如此，何况正道？！

英才以智慧谋划为主，雄才以胆识武功为主，杰出的英才中有不少雄的胆气，雄才又少不得英才的智慧。但与文武皆备、雄才大略的英雄相比，他们都属偏才，而难以领袖群伦。这种人才即便不为人主，也都可以创业一方。

第四节 谁是英雄

英能得英

雄能得雄

一身兼有英雄

故可成大业也

【原典】

然则英雄多少，能自胜之数①也。徒英而不雄，则雄材不服也。徒雄而不英，则智者不归往也，故雄能得雄，不能得英。英能得英，不能得雄。故一人之身兼有英雄,乃能役②英与雄。能役英与雄,故能成大业也。

【注释】

①自胜之数:决定胜负的气数。

②役:役使,指挥,统治。

【译文】

既然如此,那么英才与雄才分量的多少就是决定胜负的因素。有英而无雄,雄才不会敬服;有雄而无英,英才不会归附,因而雄才能得到雄才,而难以留往英才;英才易得到英才,而难以留住雄才。因此一个人身上兼有英雄二才,才能指挥天下英雄。能指挥天下英雄,因此能成就伟大的功业。

评 述

具有英才的绝顶智慧,又有雄才的胆识气魄,这样的人才称得上英雄。他们心怀天下,雄才大略,智勇双全,有领袖群伦的无形魅力与魄力,不但英明善断,勇猛敢冲,而且能听能用人,胸襟奇阔,文武皆备,深明英、雄两班人才的心理与特性,因此也能使英、雄两才听命于帐前,共同去打天下,开创未来。

他们有天生的领袖气质,人乐于为他用,也有一种无形的威摄力和凝聚力。曹操可以说是一个代表,文开建安风骨,武扫荡北方,也能在长江上横槊赋诗,让苏东坡好生羡慕。他又心黑,脸厚,手辣,善变,也懂得不拘一格广揽贤才,是一位不可多得的豪杰。

再来看看中国历史上在位最长的皇帝——康熙。他8岁登基,14岁亲政。16岁时,以童稚的心情和手法(笑见金庸先生著《鹿鼎记》),干脆利落地除掉了有"满州第一勇士"之称的、庞然大物样的辅政大臣鳌拜。这已非一般皇帝所能比拟的了,隐然显其一代雄主的锋芒。

20岁时,他向"冲冠一怒为红颜"的吴三桂开战,用8年时间把江山重新打理了一遍,完成了他创业历程的第一阶段。

不知从什么时候起,"长城情节"成为了中国人心中代代相传的骄傲,唐诗宋词中已见这种情节的深厚。但从本质上讲,长城是明清保守政策的源起,近代中国的悲惨历程也该归因于长城,它的防守作用延续两千年,造成了中国的闭关、落后、贫穷。而康熙对这个问题从一开始就采取了否定态度。他的祖先是攻越长城而入鼎九州大地的,他也肯定思考过长城的意义和作用,在1691年的手谕中他讲道:

"秦筑长城以来,汉、唐、宋亦常修理,其时岂无边患?明末我太祖统大兵长驱直入……今欲修之,兴工劳役,岂能无害百姓?"

他既然自豪地写道"我太祖统大兵长驱直入",也当然明了长城的防守作用有多大。他心中自有他的"万里长城",那就是修德安民、无害百姓,"众志"可"成城",这远甚于一堵石墙。可惜后世子孙有几人能及他一分智慧,否则,哪里有近代中国的满目疮痍、圆明园悲歌?

康熙与历朝开国皇帝的出生背景不一样,但同样能打,身强体壮,精力过人。每年立秋后举办"木兰围场",他身着劲装,骑术精良,弓箭上的功夫足以威慑一般王公大臣。他身先士卒打过许多仗,而且白天上战场,晚上写文章,勤勤不辍于批奏文书,在"木兰围场"则是小菜一碟了。他是很自豪于个人的猎绩的,因为那是他个人生命力的验证。1719年"木兰围场"后,他兴致勃勃地告诉御前侍卫:

朕自幼至今已用鸟枪弓矢获虎一百五十三只,熊十二只,豹二十五只,猞二十只,麋鹿十四只,狼九十六只,野猪一百三十三口……朕于一日内射兔三百一十八只。若庸常人毕世亦不能及此一日之数也。

别说庸常人,一般专业猎户也未必有此成绩。当然,他的围猎是非常安全的,如果有虎豹突于面前,有侍卫挺身挡在康熙身前。

身体的强健为精神的强健准备了条件。中国历代几百位皇帝,这份精力几人有?更别提一般书生。正因为如此,康熙才能开拓、面对一个如此庞大的帝国(疆域面积仅次于成吉思汗时)。

如果政治才能和充沛体能不足以叫文人震动的话,那么他对知识的渴求,就该叫文人们坐卧不安了。

这位吃羊肉长大的皇帝,比历代任何一位皇帝都热爱汉文化,经、史、子、集,诗、书、音、律,他都下过一番功夫,也因此团结了一大批汉人文化大师,而他们在与康熙握手言和之前是无比痛恨清兵"扬州十日"、"嘉定三屠"的暴行的。

对西学的兴趣,则叫许多时人望尘莫及了。即便在今天,他的求知欲也叫许多标榜西化的人自惭,他足以执掌任一大学的教授和校长席位。他亲自审校翻译西方数学著作,演算速度比西方传教士还快(那是他的朋友兼师长),并对西方天文、历法、物理、化学、医学等诸科知识孜孜不倦地钻研,称得上学贯中西、百科全书式的皇帝第一人。

这与明万历皇帝形成鲜明对比。万历在位也很长,48年,竟有25年躲在后宫中不露面。历史学家只好推测他抽了二十几年鸦片!可惜,他的定陵1959年被发掘打开后,文化大革命中,红卫兵的一把火烧掉了他和两夫人的尸骨,使这成为一个永远的历史之谜。

在文武之外,康熙用人的英明也值得夸口。高士奇,出身微贱,靠聪明机智得入朝做官。

康熙来到灵隐寺的大雄宝殿,当时宰相明珠也陪侍在侧,康熙笑着对明珠和高士奇说:"今儿个咱们像什么?"明珠冲口而出,说:"三官菩萨。"高士奇马上跪奏道:"高明配天。"康熙对高士奇的回答满意极了,对明珠说:"你还要多读书呢!""三官菩萨"指福、禄、寿三星。明珠的回答很不得体,把自己与皇帝等同起来了。高士奇的回答却是说他和明珠,共同在陪侍天子,所以叫"高明配天"。高士奇的回答很巧妙,很有学问,而且语带双关,反应敏捷,当然赢得了康熙的喜爱。

康熙是个英主,雄才大略,文武双全,处理政务之余,常常手不释卷。高士奇对太监们说:"我是居注官,对皇上的一言一行,生活起居都要恭录在卷,你们如果向我提供情况,不管大事小事,我都重重感谢你们。"他身上经常佩带一个小小的香荷包,里面装满金粒,太监们向他传递一个消息,他就奖他们一颗金粒,因此他对康熙的政治举措、生活起居、日常情绪都了如指掌。他特别注意康熙御案上摆的书,他知道这是康熙喜爱读的,于是争分夺秒地把这些书在家中全部翻阅一遍。康熙偶尔与他谈及这些书中的有关内容和问题,他总是胸有成竹,对答如流,使康熙对他更加宠信。康熙曾对明珠说:"朝廷中博学多才,可以谈学问道的人很多,但别的人都比不上高士奇。"

高士奇在康熙身边30多年,他所做的官都没有什么政治实权,只是跟皇帝很亲近,因此政治上他没有干什么坏事,这一点说明康熙还是一个英明的君主,他只是喜欢高士奇的学问和聪明,把他当成一个文学侍从之臣而已。

拥有三宫六院的皇帝,精力如此丰沛,学识如此广博,对历史的贡献也卓越不凡。

第十四章　七种基本方法

第一节　判断一个人　是否表里如一

> 为仁者,必济恤,有慈而不仁者
> 为恤者,必赴危,有仁而不恤者
> 为刚者,必无欲,有厉而不刚者

【原典】

何谓观其夺救,以明间杂?夫质有至,有违①;若至不胜违,则恶情夺正。若然而不然。故仁出于慈,有慈而不仁者。仁必有恤②,有仁而不恤者。厉必有刚,有厉而不刚者。若夫见可怜则流涕,将分与则吝啬,是慈而不仁者。睹危急则恻隐③,将赴救则畏患,是仁而不恤者,处虚义则色厉,顾利欲则内荏④,是厉而不刚者。然则慈而不仁者,则吝夺之也。仁而不恤者,则惧夺之也,厉而不刚者,则欲夺之也。故曰,慈不能胜吝,无必其能仁也。仁不能胜惧,无必其能恤也。厉不能胜欲,无必其能刚也。是故不仁之质胜,则伎力⑤为害器。贪悖之性胜,则强猛为祸梯。亦有善情救恶,不至为害,爱惠分笃⑥,虽傲狎不离⑦,助善著明,虽疾恶无害也。救济过厚,虽取人,不贪也。是故观其夺救,而明间杂之情,可得知也。

【注释】

①有至,有违:至,可以作"好、善"解;违,作"坏、恶"解。

②恤(xù):体恤,周济。《国语·周语上》:"勤恤民隐而除其害。"

③恻隐:哀痛,对别人的不幸表示同情。《孟子·公孙丑上》:"今人乍见孺子将入于井,缘有怵惕恻隐之心。"朱熹集注:"恻,伤之切也;隐,痛之深也。"

④内荏:内心软弱。荏(ren),软弱。《论语·阳货》:"色厉而内荏。"

⑤伎力:才能,本领。伎,本同技,指技艺、技巧。《书·秦誓》:"无他伎。"

⑥爱惠分笃:笃,忠实,情谊深厚。

⑦傲狎:傲慢,轻慢。

【译文】

怎样才能通过观察一个人本质中善恶两方面相互争斗与补充的情况,来'了解他存在着哪些互相混杂的性情呢？通常的看法是，人的本质有正反两个方面，如果正面无法战胜反面，那么反面——即恶的一方面就会压倒正面——即善的一方面，听上去这种情况好像是正确的，实际上并非如此。一般人认为仁义这种品质来自于慈爱的性情，但也有充满慈爱之心却不讲仁义的人；一般人认为讲仁义的人一定非常体恤别人，但也有讲仁义却不体恤别人的人；一般人认为办事严厉的人性情一定非常刚直，但也有办事严厉却并不刚直的人。如果看见可怜的人会流泪，而到了施舍财物的时候却吝啬起来，这就是只慈爱却不讲仁义的人；如果看见别人处境危急就会产生同情，而需要前往救援时却畏缩不前，这就是只讲仁义而不去帮助别人的人；如果讲大道理时神情严肃，而一但受到利欲的引诱，内心却非常脆弱，这就是严厉却不刚直的人。因此，慈爱却不讲仁义，是因他吝啬的丑恶性情占了上风；讲仁义却不体恤别人，是因为他恐惧怕事的丑恶性情占了上风；办事严厉却不刚直，是因为他贪图利欲的丑恶性情占了上风。所以说，如果一个人的慈爱不能压过吝啬之心，他就不会讲仁义；如果仁义却不能克服恐惧怕事的心理，他就不会去体恤别人；如果外表严厉却不能战胜利欲的诱惑，他就不能做到刚直不阿。因此，如果不讲仁义的性情占了上风，那么即使他的能力再强，也只会使他作茧自缚；如果贪婪的性情占了上风，那么他就会用这种勇猛的性格去做坏事。有时也会发生性情善良的人救助坏人的事情，但这种善举还不至于会变成坏事；如果两个人彼此之间有深厚真挚的感情，那么即使偶尔互不尊重，也不会导致两个人彻底决裂；如果是为了帮助善良的人，为了把正义的事业发扬光大，那么就算以极端严厉的态度对待坏人，也不会有大的害处。因此，通过观察一个人内心中，善心与恶念相互消长的情况；分辨他善恶互相掺杂的性情，就可以对他进行认识与鉴别。

评　述

善恶一念间。人有两面性，向恶与向善的，真诚与虚伪的。如果恶的一面战胜了善的一面，就表现为"恶人"；反之，则是善良之人。真诚与虚伪也大抵如此。因而仅从表面来判断一个人的善恶本质，并不正确。善良的人也有一些恶的行止，邪恶之人也有时会良心发现，做出一点善事来。比如那个旷世奇才李广，深为自己无缘无故杀死800已缴械投降的敌兵而懊悔。善恶论可作为一个专题来讨论,本书略过不提。

辨别一个人的善恶仁厚,不能依平常时期的一般表现,因为人有真诚和虚伪的本领,只有在关键时刻,才见人真性情。

在判断一个善恶、真伪的过程中,也就可以对一个人是否忠诚、表里如一、坚持恒操定评语了。

1. 善而不仁的人

见可怜则流涕,将分与则吝啬。是慈而不仁者。

平常一副菩萨心肠,尊敬长者,团结同仁,关心后进,听到什么可怜的人事就会流下同情的泪水。这是一个心怀慈念的人了。在鉴别人才时,不仅要看他怎么说,更要看他怎么做。如果需要他拿出一些财物来救济他人,他能毫不犹豫地去做,则心口如一;如果就此打住,不肯出物,就是慈而不仁的人。

这种人本有善良之心,但因过于吝啬,就宽仁不足,不肯相信别人,为人处世时,就会因这个弱点而坏大事。对用人者来讲,如对这一点把握不准,随便派人去干一些重要公务,那只有失败、自己承担损失了。

2. 仁而不恤者

睹危急则恻隐,将赴救则畏患,是仁而不恤者。

看到别人的苦难险危,恻隐之心油然而生,一旦需要他挺身赴难,救助他人时,就退缩不前。这种人就是仁而不恤的人。

人都有怕死的本性,在危险时刻都会自发地做出一些求生的本能举动。作为一个心存济物的仁恤之人,面对危险,救人和舍己只在一念之间,没有多的时间容许他去思考和选择。如果平素一向抱帮助他人真诚心态的,他救助的动作会快过思考的时间,义无反顾地选择了赴难救危。一向为己的人,过于看重自身生命和财物,必不能马上做出行动,会在头脑中思考、取舍一番。如果终于退缩了,这种人就是关键时刻不能担责任的人。盖因为"害怕"和"畏惧"主宰了他的心灵,自然也不会是真诚的救济世人的人选。

选择这样的人当领导,一定要慎重。

第二节　从表情考察内心世界

> 人厚貌深情
> 实不易知
> 将欲求之
> 必观其辞色
> 察其应对

【原典】

何谓观其感变,以审常度？夫人厚貌深情①将欲求之,必观其辞旨②,察其应赞③。夫观其辞旨,犹听音之善丑,察其应赞,犹视智之能否也。故观辞察应,足以互相识别。故曰,凡事不度④,必有其故。喜色愉然以怿,愠色厉然以扬；妒惑之色,冒昧无常。及其动作,盖并言辞。是故其言甚怿,而精色不从者,中⑤有违也。其言有违,而精色可信者,辞不敏也。言未发而怒色先见者,意愤溢⑥也。言将发而怒气送之者,强所不然⑦也。凡此之类,征见于外,不可奄违。虽欲违之,精色不从。感愕以明,虽变可知。是故观其感变而常度之情可知也。

【注释】

①厚貌深情：真情实感深藏在心底,不外露。

②辞旨：言谈的根本宗旨。

③应赞：应对酬答。

④度：标准,准则。

⑤中：内心,心中。

⑥溢：水满而流出来,引申为流露。

⑦强所不然：强迫进行他认为不对的事。

【译文】

怎样通过观察一个人感情的变化、为人处事的态度和遇事时的反应,来了解他做人的基本准则呢？人们往往把自己的真实情感深深地隐藏起来,要想了解一个人,必须要注意了解他的话语中蕴含的意思,还要注意观察他同意或赞赏什么样的观点。注意了解他的话语中蕴含的意思,也就是要听懂他的话语中包含的究竟是善意还是恶意;注意他同意或赞赏什么样的观点,也就是要看他心中对各种观点持何种评价标准。因此,既要弄懂他的话语中包含的意思,又要观察他同意或赞赏何种观点,这样,把两个方面对照起来看,就可以对他有了另外的认识。因此,只要事情不符合正常的道理,就一定有其特别的缘故。高兴的表情显示出人们的欢欣喜悦;扭曲夸张的表情却表达出他的愤怒之情;喜怒无常的表情是嫉妒别人的表示。等到一个人的表情尽显无遗后,他的话语也会随后而至,如果一个人说话时,语气非常愉快,但是脸上却没有相应的神色出现,那么他的话就是违心之语;如果一个人说不清楚他想要表达的意思,但是却露出诚恳可信的神色,那么他说不清楚只是因为他不擅于口头表达;如果一个人话还没说出口,已经怒气冲冲了,那么他的心里一定是非常愤怒的,如果一个人说话时吞吞吐吐,但是他愤怒的神色却是显而易见的,那么他是在做无奈的忍耐。以上这些不同种类的情况,说话人的真实心理已经显示出来了,这是掩饰不住的,既使他想掩饰,但别人从他的神色上也能看出来。如果我们能够察明一个人的内心感情,那么不管他的外表如何变化,我们都能清楚地了解他的真实心理。因此,通过观察人的感情变化、态度和反应,我们就会了解在通常情况下他的内心状况。

评 述

人的言语情态与内心世界属表里的关系。虽然人可以控制、掩饰自己的言语行动,不被别人看出真实目的,但总有蛛丝马迹可寻。要做到万元一失,一时之间可以,但天长日久,岁月流逝,只要他有言谈举止,内心所想必会有所显露的。

隋文帝杨坚在南北朝的北周做官时,他的妹妹是皇后,本性情柔婉,不善妒忌,其他皇后嫔妃都敬仰她。周帝是个昏君,喜怒无度,没事找事,频加杨皇后之罪,杨皇后却举止详闲,分寸不乱。周宣帝怒,赐杨皇后死。杨皇后的母亲叩头流

第十四章 七种基本方法

观人学的智慧

血地向周帝求情,才免一死。周帝疑杨坚位高望重有反心而忌怕他,忿忿地对皇后说要诛灭杨家。又召杨坚进宫,对左右人说:"如果杨坚神色变化不定,说明他心怀异志,立刻杀了他。"杨坚进宫后,神色自若,周帝才没向杨坚下手。杨坚出来后,心中害怕,找到心腹好友郑译说出自己的心意。为安全计,他找个理由申请去外地驻防,以避灾祸。

杨坚是一代雄杰,虽一时之间掩饰了自己的神色,但心中害怕不能持久,于是请求外出为官,以避灾祸。对平常人而言,要如此镇定自若,可实在不容易呵。

从言谈神情中至少可以分辨出十四种情况:

一、"论显扬正,白也。"

即论点鲜明,态度轩昂,这是明白通达的人。

二、"不善言应,玄也。"

即不善于用语言应对,这是深沉玄妙的人。

三、"经纬玄白,通也。"

经纬,丝织物的横线为经,竖线为纬。此处言纵横,条理清晰,即条理通达,黑白分明,这是理论精通的人。

四、"移易无正,杂也。"

即动摇不定,没有主心骨,这是驳杂不清的人。

五、"先识未然,圣也。"

即未卜先知,这是圣贤之人。

六、"追思玄事,睿也。"

即探求阐述深奥之理,这是明哲的人。

七、"见事过人,明也。"

即对事物有超人的判断力,这是英明的人。

八、"以明为晦,智也。"

即以明为暗,逆向思维,这是大智的人。

九、"微忽必识,妙也。"

即对事物体察入微,这是神妙的人。

十、"美妙不昧,疏也。"

即熟练而没有疑惑,这是学术精练的人。

十一、"测之益深,实也。"

即讲话掷地有声,经得起推敲,这是真才实学的人。

十二、"假合炫耀,虚也。"

即故弄玄虚,这是虚伪的人。

十三、"自见其美,不足也。"

即自以为是,这是知识不足的人。

十四、"不伐其能,有馀也。"

即不夸耀自己的才能,这是谦虚之人。以上通过观察一个人的谈话应答来判断其常态。古语说:"凡事不度,必有其故。"也就是说凡遇事表情不正常,必有其内心的原因。这就是我们俗话所说的,表情是心灵的窗口。我们常见的表情有以下几种:

一、"忧患之色,乏而且荒。"

忧虑的神情,必定疲竭而惊慌,焦虑不安。

二、"疾疢之色,乱而垢杂。"

患病的神情,必定昏乱憔悴,萎靡不振。

三、"喜色愉然以怿。"

喜悦的神情,必定喜悦而得意,满脸欢笑。

四、"愠色厉然以扬。"

愤怒的神情,必定声色俱厉,忿然激昂。

五、"妒惑之色,冒昧无常。"

妒忌的神情,必定喜怒无常,莽撞无礼。

谈话时,也可以通过一个人的表情来判断其心理活动:

其言甚怿而精色不从者,中有违也;

言有违而精色可信者,辞不敏也;

言未发而怒色先见者,意愤溢也;

言将发而怒气送之者,强所不然也。

就是说,口头里说着喜悦的话,但神情上却相反,这是言不由衷的违心之举；

说话不痛快，但神情却真诚可信，这是言辞不敏捷；

话未出口而先露怒色的，这是义愤填膺；

话中夹杂着怒气的，这是忍无可忍。

判断内心与表情差距的根本依据是神情，本书第九章专门讨论，请悉心参阅。最基本的一点是，神正人正，神邪人奸。

以上这些都是反映在外表而不可遮掩的，"虽欲违之，精色不从"，就是说，想掩饰也掩饰不住。因此，可由其表情而察其内心。

第三节　判断模棱两可人的方法

直者亦讦

讦者易讦

其讦虽同

其所以为讦则异

【原典】

何谓观其所由，以辨依似？夫纯讦性违①，不能公正。依讦似直，以讦讦善，纯宕似流②，不能通道。依宕似通，行傲过节。故曰，直者亦讦，讦者亦讦，其讦则同，其所以为讦则异。通者亦宕，宕者亦右，其宕则同，其所以为右则异。然则何以别之？直而能温者，德也③；直而好讦者，偏也④；讦而不直者，依也⑤；道而能节者⑥，通也。通而时过者，偏也；宕而不节者，依也。偏之与依，志同质违⑦，所谓似是而非也。是故轻诺，以烈而寡信，多易⑧，似能而无效。进锐，似精而去速⑨。面从，似忠而退违，此似是而非者也。亦有似非而是者。大权，似奸而有功⑩：大智，似愚而内叫。博爱，似虚而实厚。正言，似讦而情忠。夫察似明非。御情之反⑪，有似理讼⑫，其实难别也。非天下之至精⑬。其孰能得其实。故听言信貌。或失其真。诡情御反⑭，或失其贤。贤否之察，实在所依。是故观其所依，而似类之质可知也。

【注释】

①讦(jié)：斥责别人的过失，揭发别人的隐私。违：违逆。

②纯宕似流：纯粹的放纵好像自由。宕，放纵、不受约束。流，自由。

③德：中庸之德。

④偏：偏激。

⑤依：即依似，似是而非。

⑥道(dǎo)：疏通，疏导。

⑦志同质违：表现一样但性质不同。

⑧易：变易。

⑨精：精诚，积极。

⑩权：权术，政治。

⑪御情：掌握真情。

⑫讼(sòng)：通"公"，公然，明白。

⑬至精：最精明的人。

⑭诡情御反：怀疑真情，把握相反。

【译文】

怎样通过观察一个人的行为动机，来认识他的所做所为与心中所想是否表里一致呢？如果仅仅以揭发别人的隐私为目的来观察别人，是违背人之常情的，这样做不能算是公正待人，因此，当面揭露别人的隐私，看上去很正直的行为，实际上这是在攻击好人，斥责良善之辈。如果有意放纵自己，这种行为看上去很自由，但却不能使人步入正道，因此，这种有意放纵自己的举动看上去很洒脱，仿佛看清了一切人情世故，但实际上是行为傲慢，生活没有节制。所以说，正直的人爱斥责别人的过失，好揭发别人隐私的人也爱斥责别人的过失，他们的斥责看起来是相同的，但斥责别人的原因却是不一样的。洒脱通达的人放纵不羁，放荡的人也放纵自己，他们放纵的行为相同，但放纵的原因是不一样的。那么怎样才能区别他们之间的不同呢？性格正直而又温和的人具有中庸的美德；性格正直却好揭短的人就有错误的倾向；喜欢斥责别人而自己品性又不正直的人，就是表里不一、似而非的人。能疏导自己的情绪，行事又有节制的人，就具有通达的性格；通达得过分了,就产生了错误的倾向;放纵而不节制自己的,就叫做表里不一的人。错误的倾向和表里不一,这两者的表现是一样的,但性质却是不同的,这二者都是似是而非的表现。因此,有的人轻易向别人许诺,看上去很讲义气,实际上很不守信;有的人办事时经常变换方法,看上去很有能力,实际上收不到一点儿效果;有的人专喜欢刻意进取,看上去似乎善于观察事物,实际上只会添乱;有的人表面上很顺从,看上去挺老实,背地里却固执己见。这些都属于似是而非的表现。也有似非而是的情况。有的人手中掌握很大的权力,看上去像是滥用权力的奸臣,实际上他为国家做出了很多贡献;有的人非常聪明但不外露,看上去似乎很愚笨,实际上他却很精明;有的人具有博爱的胸怀,看上去这种爱非常空泛,但实际上这种爱非常深沉淳厚;有的人爱讲真理,说实话,看上去总是在谴责别人,实际上他非常真诚,都是为了别人好。所以我们要认真观察,辨别清楚似是而非和似非而是的不同表现,掌握真实情感的正反两种情况。这些道理看起来很容易弄懂,但实际上则非常难以区别,不是天下最精明的人,又有谁能分辨假象下的真实情况呢?所以要是仅仅听对方说的话,轻易就相信对方的神色表情,有时就会失去对真相的了解。要是怀疑真相而去相信假象,有时就会失去真正的人才。所以观察辨别一个人是否贤明,必须看他外在的行为举止,表现了他什么样的动机。因此观察他的内心动机,就可以知道他具有什么样的品质。

评 述

当面斥责别人有两种情况

纯訐的人,常会揭人的隐私,不能公正地处理事情,他看起来似乎很正直,其实是利用揭人之短达到个人的目的。正直的人揭发别人错误是没有考虑个人利益。纯訐的人揭发别人隐私毫不留情。两者同样都是揭发,不过前者就事论事,公正无私;后者对人不对事,通过对事来打击人,所以有很大的差别。

放荡不羁的也有两种情况

纯荡的人,放荡不思拘束。他看起来似乎通达,其实待人傲慢没有气度。通达的人,自身修养很高,随心所欲,安逸自然。纯荡之人,傲慢放肆,荒诞无礼,胡作非为。两者虽然同样是放纵,其实有很大的不同,前者追求内在思想的放纵,后者追求外在行为的放纵。一个有节制也能节制；一个没节制,也很难节制。

正直与攻讦之间的三种划分：

(一)就事论事,温和地纠正别人的缺点错误,即道理通顺,心平气和,是有德行的正直的人。

(二)既对事也对人,不但举出别人的错误,同时也揭发别人的隐私,这是有偏差的人。

(三)纯粹对人不对事,专门喜欢揭发别人的隐私,这是个地地道道的纯讦的人。

许多种情况都是这样,如果不细察来龙去脉,就会把直臣当作奸人,把小人当作君子。

唐朝李林甫,在玄宗朝位居宰相19年。他谄媚皇帝的手下人,逢迎皇上的心意,中书侍郎严挺之非常鄙视李林甫,更鄙薄他的为人行事,不愿意和他来往。李林甫看出了这一点,就在唐玄宗面前加以中伤,终于让皇帝把严挺之贬斥到洛州、降州一带去做刺史,心里才觉得解了气。谁知过了一段时间,唐玄宗忽然觉得很长时间没有见到严挺之了,就问起他来,而且打算重新重用他。这天玄宗对李林甫说："我听说严挺之是个人才,他现在到哪里去了？"李林甫擅权变,不动声色,退朝之后回到家中想了一想,计上心来。

他把严挺之的弟弟严损之找来,假惺惺地说："皇上对令兄情意深厚,今天上朝还对我提起他来,你看你是否让他上书给皇上,说他患了风湿症,要求回京城来治病？怎么样？"严损之听了,觉得是个好主意,就把这个意思告诉了哥哥。严挺之哪里想到是李林甫在捣鬼,以为是弟弟损之的想法,就按着这个主意办了。李林甫上朝之后就借此机会对唐玄宗说："万岁,严挺之年老体衰,又得了风湿病,怕担不起重任了。陛下要是想用他,最好给他安排一个闲职,让他养养病就很好了。"唐玄宗不知其中的事情,只好叹口气,打消了重新重用严挺之的念头。

左相李适之性情直率,不阿谀奉承,也受到李林甫的猜忌。有一次李林甫故意对李适之说："听说华山附近有金矿,开采出来国家就可以富足了,陛下似乎还不知道此事呢。"李适之信以为真,过了几天他上朝时就把此事告诉了唐玄宗。唐玄宗从来没听说过这种事,当即问李林甫："有没有这回事呀？朕怎么不知道？"李林甫马上回答:"是有此事,臣也早就知道了,但因为华山是陛下的根本,正气所在,不宜开采,所以微臣也就没有提。"这一来就显出了他比李适之高明许多。唐玄宗听了认为李林甫能够处处为皇上着想,心里十分高兴,随后又责备李适之:"以后凡有奏事先和李林甫商量一下,不要再这样轻率鲁莽了。"李适之真是哑巴吃黄连,半晌说不出话来。

公元747年,唐玄宗下诏让天下有一技之长的人都到京城长安来应选。李林甫表面上大力支持,实际上却害怕那些来自民间的文士在皇帝面前直言不讳地攻击自己,就又玩弄权术,让尚书省对那些人进行考试,考完了之后,一个人也没有被录取。发榜以后,李林甫上表向唐玄宗祝贺:"没有一个人中选,说明天下已无剩留的贤才,贤才都被陛下任用了。"就这样,由于一个当权的李林甫为一己之私利,葬送了多少天下饱学之士的前程。李林甫也遭到大家的唾弃。

但这事是在唐明皇中年以后,所以晁无咎有诗:"闾阖千门万户开,三郎沉醉打球回。九龄已老韩休死,无复明朝谏疏来。"这是替唐明皇讲出了无限的痛苦。在安禄山叛乱以前的这一段时期,他的政府中人才少了,肯说话的人没有了,张九龄、韩休都过去了,没有敢对他提反对意见的人。唐明皇遭安禄山之乱,逃难到了四川的边境,相当于后世清代慈禧逃难一样,很狼狈、很可怜,他骑在马上感叹人才的缺乏,便说:现在要想找像李林甫这样的人才都找不到了。旁边另一谏议大夫附和说:的确人才难得。唐明皇说:可惜的是李林甫器量太小,容不了好人,度量不宽,也不能提拔人才。这位谏议大夫很惊讶的说:"陛下,您都知道啊!"这时唐明皇说:"我当然知道,而且早就知道了。"谏议大夫说:"既然知道,可为什么还用他呢?"唐明皇说:"我不用他又用谁?比他更能干的又是谁呢?"

模棱两可有"似是而非"与"似非而是"两种。

似是而非

一、"轻诺,似烈而寡信"。

即喜欢轻易地许诺,似乎很讲义气,实际上却不守信用。

二、"多易,似能而无效"。

即把任何事情都说得很容易,好像是多才多艺,但却一事无成。

三、"进锐,似精而去速"。

即急于求成的人,好像很积极,很精诚,但遇到困难,很快就消沉,甚至叛离。

四、"河者,似察而事烦"。

即乱发议论之人,好像明察是非,实际上却给工作造成麻烦,惹是生非。

五、"讦施,似惠而无成"。

即当面许愿,好像大方,实际上难以兑现。

六、"面从,似忠而退违"。

即当面服从,好像忠实,实际上在下面大发牢骚。

似非而是

七、"大权,似奸而有功"。

即大政治家好像奸诈,但实际上却在建立功勋。如曹操,虽被视为奸雄,但却是对统一中国有贡献的历史功臣。

八、"大智,似愚而内明"。

有大学问,好像愚呆,实际上却心明眼亮,大智若愚。

九、"博爱,似虚而实厚"。

即博爱之人好像虚伪,实际上却心地宽厚。

十、"正言,似讦而情忠"。

即直言似讦,实际上却本自忠诚真挚。

判断似是而非,还是似非而是,主要还是观察其行为的来龙去脉,不能单纯以言取信,以貌取人。表面上看起来很容易,其实做起来很难。"非天下之至精,孰能得其实?"所以,如果只以其言取信,以貌取人,就可能"失其真";如果对其真情疑而不信,对反面的意见听不进,就可能"失其贤"。要辩证地看人,从多角度多方面来考察,方能辨别准确。

第四节 观其敬爱,识其前程

敬之为道,严而相离,
其势难久;
爱之为道,情亲意厚,
深而感物。

【原典】

何谓观其爱敬,以知通塞?盖人道之极,莫过爱敬。人情之质,有爱敬之诚,则与道德同体,动获人心,而道①无不通也。然爱不可少于敬。少于敬,则廉节者归之,而众人不与。爱多于敬,则虽廉节者不悦,而爱接者②死之。何则?敬之为道也,严而相离,其势难久。爱之为道也,情民厚,深而感物。是故观其爱敬之诚,而通塞之理可德而知也。

【注释】

① 道:处世之道。
② 爱接者:受到恩惠的人。

【译文】

怎样通过观察一个人对别人的爱敬态度,来判断他为人处世之道是成功的还是失败的呢?伦理道德的最高境界,就是爱别人、尊敬别人。因此,《孝经》中认为"爱"是最高的道德,把"敬"作为最高的道德准则;《周易》把自然气息之间的交融感应作为道德,把谦让作为准则;《老子》把"无"当作道德,把"虚"作为准则;《礼》把"敬"作为根本准则;而《乐》则把"爱"作为中心思想。要是人的本质中有爱的敬的成份,那么他就能达到道德的最高境界,就可能在感动天地的同时获得别人的信任,因此,他在为人处世方面就会有一帆风顺之感。在爱和敬两者之中,"爱"的方面不能比"敬"的方面比例小,要是爱比敬少的话,只有廉洁清高的人愿意归附这样的人,大多数人则不愿和他在一起,如果一个人的性格中爱比敬多的话,虽然廉洁清高的人对他不满意,但被他的爱打动感化的人会心甘情愿地为他献身。这是什么缘故呢？这是因为"敬"作为一种道德规范，能使人们之间的等级差别过于严格，从而使人们相互疏远，这种情况若长久下去，就难以打动人心。而"爱"作为一种道德规范，能够使人们之间的感情日趋亲密，这种情真意厚的爱才能深深地打动人心。因此，观察一个人敬爱别人的态度是否真诚而端正，就可以知道他的为人处世之道是成功的还是失败的。

评述

人们都乐于与谦虚的人打交道，因为他们在尊重、爱护他人这一点上做得很到位。人伦之常，也以爱敬为主，君臣、父子、夫妇、师生、长幼、尊卑之间芜不有爱敬之情。考察一个人身上的爱敬情况，大体上就能知道他为人处世方面做得如何，以至于可以预测他的前途。但这个标准只能适用于一般人，许多奇才异人在为人处世上很偏激，没把精力放在生活中，而投在思想里。这种人多是思想、艺术方面的大家。有爱心、尊重人的人，很容易得到别人的友谊和帮助，这是有利于事业通畅的。但其中也有真、伪之分。只有真诚待人的，人们才会真心诚意地帮他。至于真诚待人，反被人家欺骗，这种反差在人生中毕竟是少数。对于真诚的人，防备一下小人即可，不必为此改变自己一生的节操。

古代许多君王都害怕大臣独立在外做广得民心的事情，因此许多聪明的大臣都把得民心的事寄在君王的名下，结果能得到身家性命的安全。

作为主管者来讲，对下属以爱多于敬为更妙。能得人之爱，多乐意为此效死命。中国有着独特的传统道德教育，虽然其中许多东西已经过时，但几千年文明智慧积淀下来的，毕竟有许多优秀的成分，"滴水之恩，涌泉相报"就有它积极的意义。身为主管，在自由主义、个性回复的今天，不妨在工作中对下属多倾注一些爱心，多尊重一下传统思想，是可以令员工精诚奉献的。人才流动已不是不争的事实，如果只凭制度和钞票去管理下属，不带丝毫爱敬，也难做好工作。

吴起是用兵带兵的能手。有个战士患疮疽，持月不愈，吴起在察营时发现了，竟亲自动口帮他吸吮疮口，那个战士为之感动，疮疽也很快好了。这本是件大好事，但战士的母亲听到这件事后，竟大哭起来。

别人很奇怪，问："你儿子只是一名普通战士，将军却亲自为他吮疮，为什么不感谢,反而哭呢?"母亲答道:"当年,吴将军为其父吮疮,他感谢将军的恩情,因此在战斗中舍命相报,终于死在战场。现在,将军又如此对待我的儿子,我不知道我的儿子又会在什么时候为将军献身啊!因此我才痛哭。"

这就是爱多于敬的感染力量。但在爱的同时,又必须少不了敬,否则上下级关系亲密有余,严肃不足,名不正,则言不顺,会不利于推动工作。因为有的下,属毕竟有许多缺点,有爱无敬,会纵容他们,而造成纪律松散,自然会干扰工作。

如果敬多爱少,过于严肃,过于紧张,除了与此主张同类的廉洁人士能归服、遵从外,其他带有若干懒散思想作风的人就可能因畏惧严格的管束而投靠他处。这也是用人者应该注意的地方。爱能使上下齐心,彼此同力;敬能够严肃礼节,端庄行止。有爱无敬,不足以严肃纪律;有敬无爱,又不足以抚慰人心。爱敬双重,爱大于敬,则既得人心又不乱纲纪,团结一心,号令严明,众志成城,以此行于天下,谁能敌?

第五节 从情绪上察人心胸

抒其所欲,则喜

不获其志,则戚

以谦下之,则悦

人情陵上,刚恶

【原典】

何谓观其情机,以辨恕惑?夫人之情有六机,杼其所欲,则喜。不杼其所能,则怨。以自伐历①之,则恶。以谦损下之,则悦;犯其所乏,则媢②,则妒。此人性之六机也。夫人情莫不欲遂其志。故烈士乐奋力之功,善士乐督政之训③,能士乐治乱之事,术士乐计策之谋,辨士乐陵讯之辞④贪者乐货财之积,幸者乐权势之尤⑤。苟赞其志,则莫不欣然。是所谓杼其所欲,则喜,也。若不杼其所能,则不获其志。不获其志,则戚⑥。是故功力不建,则烈士奋。德行不训⑦,则正人哀。政乱不治,则能者叹。敌能未弭⑧,则术人思。货财不积,则贪者忧。权势不尤,则幸者悲。

是所谓不杼其能,则怨也。人情莫不欲处前,故恶人之自价值工程。自伐,皆欲胜之类也。是故自伐其善,则莫不恶也。是所谓自伐历之,则恶也。人情皆欲求胜,故悦人之谦。谦所以下之⑨。下有推与之意⑩,是故人无贤愚,接之以谦⑪,则无不色怿。是所谓以谦下之,中也。人情皆欲掩其所短,见其所长。是故人驳其所短,似若物冒之。是所谓驳其所乏,则姻,则妒恶生矣。

【注释】

① 自伐:自夸。历:超过。

② 姻:姻庆。此指忌讳。

③ 训:法则。

④ 陵讯之辞:盛气凌人的质问、陵,同"凌",凌犯。讯,质问。

⑤ 幸:贵幸,宠幸。尤:突出。

⑥ 戚:忧伤,悲哀。

⑦ 训:教诲。

⑧ 故能未弭:大意是故手的能力尚未消除。弭,停止,顺服,安定。能,或通"态"。

⑨ 下之:甘居人下。

⑩ 推与:推让。

⑪ 接:接触。

【译文】

怎样通过观察一个人的情绪和欲望,来辨别他是心胸宽广的贤者还是器量狭小的小人呢?人的情绪和欲望有6种基本的表现方式。如果一个人实现了自己的愿望,他就会感到喜悦;要是他的才能得不到发挥,他就会产生抱怨;要是他总向别人炫耀自己的成绩,就会被别人所厌恶;要是他处处谦虚退让,甘居人后,就会讨得别人的喜欢;要是他揭露了别人的短处,就会惹人生气;要是他既经常自我夸耀,又揭露了别人的短处,就会遭到别人的妒忌。这些是人的本性的6种不同表现。希望自己的理想实现是人之常情,所以性格刚强的人喜欢发愤图强,建功立业;正直善良的人喜欢督察行政事务,考订规章制度;有才能的人喜欢治理动乱的局面;有谋略的人喜欢出谋划策;能言善辩的人喜欢盛气凌人的抽问别人;贪

第十四章 七种基本方法

婪的人喜欢聚敛财富；得到上级宠幸的人喜欢显示他的权势。如果他们的愿望理想得到别人的称赞歌颂，他们就会非常高兴，这就是所谓的愿望得到了实现；如果他们的能力得不到发挥，那么他们的愿望就实现不了，要是他们的理想得不到实现，他们就会感到悲哀。因此，要是不能建功立业，性格刚强的人就会愤慨；要是行政事务都不讲规章制度，正直善良的人就会悲哀；要是政局动荡不安，有才能的人就会哀叹；要是敌人的力量还没有被消灭，有谋略的人就会陷入沉思；要是无法积聚财富，贪婪的人就会忧虑；要是自己的权势得不到显露，得宠的人就会悲伤。这就是所谓能力得不到发挥时，人们就会悲哀。每个人都想超过别人，都想比别人强，这也是人之常情。所以人们都非常厌恶别人自夸，自夸就是想超过别人。因此，要是有谁自夸长处，就会招来别人的嫌恶。这就是所谓的炫耀自己的长处，就会招人厌恶。每个人都想成功、取得胜利，这也是人之常情，所以人们都喜欢别人谦虚，谦虚表示自己不如别人，甘居人下，甘居人下就有谦让的意思。因此无论是聪明人还是笨人，得到别人的谦让都会非常高兴。这就是所谓谦虚退让，甘居人下就会讨人喜欢。掩盖自己的不足，显示自己的长处，这也是人之常情。因此要是有人触犯了另一个人的短处，那个人就会觉得像被罩子盖住了，感到愤闷与难受。这就是所谓揭别人的短就会惹人生气。嫉妒、攻击比自己地位高的人，也是人之常情。要是自夸不已，使别人讨厌自己，虽然会招来憎恨，但也不会招惹更大的祸患。而如果拿自己的长处去攻击对方的短处，这也就是所谓的既自我夸耀又触犯了别人的忌讳，就会招致别人的妒忌。

　　以上这6种情况都源自于自大的心理。所以贤明的君子在待人接物时，不会计较别人对自己的冒犯，不计较就会显得谦虚退让，这样就不会受到伤害了。但是见识浅薄的小人却不是这样，这种人既不能正确地审时度势，又要求别人听自己的；他们假装敬爱别人，以这种态度来使别人对自己另眼相看；要是别人不经常邀请他去作客，他便会认为对方轻视自己；如果别人侵犯了他的利益，他就会怀恨在心。因此通过观察一个人的情绪和欲望，可以辨别他的内心，可以知道他究竟是心胸宽广的贤者还是粗陋丑陋的小人。

评　述

　　从人的感情变化，是可以判断一个人近一段时间或当前状态下的内心活动和事业顺畅与否。

刘邵把人的感情分为6种来论述。

一、喜。

既然人们达到了愿望就喜悦,那么人们无不希望能顺其心愿。所以"烈士乐奋力之功;善士乐督政之训;能士乐治乱之事;术士乐计策之谋;辩士乐陵讯之辞;贪者乐财货之积;幸者乐权势之尤。苟赞其志,则莫不欣然。"壮士喜欢奋发图强的功绩,善士喜欢指导政治的训教,能士喜欢治理乱世的工作,术士喜欢出谋划策的点子,辩士喜欢理直气壮的言辞,贪者喜欢积累财产,受宠之人喜欢权势。这些人如果一谈起自己的志向欲望,都无不眉飞色舞,可见能够"抒其所欲则喜"。

二、怨。

"若不抒其所能,则不获其志,不获其志则戚。是故功力不建,则烈士奋;德行不训,则正人哀;政乱不治,则能者叹;敌未能弭,则术人思;货财不积,则贪者忧;权势不尤,则幸者悲。"即人们在不能发挥其能力时就感到不能完成其志向,因而感到伤感。所以奇功不建,壮烈之士就愤慨;道德教化不能风行,道德之士就感到伤心;朝政慌乱没有秩序,贤能之士就哀叹;敌人的骚扰没有平息,策术之士就忧虑不安;财产积累得不多,贪婪之人就感到烦恼;权势不能扩大,受宠之人就感到痛苦,这就是所谓"不抒其所能则怨"。

三、恶。

"人情莫不欲处前,故恶人之自伐,自伐皆欲胜之类也,是故自伐其善则莫不恶也。"即人之情没有不想居人之先的。所以都讨厌别人自夸。自夸的目的无非是压倒别人,抬高自己。因此夸耀自己的优点,没有不受到众人的厌恶的。这就是所谓"自伐历之则恶"。

四、悦。

"人情皆欲求胜,故悦人之谦,谦所以下之,下有推与之意。是故人无贤愚,接之以谦,则无不色怿。"是人皆好强求胜,因此,皆喜欢别人谦卑:谦卑就是甘居人下,所以无论是贤惠之人或是愚昧之人,只要你有谦卑的态度与其交往,就没有不露出笑容的。这就是所谓"以谦下之则悦"。

五、姐。

"人情皆欲掩其所短,见其所长。是故人驳其所短,似若物冒之。"即人之情无不是想掩其短处,现其所长。如果在谈话中提到其短处,就如同伤害了他。这就是说,若指到别人的缺点,就会引起其人的护短之情。这就是所谓"驳其所乏则姻"。

六、妒。

"人情陵上者也,陵犯其所恶,虽见憎未害也:"自夸本来就使人厌恶,如果以己之长去较量他人之短,就会引起别人的妒恨之心。这就是刘劭所说的"以恶犯姻则妒恶生"。

以上6种情绪的表现,无不源于好强求胜之心,发于居人之上的欲望。而贤人君子质性平淡,甘居人下,虽被侵犯而不计较,不计较就得到人们的尊重,即所谓"君子接物,犯而不校"。

愚昧小人则是相反,他们"既不见机,而欲人之顺己",即出于一己之情欲,不分场合地要他人服从自己。这样就会把伪装爱敬的人当作异才,把偶然的较量当作是轻视自己。如果对其利益稍有触犯,就要深深地结下私怨。可见,对一个人情绪表现的观察,即所谓"观其情机",就足以判断他到底是一个君子,或是一个小人。

第六节　从缺点反观优点

> 偏才之人,皆有所短
>
> 有短者,未必能长也
>
> 有长者,必以短为征
>
> 观其所短,可知其长

【原典】

何谓观其所短,以知所长?夫偏材之人,皆有所短。故直之失也,讦。刚之失也,厉①。和之失也,懦。介之失也,拘②。夫直者不讦,无以成其直。既悦其直,不可非其讦。讦也者,直之征也。刚者不厉,无以济其刚。既悦其刚,不可非其厉。

厉也者,刚之征也。和者不㦦,无以保其和。既悦其和,不可非其愞,㦦也者,和之征也。介者不拘,无以守其介。既悦其介,不可非其拘。拘也者,介之征也。然有短者,未必能长也。有长者,必以短为征。是故观其征之所短,而其材之所长可知也。

【注释】

①厉:严厉。

②介:耿介。拘:拘泥。

【译文】

怎样通过观察一个人的短处,来知道他的长处呢？才能有偏颇的人,都有自己的缺点。由此推论,性格正直的人缺点在于好斥责别人而不留情面;性格刚强的人缺点在于过分严厉;性格温和的人缺点在于过分软弱;性格耿直的人缺点在于拘谨。然而,正直的人如果不抨击邪恶,明辨是非,他也就称不上正直了,既然喜欢他的正直,就不要全盘否定他好责人过。好责备人恰好是正直的标志。刚强的人如果不严厉,也就称不上刚强了,既然喜欢他的刚强,就不要责备他的严厉。严厉恰好是刚强的表现。温和的人如果不软弱,他也就保持不了温和的性格。既然喜欢他的温和,就不要责备他的软弱。软弱恰好是温和的标志。耿直的人如果不拘谨,他就保持不了耿直的性格,既然喜欢他的耿直,就不要指责他的拘谨。拘谨恰好是耿直的表现。但是,有缺点的人不一定就有优点,而有优点的人,必定要表现出一些缺点。因此通过观察一个人所表现出来的缺点,也就可以知道他有哪些优点了。

评 述

有所短的人,不一定有所长;有所长的人,往往有他不足的一面。从不足观察他的长处,是完全可以办到的。

本书更多是立足于对偏才的识别和判断。偏才就是有所不足的人才,在大街上普遍存在,随便抓一把石子就能打中两个。从他们的不足,来观察他们的长处,这种方法对用人者是很有启发性的,值得研究研究。

1. 口没遮拦是直率吗

　　直者不讦，无以成其直。既悦其直，不可非其讦。

　　斥责他人的过失，揭别人的短，不留情面，会使他人产生愤恨情绪。攻讦揭短是性格直率的特征。在使用人时，如果取其直率朴露、心底无私的优点，那么就不要因他不留情面的口吐真言而否定他的作用。

　　如果能在适当的时候引导这种人掌握说直话的分寸和场合，充分运用"直谏死臣"的忠和迂回曲折的柔，就能像战国时候的触龙说服赵太后一样，既讲清了道理，又不伤上司面子，还办成了事，一举三得，功劳着实不小哇。如果一味地直言死谏，不讲策略，不注意周遭形势的变化，不仅办不成事，反而枉送性命，让国家、单位又损失一个人才，于事无补，未必就是最佳的选择。更可惜的是，如果他换一种打法，也许可以匡危扶正，纠正上司的错，却因"直颜死谏"把这种可能性堵死了。这样的损失更大。虽然"直颜死谏"是忠直耿臣最后的选择，但触龙的迂回之术是可以深以为鉴的。如果上司是一个昏庸无能、偏听偏信的昏君、暴君，死谏不仅无用，倒不如留条性命，找找补救的办法，能帮昏君减少一点祸害，就减少一点，于世人有益，这才是真正救世的实用态度。采用"死谏"的办法，而不像上述那样"苟且偷生"，一者，死谏之士希望用自己的死来震醒上司；二者，从感情上不愿意"偷生"；三者，怕天下人骂他。第一者，忠臣；二、三者，就算不上真正的忠臣。

　　实在无可救药，重组力量推翻他，创造一个新世界，也比昏君危害天下强。

　　需要区别的是真直率和假直率。

　　坦诚直率并不等于残忍，没有必要把内心的不满裹上"直率坦诚"的外衣和盘托出。这种人固然直率，但不是善于办事的人。许多耿介文人就是这样，因而可做学问，而不可办实事。而有小人借"直率"之名残忍地攻击别人之短，这就需要细心提防了。

　　直率之人也应懂得尊重别人，否则是不可造就之才。

2. 识别心狠手辣的人

刚者不厉，无以济其刚。既悦其刚，不可非其厉。

判断一定个人是否心狠手辣，个性刚硬，只须看他的手段。刀子嘴、豆腐心的人永远下不了狠心，这也许是许多弱女子受侮辱的一个原因。她们也曾奋起反抗，拔刀杀人，也是被逼上绝路的反抗，而不是刚硬。

心肠刚硬是合乎利润原则的，没有铁石心肠干不了大事，没有谁能够以道德内修而独自承担天底下的一切损失。历来的政治成功皆由于此。

在法纪涣散、秩序混乱的时候，最需要手段严厉、心肠刚硬的人出来整顿风气。对于主管者来讲，既然需要这种人才，就不要顾虑他的严厉和刚硬。在严厉刚硬之余辅以柔情的安抚，一正一反，一和一唱，有利于事业发展。

杨素带兵，多权谋，以严著称。临阵对敌，动辄求人过失而斩之。对阵时，先令一二百人攻敌，如有不前者，立刻斩首。再派二三百人攻敌，一如前法。由是将士都怀必死之心，攻无不胜。杨素也名传天下。虽然心狠手酷，但却赏罚分明，一点小功也记录在案，因此士卒也乐意跟随他。

3. 从软弱判断一个人的温和性情

懦也者，和之征也。既悦其柔，不可非其懦。

软弱是性格中的一大缺点，会使人在竞争和谈判等事务活动中处于劣势。更大的危害是坚持不住原则或正确的东西，不能够据理力争，这样会给团体造成损失。从个人角度看，因软弱而受损，无大碍；从单位角度看，则是因个人弱点造成集体的利益受损。

反过来讲，软弱也可衬出一个人温和的优点。待人温和是谦虚、尊重人的品质，有良好个性的一分子。作为主管者，如果希望员工有温和的性情，就不要随便否定他软弱的一面。没有软弱，可能就少了温和。温和与懦弱有一定联系。如果有温和，却不软弱，这样的人定不是一般的人。

4. 从呆板识其耿介

<blockquote>介者不拘，无以成其介。既悦其介，不可非其拘。</blockquote>

耿介的人如果不拘泥死板，就可能不是耿介了。因此从拘泥死板中可以看出其耿介忠直的一面。人的个性形成后，有很大的稳定性。拘泥死板与耿介忠直之间的联系就体现了这个稳定性。

但拘泥死板的人并非就是耿介忠直。这个逻辑关系可以表述为：耿介忠直的人必然带有拘泥死板的特点，但拘泥死板的人未必是耿介之人。也就是文中所总结的：有短者，未必能长也，有长者必以短为征。

这里必须强调一下，"然有短者，未必能长也。有长者必以短为征。"即一个人有其短处，未必一定就有相应的某种长处。而一个人有某种长处，就一定会有相应的短处为其特征。因此，观察一个人的短处，他那与此相应的长处也就可以知道了。

此论是对中国古代观人术的重大发展。在春秋时期，孔子就曾经说过"观过，斯知其人矣。"（《论语·里仁》）在孔子的时代，论人还主要是从一个"仁"的角度，来判断君子和小人。可以说孔子虽然能够观过知人，但还是只从道德的框架中去观察人、判断人，其眼界还是较狭窄片面的。而在三国时代，曹操为了识别和选拔实用的人才，就突破了孔子唯德是举的道德模式，不拘一格，唯才是举。这对刘劭的观人之术有很大的影响，他从德、才、智、力等方面的角度鉴选人才，并且不但看到了人才的长处和短处，也看到了人才的短处和长处之间的互相依存的辩证关系，不因其有短处，而不见其长处，而且能从其短处中看到长处，这可以说是一个认识的飞跃。无独有偶，美国总统林肯也曾窥此奥妙，他说："我的生活经验使我相信，没有缺点的人，往往优点也很少。"这真是"东心西心，学理悠同"了。

第七节　从聪明看成就

好声而实不能,则泛
好辩而理不至,则烦
好法而思不深,则刻
好术而计不足,则伪

【原典】

何谓观其聪明,以知所达？夫仁者,德之基也。义者,德之节也。礼者,德之文也,信者,德之固也。智者,德之帅也。夫智出于明。明之于人,犹昼之待白日,夜之待烛火。其明益盛者,所见益远。及远之明,难。是故守业勤学,未必及材①。材艺精巧,未必及理②。理义辨给,未必及智③。智能经事,未必及道④。道思玄远,然后乃周⑤,是谓学不及材,材不及理,理不及智,智不及道。道也者,回复变通。是故别而论之,各自独行,则仁为胜。合而俱用,则明为将⑥。故以明将仁,则无不怀⑦。以明将义,则无不胜。以明将理,则无不通。然则苟无聪明,无以能遂⑧。故好声而实不克,则恢⑨。好辩而理不至,则烦。好法而思不深,则刻。好术而计不足,则伪。是故钧材而好学⑩,明者为师。比力而争⑪。智者为雄。等德而齐⑫,达者称圣。圣之为称,明智之极明也。是以观其聪明,而所达之材可知也？

【注释】

①及材:成材。

②及理:掌握道理。

③及智:具有智慧。

④及道:把握。

⑤周:周全,无所不及。

⑥将:此指支配,统帅。

⑦无不怀:众望所归。怀,怀念、爱戴。

⑧遂:如愿。

⑨恢:恢诞,迂阔,空泛。

⑩钧材:材能均等。钧同"均"。

⑪比力:力量相同。

⑫等德而齐:品德一致。

【译文】

怎样通过观察一个人是否聪明,来分析他在哪些领域会获得成功呢?"仁",是道德的基础;"义",是对道德的自我约束;"礼",是道德的具体表现;"信",是道德的支柱;"智",是道德的主导。而"智"来自于人的聪明。聪明对于人来说,好像是白天的太阳,夜晚的烛火那样重要。越聪明的人知识面就越广博,但是要想达到知识渊博是很困难的。这样看来,勤奋学习某方面的知识,不一定都能成才;既便成才之后,掌握了高超的技术才能,却不一定能理解深刻的理论;既使精通理论又能言善辩,却不一定具有"智"的品质;既使是有了智慧,能够处理各种事务,却不一定能掌握普遍性的真理——"道";只有对"道"进行深入的思考,才能通晓世上的一切事情。因此,勤奋好学比不上掌握技术才能;有技术才能比不上精通理论;精通理论比不上富有智慧;有智慧比不上对"道"有所把握。"道"这种东西,在天地间循环变化、神秘莫测,我们很难说清它到底是什么。因此只能另外讨论在"道"之下的各种才能与品德。当几种才能品德各自发挥作用时,以"仁"最为出色。而当把它们结合在一起时,就应该以"聪明"为主导。因此,如果人们用聪明来指导"仁",人们就会前来投靠。用聪明来指导"义",就会战胜一切对手;用聪明来指导"理",就会通晓事物的道理。如果没有聪明作主导,人们就会一事无成。所以,没有聪明指导时,人们只能追求空泛的名声,显得名不符实。没有聪明指导时,人们在辩论演说中就举不出深刻的道理而显得烦琐杂乱;没有聪明指导时,设立法规制度就会设想不周全,因此显得过分苛刻;没有聪明指导,玩弄权术就会显得虚假诡诈。因此,如果能力相等的人共同学习,聪明的人就会成为老师;如果力气相近的人一起竞争,聪明的人就会成为英雄;如果道德品质相同的人共同行事,那么通晓一切知识的人会成为圣人。圣人之所以为圣人,就在于他是最聪明、最有智慧的人。所以通过观察一个人是否聪明,就会知道他能在哪些领域取得成功。

评　述

俗话讲:从小看老。这是对哪一类人才的评价呢？任何特异的现象都是遥居于规律之外而卓然不群的。从小就表现出与众不同的品质,这样的小孩应值得悉心栽培。或是语出惊人,或是聪明过人,或者大胆倔强,或者沉默寡言,只要不是病,任何异常都可能兆示着一个天才。有的小孩看似普通,甚至被认为是愚笨,但他的惊人毅力造就后来的伟大智慧,概因为老师家长不了解孩子的内在天分、不知人的缘故。比如爱因斯坦,不仅沉默孤僻,连做一个小板凳也要多次以后才勉强做好,但有几人从这平凡的背后看到他的超凡智慧呢？

一般可从意志力、忍耐力、思考力、决断力、反应力五方面来考察一个孩子的特长和能力,从而推断他将来的成就。

清康熙年间,有一个活跃于政界和学术界的人物,叫李光地,他为清廷出谋划策,平定耿精忠叛乱,收复台湾,是一个出色的谋略家。

李光地早熟早慧,机敏过人,9岁那年,不幸落入绿林大盗之手。当时,李氏一门人丁兴旺,家族中在外为官者不少,人们都说李家"风水"好。山里一姓李的绿林首领,绰号"李大头",看中李家这块"风水宝地",想据为己有。

一天清晨,李大头率一批喽罗杀气腾腾地占领了李氏祠堂。族长召集族人商量对策,李光地随父亲也来到了这里。

李大头看到了眉清目秀的李光地,突然冒出一个奇特的想法:自己的儿子已经8岁了,总不能接自己的班做强盗吧,应该让他去读书,如果能让眼前这个孩子去与自己的儿子作伴读书,该有多好。于是他打开祠堂大门,指着李光地大声喊道:"喂,你过来!"

李氏人大气都不敢出,李光地镇定自若地走进祠堂。

李大头马上派人传出话:"一笔笔难写两个李字,你们如果同意把小孩送给我做儿子,从此,我们井水不犯河水。否则,……。"

李父权衡再三,只好点头答应。

李大头对李光地说:"我们已是父子,就要以父子相称。"他见李光地没有答应,狠狠地瞪了李光地一眼说:"你听到了没有?"

李光地撇撇嘴说:"你不是我的父亲,我如何能喊你为父亲呢?"李大头勃然大怒:"在认养仪式上,不是已经行过大礼了吗?"李光地接口说:"那是我遵从父命,并非出自本意。"

"我看你还耍滑头、嘴硬!"说着,李大头劈头就是重重的一巴掌,又把李光地关了两天,李光地还是不肯屈从。

盛怒之下的李大头,想了个坏主意。他命人把李光地关进一间空屋,把门窗关死,用烟向里熏,声称如果李光地不讨饶,就将他熏死。倔强的李光地始终不讨饶,被烟熏了一天一夜。李大头估计李光地必死无疑,命人打开门看看。

谁知房门打开,浓烟散去之后,李光地揉了揉眼睛,却摇摇晃晃地站了起来!李大头惊得一时说不出话来。原来,精明的李光地发现靠门边的地面要低一些,门下也有缝隙,就趴在地上,用嘴巴靠着门边隙缓缓地呼吸。烟轻向上跑,地面烟雾浓度低,缝隙外又能换气,因而,李光地能在满屋浓烟中幸存下来。

李大头心想:吉人自有天相,这小东西神态不凡,一定是有菩萨保佑,不知不觉中态度软化下来了。

李光地说话了:"上天保佑,我命不该绝!你知道'黄雀捕蝉,螳螂在后'这句话吗?"

"此话怎讲?"李大头心里一悸。

"法网恢恢,疏而不漏,朝廷的军队肯定要给你们撒下天罗地网,我看你是'秋后的蚱蜢,蹦不了几天了'。你想想看,自古哪有不败的绿林人?"李光地看了看陷入沉思的李大头,接着说:"官军要是抓住你,你一家人的性命就要保不住了,你的儿子也不能幸免。我死了,我还有几个弟弟,我们李家还会一代一代地延续下去。你的儿子一死,你家的后代就会断了,所以,我劝你要赶快另打主意!"

李光地的一番话,把李大头说得动了心。李大头与妻子一商议,只听妻子说:"这小孩命硬,将来肯定会大富大贵。我们已是过了半辈子的人了,该为我们的儿子想想后路了。我们过了半辈子提心吊胆的日子,眼看儿子渐渐懂事了,难道还要让他继续过这种日子?我看不如把李光地送回去,把我们的儿子也托付给他家。保全了儿子,就延续了我们李家的香火,万一我们有个不测,也不必担心什么。"

妻子的话正合了李大头的心意。于是,他派人请来李光地的父亲,将两个小孩都交给他带回。

聪明须经历五个阶段才能成为大智大慧的觉者。五个阶段是学,才,理,智,道。聪明始于学习,但学又未必能才,有了才又未必明白事理,明了事理才可以说获取智慧,懂得智慧之后才能通晓天下大道。

孔子讲:"生而知之上也;学而知之者次也;困而学之,又其次也;困而不学,民斯为下矣。"这段话出自《论语·季氏》,意思是说天生就知晓天下大道的算是最为聪明的人,他们属生而知之的上等人才;其次是通过不断学习思考,通晓天下至理的人,他们属学而知之的次等人才;其次是遇到难关,被困住了,迫于无奈,只好去找解决办法,这种人比较笨,但是意志坚强,又勤奋好学,肯吃苦,因此也能逐渐通达天下道理,属困而学之的次等人才。如果在困难面前畏缩不前,就永远不能知晓天下道理,这种人就不值一提了。

才能应该是聪明的必然走向。如果不能从聪明中发展出才能和智慧,这种聪明反而是祸害。如果不主动去思考,只想从不断重复的技能中,靠经验的积累来被动地获取能力,这样的智商只能让一个人永远停留在现有水准上。这也是为什么许多人停在一个水平线上不能再前进的原因。

才能最终又应该以德为指标。德是高居于才能之上的强大而无形的号召力。请闭上眼睛想一想,当其中一位品德高尚的人率先取一把扫帚,默默无声地、孤独地清扫摆在大伙儿眼前的脏物,一声不响地坚持着,背对着大家,那将是一种多么巨大的感染力和榜样。其他人该怎么做,这又会引出一串问题,就此打住。

德以才为首,才以德为先。懦懦无能的德吸引不了人们高高的敬仰之心,也就生不出榜样的影响力。张良比陈平更有声望,就是具备才之上的德。

就学而言,明者为师;就力而言,智者为雄;就英雄而言,英重于雄。因此,不能从聪明中发展出智慧、经验和才干,这样的聪明人最好不要留在身边。

曾国藩识别刘铭传

曾国藩是文人用兵的典范,史称曾国藩"学问纯粹,器识宏深"。但是曾国藩自己带兵上战场是一打一败仗,镇压太平军起义除了他的战略指挥外,还得力于他长于鉴别人才,提拔了许多微寒之士和文人从军行伍,这批人在战斗中的确表现出敢于打仗、不怕死的劲头。

　　李鸿章曾带了3个人去拜见曾国藩(李是曾的学生),请曾国藩给他们分派职务。不巧曾国藩散步去了,李鸿章示意那3个人在厅外等候,自己去到里面。不久,曾国藩散步回来。李鸿章说明来意,请曾国藩考察那3人。曾国藩说:"不必了,面向厅门、站在左边的那位是个忠厚人,办事小心,让人放心,可派他做后勤供应一类的工作;中间那位是个阳奉阴违、两面三刀的人,不值得信任,只宜分派一些无足轻重的工作,担不得大任;右边那位是个将才,可独当一面,将作为不小,应予重用。"

　　李鸿章很吃惊奇,问:"还没用他们,您如何看出来的呢?"曾国藩笑着说:"刚才散步回来,见厅外有3个人。走过他们身边时,左边那个低头不敢仰视,可见是位老实、小心谨慎的人,因此适合做后勤供应一类踏实、无需多少开创精神和机便的事情。中间那位,表面上恭恭敬敬,可等我走过之后,就左顾右盼,可见是个阳奉阴违的人,因此不可重用。右边那位,始终挺拔而立,如一根栋梁,双目正视前方,不卑不亢,是一位大将之才。"

　　曾国藩所指的那位"大将之才",便是淮军勇将、后来担任台湾巡抚、鼎鼎有名的刘铭传。